Kenneth D. Boa
Robert M. Bowman Jr.

Himmel und Hölle

Mythos und Wahrheit

Kenneth D. Boa
Robert M. Bowman Jr.

MYTHOS und WAHRHEIT

Himmel und Hölle

cap-books

Bestell-Nr.: 52 50424
ISBN 978-3-86773-114-0

Oberer Garten 8
D-72221 Haiterbach-Beihingen
info@cap-music.de
www.cap-music.de

Übersetzung: Ingo Schreurs
Lektorat: Vera Klein (www.wortlaut-lektorat.de)
Druck: Schönbach-Druck GmbH, Erzhausen
Umschlaggestaltung: cap-books Claudia Kirschner

Bibelstellen, sofern nicht anders angegeben,
nach der Luther-Übersetzung 1984

Andere Übersetzungen, wie folgt:

ELB – Revidierte Elberfelder Übersetzung
SCHLL – Schlachter 2000 Übersetzung
EÜ – Einheitsübersetzung
NLÜ – Neues Leben Übersetzung

Inhalt

Vorwort

Wer über den Himmel schreibt, ist wohl immer auf der sicheren Seite. Niemand weiß so genau, wie es im Himmel sein wird, doch fast alle sind sich einig, dass es dort wundervoll sein muss. Also schreibt man einfach ein paar nette Dinge über den Himmel und es gibt keine Probleme. Auf der anderen Seite kann man Menschen jedoch ziemlich leicht verärgern, wenn man über die Hölle spricht. Ja, viele Menschen fühlen sich bereits angegriffen, wenn man die Hölle auch nur erwähnt. Noch schlimmer ist es, wenn man behauptet, dass manche Menschen tatsächlich *dort landen* könnten. Wir haben kein Interesse daran, irgendjemanden unnötig zu verärgern. Dennoch werden wir uns in diesem Buch nicht zurückhalten, auch Dinge zu sagen, an denen manche Menschen sich stoßen könnten. Bedauerlicherweise ist nämlich vieles von dem, was heute über Himmel und Hölle erzählt wird, blanker Unsinn. Falsche, manchmal geradezu absurde Vorstellungen davon, was geschieht, nachdem wir sterben, verwirren Millionen von Menschen. Bestseller liefern uns Zeugnisse von scheinbar seriösen, ernsthaften Menschen, die davon berichten, dass sie im Himmel - und gelegentlich auch in der Hölle - waren und uns genau sagen können, wie es dort ist. Wir möchten Ihnen mit diesem Buch helfen, eine klare und vernünftige Vorstellung von Himmel und Hölle zu bekommen. Zu diesem Zweck werden wir uns eine Vielzahl verschiedener Überzeugungen zu diesem Thema ansehen. Auch wenn wir selbst Christen sind, werden wir dabei den Unsinn, der von Christen zu diesem Thema geäußert wurde, genauso beim Namen nennen, wie den aus nichtchristlichen Quellen. In dieser Hinsicht handeln wir „ohne Ansehen der Person". Wir sind der Ansicht, dass Unsinn, wo immer er sich zeigt, aufgedeckt werden muss, auch im Hinterhof unserer eigenen Religion.

Unser Hauptaugenmerk in diesem Buch wird darauf liegen, genau zu verstehen, was die Bibel zu diesem Thema zu sagen hat. Wir wollen verbreitete Missverständnisse über Himmel und Hölle auflösen und durch eine biblische gesunde Sicht von Tod und Ewigkeit ersetzen. Zugleich warnen wir vor den Gefahren, die falsche Lehren über das Leben nach dem Tod, wie sie in unserer Gesellschaft so verbreitet sind, mit sich bringen. Indem wir das tun, arbeiten wir zugleich einige fundamentale Wahrheiten über Gott und seine Absichten für unser Leben heraus.

Lassen Sie uns nun ohne weitere Umschweife damit beginnen, Mythos und Wahrheit über Himmel und Hölle voneinander zu trennen.

Kapitel 1

Das Spiel Mach-dir-deinen-eigenen-Himmel

Es gibt eine Menge verschiedener Vorstellungen vom Himmel und die können unmöglich alle richtig sein.

Wenn es stimmt, dass wir Menschen für die Ewigkeit geschaffen wurden, dann kann es nichts Wichtigeres geben, als herauszufinden, was es mit dieser ewigen Zukunft auf sich hat und sicherzugehen, dass wir uns in die richtige Richtung bewegen. Allerdings sehen wir uns dabei einem weiten Spektrum unterschiedlicher Vorstellungen von Himmel und Hölle gegenüber. In diesem Kapitel wollen wir uns zunächst einmal diese verschiedenen Sichtweisen des Himmels ansehen.

Natürlich gibt es Menschen, die überhaupt nicht an einen Himmel glauben. Denen möchten wir nur eine einfache Frage stellen: Glauben Sie an Gott? Falls ja, dann sollte es nicht zu schwierig sein, auch an einen Himmel zu glauben. Wenn Sie jedoch nicht an Gott glauben, dann können wir sagen, was wir wollen, es wird für Sie alles keinen Sinn ergeben. Der Frage ob es einen Himmel gibt muss *logischerweise* die Frage vorausgehen ob Gott existiert. So möchten wir denjenigen unter unseren Lesern, die noch nicht an Gott glauben oder sich nicht sicher sind ob er existiert, nahe legen zunächst einmal die Hinweise zu diesem Thema zu prüfen, bevor sie sich mit der Frage nach dem Himmel befassen.[1]

Moderne und postmoderne Himmel

Die Geschichte der modernen Ansichten über den Himmel beginnt mit Emanuel Swedenborg (1688-1772). Swedenborg war ein brillanter, wenn auch exzentrischer Denker, der sich einen guten Ruf als Naturwissenschaftler erwarb. Am einflussreichsten (und kontroversesten) waren jedoch seine Beiträge auf dem Gebiet der Religion. Viele Merkmale von Swedenborgs theologischem System haben die Sicht des Himmels in einigen modernen Kulten, wie auch in weiten Teilen der westlichen Popkultur, geprägt:

Blaise Pascal

Je nachdem, ob ein ewiges Gut zu erhoffen oder nicht zu erhoffen ist, müssen alle unsere Handlungen und Gedanken verschiedene Richtungen einschlagen, so daß es unmöglich ist, irgendeine Entscheidung mit Vernunft und Überlegung zu treffen, die man nicht durch eine Schau auf diesen Punkt, der unser letztes Ziel sein sollte, leiten müßte.[2]

- *Engel sind menschliche Wesen, die nach ihrem Tod zur Vollkommenheit gelangten.*
- *Es gibt „drei Himmel", die sich in ihrer unterschiedlichen Nähe zu Gott unterscheiden.*
- *Der höchste dieser drei Himmel hat spezifische Merkmale, die sich in der physischen Welt widerspiegeln (z. B. gibt es dort Norden, Süden, Osten und Westen).*
- *Menschen aller Religionen werden in den Himmel kommen.*
- *Wir können aus den Berichten von persönlichen Besuchen im Himmel oder aus dem Himmel eine Menge über den Himmel lernen.*

Insbesondere das letzte dieser Merkmale hat die heutigen Vorstellungen vom Himmel in hohem Maße beeinflusst. Swedenborg selbst behauptet mit den Engeln ausgedehnte Diskussionen über Himmel und Hölle geführt zu haben:

> *... ist mir gegeben worden, mit den Engeln zusammen zu sein und mit ihnen zu reden, wie ein Mensch mit dem anderen und auch die in den Himmeln, desgleichen die in den Höllen befindlichen Dinge, und zwar nun schon dreizehn Jahre hindurch, zu sehen und so nun dieselben nach dem Gesehenen und Gehörten zu beschreiben, in der Hoffnung, daß so die Unkenntnis aufgeklärt und der Unglaube zerstreut werde.*[3]

Auch zeitgenössische Autoren haben oft eine überaus detaillierte Beschreibung der geistigen Welt gegeben. So gab es in den vergangenen Jahren eine wahre Flut von Büchern, wie zum Beispiel Betty Eadies, *Licht am Ende des Lebens*,[4] deren Autoren von ihren Besuchen im Himmel berichten.

Im 19. Jahrhundert entstanden einige neue Religionen, die manche der oben genannten Elemente aus Swedenborgs Visionen des Himmels (ob nun direkt von ihm übernommen oder nicht) mit traditionelleren christlichen Elementen verknüpften. So lehrt die Kirche Jesu Christi der Heiligen der Letzten Tage (Mormonen), dass die Menschen schon vor der Geburt als Geistkinder Gottes, des Vaters, im Himmel existierten und dann, wie in eine Art Prüfungsfeld, auf die Erde gesandt wurden. Nach der Lehre der Mormonen werden die meisten Menschen in einem von drei Himmeln enden, wobei nur die treuen Mormonen (zusammen mit denen, die sich in der geistigen Welt noch bekehren und dort beweisen, dass sie würdig sind) zurückkehren werden, um mit Gott im höchsten „celestialen“ Himmel zu leben.

Die Zeugen Jehovas lehren, dass nur 144.000 „gesalbte“ Christen in den Himmel kommen und dort als geistige Wesen von gleicher Natur wie die Engel leben werden. Die meisten Mitglieder dieser „Klasse der Gesalbten“ werden entweder Gläubige des 1. Jahrhunderts oder Zeugen Jehovas, die vor 1935 getauft wurden, sein. Der größere Teil des Restes der Menschheit (die „anderen Schafe“) wird während des Tausendjährigen Reiches auf der Erde leben und falls sie sich als würdig erweisen, werden sie danach für immer als vollkommen gemachte menschliche Wesen auf einer paradiesischen Erde leben. Ähnlich wie die Siebenten Tags Adventisten (und viele andere adventistische Gruppierungen), einer weiteren Religion, die im 19. Jahrhundert entstanden ist, streiten die Zeugen Jehovas ab, dass die Bösen endlose Strafe erleiden werden. Sie behaupten, dass die in der Bibel genannte Hölle in Wirklichkeit das Grab ist und dass Menschen, wenn sie sterben, aufhören zu existieren.

Ebenfalls im 19. Jahrhundert entstand eine weitere Gruppe von Religionen, zu der die Christliche Wissenschaft, die Neugeist-Bewegung und die Unity Church gehören. Man könnte sie als die Bewusstseinswissenschaften bezeichnen. Diese Bewegungen sehen den Himmel als eine jetzt schon gegenwärtige unsichtbare Dimension bzw. als die Gegenwart des göttlichen Bewusstseins in allen Dingen, das jedem zugänglich ist, der gelernt hat, in richtiger Art und Weise zu denken. Mary Baker Eddy, die Gründerin der Christlichen Wissenschaft, definiert den Himmel folgendermaßen: „Harmonie; die Herrschaft des Geistes; geistliche Regierung; Segen; die Atmosphäre der Seele." Sie erklärte, „Der Himmel ist keine Örtlichkeit, sondern ein göttlicher Zustand des GEMÜTS, in dem alle Manifestationen des GEMÜTS harmonisch und unsterblich sind."[5]

Anthony DeStefano

Was den Himmel anbelangt, so sind die „alten Botschaften" des traditionellen Christentums unendlich spannender, interessanter, erbaulicher und unterhaltsamer als alles, was Fernsehmedien oder New-Age-Gurus zu bieten haben.[6]

Das bedeutet nicht, dass die Bewusstseinswissenschaften die Existenz eines Lebens nach dem Tod leugnen, außer vielleicht insofern, als dass sie leugnen, dass es überhaupt so etwas wie Tod gibt! Vielmehr glauben die meisten Vertreter der

Bewusstseinswissenschaften, dass unser Bewusstsein oder unser Geist sich nach dem Tod unseres Körpers (bzw. dem, was der Tod zu sein scheint) weiterentwickeln werden und danach den Himmel in einer umfassenderen Weise erfahren.

Ähnliche Ansichten findet man auch in der New-Age-Bewegung, welche zu erheblichen Teilen eine Weiterentwicklung der Bewusstseinswissenschaften ist. Ein interessanter Unterschied besteht jedoch darin, dass viele New-Ager an Reinkarnation glauben. Die Vorstellung der Reinkarnation wurde aus den hinduistischen und buddhistischen Traditionen Asiens in die westliche Gesellschaft importiert und dann neu interpretiert, um besser mit der wissenschaftlichen Denkweise und den kulturellen Besonderheiten des Westens vereinbar zu sein. Im New-Age-Denken fungiert die Reinkarnation als eine alternative Erklärungsmöglichkeit, wie sich der menschliche Geist vervollkommnen und so schließlich den Himmel erreichen kann.

In der zweiten Hälfte des 20. Jahrhunderts haben zahlreiche kleinere Kulte Elemente der traditionellen Religion (normalerweise des Christentums) insofern neu interpretiert, als sie darin Hinweise auf einen irdischen Kontakt mit UFOs sehen. Für diese Kulte bringen UFOs Botschaften aus dem Himmel, der wahlweise als der Weltraum, ein bestimmter Planet oder eine außerdimensionale Daseinssphäre angesehen wird.[7]

Himmel: Die Extreme

Man kann sich diese verschiedenen Sichtweisen des Himmels als Teile eines großen Spektrums vorstellen.

Am einen Ende des Spektrums befinden sich die völlig vergeistigten Vorstellungen, wie der in den Bewusstseinswissenschaften verbreitete Glaube, dass der Himmel die Harmonisierung oder innere Vervollkommnung unserer gegenwärtigen Existenz bedeutet. Diejenigen, die diese extreme Position einnehmen, halten den Himmel nicht für eine Realität, die von unserer physischen Welt unterschieden ist. Für sie ist der Himmel hier und jetzt, wenn wir den Glauben oder das richtige Denken haben, um dies anzunehmen.

Am anderen Ende des Spektrums befinden sich die materiellen Vorstellungen vom Himmel. So glauben zum Beispiel manche Leute, dass der Himmel ein bestimmter Planet oder ein anderer Ort im Weltraum ist. Wie gerade erwähnt, ist diese Sichtweise typisch für UFO-Kulte. Ironischerweise betrachten auch diese durch und durch materiellen Sichtweisen den Himmel nicht als eine andere Realität. Mit anderen Worten sehen sowohl die extrem vergeistigten als auch die extrem materiellen Vorstellungen vom Himmel diesen nicht als getrennt von der physischen Wirklichkeit.

Zwischen diesen Extremen liegen Überzeugungen, die uns womöglich vertrauter erscheinen. Näher am vergeistigten Ende des Spektrums, doch weniger extrem, ist der Glaube, dass alle Menschen im Himmel für immer als Engel oder engelähnliche Geister ohne physischen Körper leben werden. Näher am materiellen Ende, doch ebenfalls weniger extrem, ist die Sichtweise, dass der Himmel im wörtlichen Sinn ein Ort mit physischen Merkmalen ist, wo es eine Stadt mit buchstäblichen Straßen aus Gold geben wird.

Colleen McDannell und Bernhard Lang schlagen in ihrem einflussreichen Werk *Der Himmel: Eine Kulturgeschichte des ewigen Lebens* eine andere, durchaus brauchbare Einteilung der verschiedenen Sichtweisen des Himmels vor. Sie teilen die Vorstellungen vom Himmel ein in solche, die „theozentrisch" (gottzentriert) oder „auf Gott hin orientiert" sind und solche, die „anthropozentrisch" (menschenzentriert) oder „auf Menschen hin orientiert" sind. Eine theozentrische Sicht des Himmels geht davon aus, dass das ewige Leben ausschließlich, oder zumindest in erster Linie, aus einer unmittelbaren Erfahrung Gottes besteht. Eine anthropozentrische Sicht des Himmels geht davon aus, dass er in erster Linie von ungetrübten Beziehungen mit anderen Geschöpfen, insbesondere der eigenen Familie und den eigenen Freunden, bestimmt ist.

McDannell und Lang charakterisieren die theozentrische Sicht als typisch für religiöse Enthusiasten (zu denen sie auch Jesus zählen) und „naive" Intellektuelle, während die anthropozentrische Sicht für sie die eher natürliche und unter den normalen Menschen am weitesten verbreitete Sichtweise ist. „Trotz all seiner Gelehrtheit und brillanten Argumentation war der theologische Intellektualismus mit seinem Beharren auf einem auf Gott zentrierten Leben nach dem Tod doch niemals in der Lage, das natürliche Verlangen des menschlichen Herzens auszulöschen."[8] McDannell und Lang führen zum theozentrischen Modell näher aus:

> *Nach der theozentrischen Vorstellung hat das himmlische Dasein mit dem irdischen nur wenig gemein. Leid, Krankheit, Tod und Mühe vergehen. Aber nicht nur die irdischen Nöte fehlen;* ***alles*** *Irdische verschwindet. Daher verlieren Freunde und Angehörige, Abwechslung und menschliches Schöpfertum ihre Bedeutung... Da es im Himmel nur Vollkommenes gibt, besteht kein Anlaß zur Veränderung mehr... Die theozentrische Auffassung erübrigt auch die Frage, was die Seligen im Himmel eigentlich tun. Von einer Tätigkeit der Heiligen kann man überhaupt nicht mehr sprechen; vielmehr erfahren sie die Fülle des Seins in der Gegenwart Gottes.* [9]

Es überrascht nicht, dass McDannell und Lang das theozentrische Modell als ein „dürftiges Bild" der Ewigkeit betrachten und das anthropozentrische Modell vorziehen.[10]

Extrem vergeistigte Sichtweisen des Himmels tendieren dazu, ebenso anthropozentrisch zu sein wie die materiellen Sichtweisen. Dagegen hat die theozentrische Sicht des Himmels eine Neigung zur vergeistigten Seite, ohne dabei jedoch in Extreme abzugleiten.

Nur der Himmel weiß!

Wenn wir über Himmel und Hölle überhaupt etwas mit Gewissheit behaupten wollen, dann brauchen wir eine wirklich zuverlässige Quelle. Die einzige Quelle dieser Art ist die Bibel. Und zwar aus folgendem Grund: Die Bibel ist vom Gott des Himmels inspiriert und ihr wichtigster Zweck besteht darin, uns zu zeigen, wie wir für immer mit diesem Gott leben können. Wie wichtig die Bibel in dieser Hinsicht ist, brachte John Wesley auf ausgezeichnete Weise zum Ausdruck:

> *Eines möchte ich wissen, das ist der Weg zum Himmel – wie ich sicher an jener glückseligen Küste zu landen vermag. Gott selbst ist herabgekommen um den Weg dorthin zu zeigen: nur zu diesem Zweck ist er aus dem Himmel herabgekommen. Er hat es in einem Buch aufgeschrieben. O, gib mir dieses Buch! Gib mir dieses Buch Gottes, koste es, was es wolle! Ich habe es. Hier ist Erkenntnis genug für mich. Lass mich ein* ***homo unius libri*** *(ein Mann eines Buches) sein.*[11]

Wir sollten vielleicht erwähnen, dass Wesley weder ein dummer noch ein ungebildeter Mann war. Bildung hatte bei ihm einen hohen Stellenwert und er war ein begeisterter Leser. Sein Bekenntnis, dass er „ein Mann eines Buches" (der Bibel) war, bedeutete keineswegs, dass er andere Bücher deshalb ignorierte oder andere Quellen der Bildung, wie Wissenschaft oder Philosophie, gering schätzte. Wesley erkannte jedoch, dass wir Offenbarung brauchen, wenn wir etwas über geistige, transzendente Wirklichkeiten jenseits unseres Universums wissen wollen. Wenn wir etwas über den Himmel wissen wollen, müssen wir etwas aus dem Himmel hören. Und wir haben gehört – in Gottes Offenbarung für uns in der Bibel. Es gibt keine bessere Quelle der Information.

In der Bibel finden wir eine Sichtweise, die weder anthropozentrisch noch theozentrisch ist (in dem Sinn, wie McDannell und Lang diese Begriffe verwenden). Auch werden wir sehen, dass die Bibel den Himmel weder einseitig vergeistigt noch übermäßig materiell darstellt. In diesem Buch wollen wir Ihnen ein Denken über den Himmel zeigen, das diese Gegensätze überwindet und den Lehren der Bibel treu bleibt.

WAHRHEIT:

Die Bibel sagt uns, was wir über Himmel und Hölle wissen müssen.

MYTHOS:

Egal, was Sie über den Himmel glauben, es ist schon in Ordnung.

Kapitel 2

Die erste Person, der Sie im Himmel begegnen

Um den Himmel – und die Hölle – zu verstehen, müssen Sie zuerst verstehen, wer Jesus ist.

Im Christentum geht es, wie schon der Name sagt, einzig und allein um Christus. Der Herr Jesus Christus ist die zentrale Gestalt, die Hauptperson des christlichen Glaubens. Anders als Mohammed, der Gründer des Islam oder Mose, der Gründer des Judentums, ist Jesus nicht einfach nur der Gründer des Christentums, er ist die Grundlage. Es geht einzig und allein um ihn.

Wenn wir eine korrekte Vorstellung von Himmel und Hölle und anderen Dingen, die damit in Zusammenhang stehen, haben wollen, dann müssen wir sie in Beziehung zu Jesus sehen.[12] In diesem Kapitel wollen wir dahin führen, über diese Fragen in einer christlichen, das heißt christuszentrierten, Weise zu denken. Im weiteren Verlauf des Buches werden wir dann mehr ins Detail gehen und uns die umstrittenen Bibelstellen und deren Bedeutung genauer ansehen, um damit die hier im Überblick präsentierte Sichtweise zu verteidigen.

Jesus kam aus dem Himmel

Christen bringen Jesus Christus in mehrfacher Hinsicht mit dem Himmel in Verbindung. Grundlegend für unsere Sicht von Jesus ist die Tatsache, dass er, obwohl wirklich und wahrhaftig ein Mensch, eben doch nicht *nur* ein Mensch war.

Vielmehr war Jesus der Sohn Gottes, der aus dem Himmel gekommen ist. Das Nicäische Glaubensbekenntnis in der Fassung von 381 n. Chr. bekräftigt im Hinblick auf Jesus Christus „Für uns Menschen und zu unserem Heil ist er vom Himmel gekommen, hat Fleisch angenommen durch den Heiligen Geist von der Jungfrau Maria und ist Mensch geworden." Die Tatsache, dass Jesus vom Himmel gekommen ist, um ein Mensch zu werden, offenbart uns einige wichtige Dinge, die wir über den Himmel wissen müssen.

1.) *Jesus ist der einzige Mensch, der im Himmel gelebt hat, bevor er Mensch wurde.* Die Vorstellung, wir hätten alle als geistige Wesen im Himmel gelebt und wären dann als Menschen auf die Erde gekommen, ist eine reine Wunschvorstellung, die im Widerspruch zur Schrift steht. So bekräftigt Johannes der Täufer zum Beispiel, „Der von oben her kommt," nämlich Jesus, „ist über allen," während „ wer von der Erde ist, der ist von der Erde und redet von der Erde. Der vom Himmel kommt, der ist über allen" (Johannes 3,31). Diesen Punkt haben wir in einem anderen Buch ausführlicher erörtert.[13]

2.) *Jesus wusste mehr über den Himmel als irgendein anderer Mensch, der je gelebt hat.* Da Jesus der einzige Mensch war, der je aus dem Himmel gekommen ist, wusste er mit Gewissheit, was erforderlich ist, damit jemand eine rechte Beziehung zum Gott des Himmels haben und sich sicher sein kann, für immer in seinem himmlischen Reich zu leben. Jesus brauchte keine Nahtoderfahrung, um uns vom Himmel zu berichten. Er wusste bereits alles darüber, weil er da gewesen war. Beachten Sie diese Worte von Jesus:

> *Wahrlich, wahrlich, ich sage dir: Wir reden, was wir wissen, und bezeugen, was wir gesehen haben; ihr aber nehmt unser Zeugnis nicht an. Glaubt ihr nicht, wenn ich euch von irdischen Dingen sage, wie werdet ihr glauben, wenn ich euch von himmlischen Dingen sage? Und niemand ist gen Himmel aufgefahren außer dem, der vom Himmel herabgekommen ist, nämlich der Menschensohn. (Johannes 3,11-13)*

3.) *Der Himmel ist kein Bewusstseinszustand, sondern eine geistige Daseinssphäre, die von Wesen mit eigener Persönlichkeit bewohnt ist.* Vor allem sprach Jesus von Gott als von einer göttlichen Person im Himmel. Er lehrte seine Jünger zu beten: „Unser Vater im Himmel" (Matthäus 6,9). Jesus selbst kam vom Himmel auf die Erde, als Sohn, der vom Vater mit einem Auftrag ausgesandt wurde (Johannes 3,13.31; 6,38; siehe auch 10,36; 1. Johannes 4,14). Die heute weit verbreiteten Annahmen der Bewusstseinswissenschaften und des New Age, dass der Himmel ein „Bewusstseinszustand" oder „höheres Bewusstsein" ist, setzen sich nicht ernsthaft mit der Sicht des Himmels, die Jesus präsentiert, auseinander.

Jesus kam, um uns vor der Hölle zu retten

Die Bibel lehrt nicht, dass Jesus gekommen ist, um uns zu sagen, dass wir gute Jungs und Mädchen sein, schön miteinander spielen und gut miteinander auskommen sollen. Und er brachte auch nicht für jeden eine beruhigende und tröstende Botschaft, eine Bestätigung, dass Gott jeden liebt, so wie er ist und darauf wartet, jeden zu Hause willkommen zu heißen, ganz gleich auf welchem Weg er versucht dorthin zu gelangen.

Vielmehr liest man in den Evangelien mit aller Deutlichkeit, dass Jesus für eine Menge Leute ziemlich harte Worte hatte. ***Grundsätzlich verstand Jesus seine Lebensaufgabe als eine Rettungsaktion.*** Einmal sagte er: „denn der Sohn des Menschen ist gekommen, zu suchen und zu retten, was verloren ist" (Lukas 19,10 ELB). Das tat er, indem er am Kreuz starb, um den Preis für unsere Sünden zu bezahlen. „Denn auch der Menschensohn ist nicht gekommen, um sich dienen zu lassen, sondern um zu dienen und sein Leben hinzugeben als Lösegeld für viele" (Matthäus 20,28; Markus 10,45 EÜ). Aus der Tatsache, dass die Mission von Jesus darin bestand, uns zu retten, ergeben sich einige wichtige Informationen über Himmel und Hölle, die wir kennen sollten.

1.) *Die Menschen sind untauglich für den Himmel.* Jesus kam, um die Menschen zu retten und zwar nicht vor Außerirdischen oder Armut oder Umweltverschmutzung oder der

Herrschaft der Römer, sondern vor sich selbst, vor dem Bösen, das in jedem von uns wohnt. Wir sind „verloren", weil wir, wie der verlorene Sohn (Lukas 15,11-32), unseren eigenen Weg gegangen sind. Jesus sagte, dass die Menschen „böse" sind (Johannes 3,19), ja selbst seinen eigenen Jüngern erklärte er, dass sie „böse" seien (Matthäus 7,11; Lukas 11,13)! Aus dem menschlichen Herzen, so warnte er uns, kommen „böse Gedanken, Mord, Ehebruch, Unzucht, Diebstahl, falsches Zeugnis, Lästerung" hervor (Matthäus 15,19; Markus 7,22).

Doch der Himmel ist die Daseinssphäre Gottes, der, anders als wir, gut (Matthäus 19,17; Markus 10,18; Lukas 18,19) und vollkommen (Matthäus 5,48) ist. Gott misst uns hier auf der Erde an dem Maßstab, der im Himmel gilt, und dieser bedeutet, Gottes Willen zu tun (Matthäus 6,10). Obwohl wir, gemessen an diesem Maßstab, alle versagen, sorgt er sich um uns und sandte darum seinen Sohn in die Welt, um uns von unserer verdorbenen Natur zu retten.

2.) *Die vorgegebene Bestimmung der Menschheit ist die Hölle und nicht der Himmel.* Der Glaube, dass jeder oder zumindest fast jeder es in Gottes ewiges Reich hinein schaffen wird, ist naiv. Wir pflegen heute zusammenzuzucken bei der Vorstellung, dass Gott irgendjemand verdammen oder zurückweisen könnte. Doch die biblische Sicht sieht anders aus. Angesichts dessen, wie die Bibel den Zustand des Menschen beurteilt, sollte uns eher der Gedanke, dass Gott irgendjemandem vergibt oder ihn annimmt, überraschen. Wir denken, dass man, um die Hölle zu verdienen, schon ein besonders widerwärtiges Leben geführt haben muss und dass es für den Himmel ausreicht, ein einigermaßen anständiger Mensch zu sein.

Dieses Bild steht jedoch im genauen Gegensatz zu dem, was die Bibel über den Zustand des Menschen sagt. Die Menschen sind verloren und müssen gerettet werden. Wenn Sie nichts ändern und einfach nur so weiter machen wie bisher, sich also so verhalten, wie es Ihnen natürlicherweise in den Sinn kommt, dann bleiben Sie verloren. Um der Verdammnis und dem ewigen Verlorensein zu entgehen, muss sich etwas ändern und diese Änderung muss Gott herbeiführen.

Wenn wir das, was Jesus gelehrt hat, ernst nehmen, dann sind wir alle auf dem Weg in die Hölle, wenn Gott nicht irgendwie eingreift. Nach dem, was Jesus gesagt hat, verdient jeder, der einen anderen Menschen Idiot[14] nennt, das „höllische Feuer" (Matthäus 5,22).[15] Wer von uns könnte nun, nur angesichts dieser einen Aussage, von sich behaupten, nicht die Hölle verdient zu haben? Jesus warnte, dass Sie, wenn Ihre Hand, Ihr Fuß oder Ihr Auge Sie zur Sünde verführt, besser dran wären, wenn Sie ohne diese Körperteile in Gottes Reich eintreten könnten, als mit ihnen in die Hölle zu fahren (Matthäus 5,29-30; 18,9; Markus 9,43-47). Da wir alle solchen Versuchungen bereits nachgegeben und mit unseren Händen, Füßen und Augen gesündigt haben, sind wir alle auf dem Weg in die Hölle, solange Gott nicht etwas tut, um das aufzuhalten.

Jesus bezeichnete die Pharisäer sogar als „Heuchler" und warnte, dass jeder, der sich durch sie bekehrt, wahrscheinlich „ein Kind der Hölle, doppelt so schlimm wie ihr" werden würde (Matthäus 23,15). Nun halten viele von uns die Pharisäer für durch und durch schlechte Menschen, doch in Wirklichkeit wurden die Pharisäer zu ihrer Zeit weithin als die frömmsten, gottesfürchtigsten und dem Glauben treuesten Menschen im ganzen Judentum angesehen. Jesus will hier nicht darauf hinaus, dass die Pharisäer besonders schlechte Menschen waren, sondern dass selbst sie nicht gut genug waren. „Denn ich sage euch: Wenn eure Gerechtigkeit nicht besser ist als die der Schriftgelehrten und Pharisäer, so werdet ihr nicht in das Himmelreich kommen" (Matthäus 5,20). Dass Jesus die Pharisäer derart verurteilt, weist auf eine äußerst ernüchternde Tatsache hin: Wenn *sie* nicht gut genug waren, dann ist niemand gut genug! Wenn irgendjemand gerettet wird, ist das ein reines Wunder.

3.) *Es gibt eine Hölle.* Christen können eine Vielzahl von Gründen oder Erklärungen für die Existenz der Hölle anführen, doch gibt es eine fundamentale Tatsache, die für Christen deren schreckliche Realität zur Gewissheit macht: Unser Herr, Jesus Christus, hat es gesagt. Können wir erklären, warum die Hölle moralisch gerechtfertigt ist? Vielleicht, doch sollte unsere Überzeugung, dass die Bösen in die Hölle kommen, nicht davon abhängen, ob wir in der Lage sind, es zu erklären. Wir sollten von der Voraussetzung ausgehen, dass „der Richter aller Welt ... gerecht richtet“ (1. Mose 18,25) und dann jedes Urteil akzeptieren, das er fällt. Hätte Jesus gesagt, dass jeder Mensch gerettet wird, hätten wir das ja auch akzeptiert; doch er sagte nichts dergleichen. Wie wir gesehen haben sprach Jesus von der Hölle als von einer Realität, die wir um jeden Preis vermeiden sollten.

4.) *Jesus ist der einzige Weg, der Hölle zu entkommen.* Wir wollen eines klarstellen: Jesus ist nicht gekommen, um die Zahl derer, die das ewige Leben bekommen können, einzuschränken. Jesus ist gekommen, um den Weg zum ewigen Leben mit Gott, dem Vater, überhaupt erst zu eröffnen, ja um selbst der Weg zu sein. „Ich bin der Weg und die Wahrheit und das Leben; niemand kommt zum Vater denn durch mich“ (Johannes 14,6). Die Welt war bereits unter Gericht und Jesus kam, um das Gericht für diejenigen, die an ihn glauben, aufzuheben. „Denn Gott hat die Welt so sehr geliebt, dass er seinen einzigen Sohn hingab, damit jeder, der an ihn glaubt, nicht zugrunde geht, sondern das ewige Leben hat. Denn Gott hat seinen Sohn nicht in die Welt gesandt, damit er die Welt richtet, sondern damit die Welt durch ihn gerettet wird“ (Johannes 3,16-17 EÜ).

Das Neue Testament kennt keinen anderen Weg für die Erlösung der Menschheit außer allein Jesus Christus: „Und in keinem anderen ist das Heil zu finden. Denn es ist uns Menschen kein anderer Name unter dem Himmel gegeben, durch den wir gerettet werden sollen“ (Apostelgeschichte 4,12 EÜ). Wenn man bedenkt, dass Gott seinen Sohn in die Welt sandte, um abgelehnt, gequält und umgebracht zu werden, und das alles nur zu dem einen Zweck, uns zu retten, dann muss unsere Lage schon sehr ernst sein. Offenbar gab es für Gott keinen einfacheren, weniger schmerzvollen Weg, uns mit sich selbst zu versöhnen. Wenn irgendjemand gerettet wird, dann wird er durch Jesus gerettet.

5.) *Auch jeder Mensch, der gerettet wurde, bevor Jesus auf die Welt kam, wurde durch das gerettet, was Jesus für ihn getan hat.*

Wenn Jesus der einzige Retter und der einzige Weg zur Rettung ist, dann muss er auch für diejenigen, die Gott angenommen hat, bevor Jesus gekommen ist, die Quelle der Errettung gewesen sein. Insbesondere die Menschen zu Zeiten des Alten Testaments, die an Gott, den Herrn, geglaubt haben, wurden nichtsdestotrotz durch Jesus gerettet. Wie David betete, „Denn du, Herr, bist gut und gnädig, von großer Güte allen, die dich anrufen" (Psalm 86,5). Indem sie sich an den Herrn wandten und ihm vertrauten, dass er gnädig sein und ihnen vergeben würde, wurden die Gläubigen des Alten Testaments gerettet. Das Neue Testament offenbart, dass Jesus der Herr ist, der sie und uns gerettet hat:

> *Denn wenn du mit deinem Munde bekennst, dass Jesus der Herr ist, und in deinem Herzen glaubst, dass ihn Gott von den Toten auferweckt hat, so wirst du gerettet ... Es ist hier kein Unterschied zwischen Juden und Griechen; es ist über alle derselbe Herr, reich für alle, die ihn anrufen. Denn »wer den Namen des Herrn anrufen wird, soll gerettet werden« (Römer 10,9.12-13, zitiert Joel 3,5).*

Jesus starb und stand wieder von den Toten auf

Der Tod und die Auferstehung von Jesus Christus sind die zentralen Ereignisse, die fundamentalen Tatsachen des christlichen Glaubens. Im Hinblick auf das „Evangelium" erklärt der Apostel Paulus, „was am wichtigsten ist ... dass Christus für unsere Sünden starb, genau wie es in der Schrift steht. Er wurde begraben und ist am dritten Tag von den Toten auferstanden, wie es in der Schrift steht. Er wurde von Petrus gesehen und dann von den zwölf Aposteln" (1. Korinther 15,3-5 NLÜ). ***Alles, was wir über den Tod, das Leben nach dem Tod, Himmel und Hölle glauben, hängt in irgendeiner Weise mit dem Tod und der Auferstehung von Christus zusammen.***

1.) *Der Tod ist eine Realität.* Obwohl die Realität des Todes offensichtlich zu sein scheint, ist die Annahme, dass er lediglich eine Illusion oder der natürliche Übergang von einer

Phase des Lebens in eine andere sei, in unserer Kultur weit verbreitet. Entgegen allen Theorien, nach denen der Tod nur eine Illusion ist, erklärt die Bibel unmissverständlich, dass Jesus starb (1. Korinther 15,3; vgl. Römer 5,6.8; 1. Thessalonicher 4,14; 1. Petrus 3,18). Der Tod ist nicht nur eine Realität, sondern ein schrecklicher „Feind" (1. Korinther 15,26), der überwunden werden muss.

2.) *Christus hat den Tod überwunden.* Die frohe Botschaft des Neuen Testaments lautet, dass Christus durch seinen eigenen Tod für uns den Tod überwunden hat:

> *Weil nun die Kinder Blutes und Fleisches teilhaftig sind, hat auch er in gleicher Weise daran Anteil gehabt, um durch den Tod den zunichte zu machen, der die Macht des Todes hat, das ist den Teufel, und um alle die zu befreien, die durch Todesfurcht das ganze Leben hindurch der Knechtschaft unterworfen waren (Hebräer 2,14-15).*

Christus hat den Tod überwunden und zwar nicht einfach nur dadurch, dass er gestorben ist, sondern indem er gestorben und wieder von den Toten auferstanden ist. Er, der das Leben selbst war und ist (siehe Johannes 1,4; 5,26), „der Fürst des Lebens" (Apostelgeschichte 3,15) starb, doch konnte er nicht im Tod gehalten werden. „Den hat Gott auferweckt und hat aufgelöst die Schmerzen des Todes, wie es denn unmöglich war, dass er vom Tode festgehalten werden konnte" (2,24). Sein Triumph über den Tod in der Auferstehung gibt uns, die wir an ihn glauben, die Gewissheit, dass auch wir vom Tod befreit werden. Noch kurz bevor er starb, sagte Jesus seinen Anhängern: „Ich bin die Auferstehung und das Leben. Wer an mich glaubt, der wird leben, auch wenn er stirbt; und wer da lebt und glaubt an mich, der wird nimmermehr sterben" (Johannes 11,25-26).

3.) *In irgendeiner Form existieren Menschen nach dem Tod weiter.* Wir erfahren in der Bibel nicht viel über den Zustand, in dem die Toten sich befinden oder die Umstände, unter denen sie existieren. Doch jedenfalls lehrt die Bibel, wie wir später in diesem Buch noch genauer ausführen werden, dass die Toten in irgendeiner geistigen Form weiter existieren.

Diese Wahrheit erschließt sich uns nicht zuletzt aus der Tatsache, dass Jesus, der ganz und gar Mensch war, nach seinem körperlichen Tod weiter existierte. Während er sterbend am Kreuz hing, versprach Jesus einem der beiden Verbrecher, die neben ihm gekreuzigt wurden, dass er noch am gleichen Tag mit ihm im Paradies sein würde (Lukas 23,43). Zwischen seinem Tod und seiner Auferstehung, als er „dem Geist nach lebendig gemacht" war, ging Christus „zu den Geistern ..., die im Gefängnis waren, und hat ihnen gepredigt" (1. Petrus 3,19 EÜ). Auch wenn man sich keineswegs einig darüber ist, wer diese Geister waren und was Christus ihnen gepredigt hat, sagt dieser Text doch eindeutig, dass Christus zwischen Tod und Auferstehung in geistiger Form weiter existierte.[16]

4.) *Die christliche Hoffnung richtet sich auf die Auferstehung, nicht auf ein körperloses Leben nach dem Tod.* Gott hat uns als menschliche, körperliche Wesen geschaffen und was immer wir jenseits des Grabes als körperlose Geister sein werden ist für uns unnatürlich und nicht befriedigend. Die Botschaft der Auferstehung ist nicht, dass es ein „Leben nach dem Tod" gibt, sondern dass das Leben den Tod überwunden hat. Bevor Gott uns nicht zu einem unvergänglichen, körperlichen Leben als verherrlichte Menschen aus dem Tod auferweckt hat, wird unsere Erlösung nicht vollkommen sein. Darum ist der Glaube daran, dass Christus selbst auferstanden ist, so entscheidend für den christlichen Glauben. „Gibt es keine Auferstehung der Toten, so ist auch Christus nicht auferstanden. Ist aber Christus nicht auferstanden, so ist unsre Predigt vergeblich, so ist auch euer Glaube vergeblich" (1. Korinther 15,13-14).

5.) *Wie Christus werden wir einen Auferstehungsleib haben.* Wenn wir eine ungefähre Vorstellung davon haben wollen, wie es uns in der Auferstehung ergehen wird, dann sollten wir den auferstandenen Jesus als Vorbild nehmen. Vom Apostel Paulus erfahren wir, dass „der Herr Jesus Christus ... unsern nichtigen Leib verwandeln wird, dass er gleich werde seinem verherrlichten Leibe" (Phillipper 3,21). „So wie wir jetzt dem irdischen Menschen, Adam, gleichen, so entsprechen wir eines Tages dem himmlischen Menschen, Christus" (1. Korinther 15,49 NLÜ).

6.) *In der Auferstehung werden wir verherrlicht und unsterblich sein.* Das Neue Testament offenbart uns, dass der Zustand, in dem Jesus sich nach der Auferstehung befand, - und der auch uns irgendwann in der Zukunft erwartet - einerseits Ähnlichkeit mit unserem „normalen" Leben hat, andererseits aber auch ganz anders ist. Auf der einen Seite ist Jesus immer noch ein Mann, ein männlicher Mensch (Apostelgeschichte 17,31; 1. Korinther 15,47; 1. Timotheus 2,5). Er kann immer noch essen und trinken (Lukas 24,42-43; Apostelgeschichte 10,41). Man kann ihn immer noch berühren (Lukas 24,39; Johannes 20,17.27; 1. Johannes 1,1). Er hat immer noch Fleisch und Knochen (Lukas 24,39). Er hat Hände und Füße und eine Seite, die, als er seinen Jüngern erschien, immer noch die Spuren der Verletzung trug, die er bei seiner Kreuzigung erlitt (Lukas 24,39-40; Johannes 20,20.25.27). Darum dürfen wir erwarten, dass auch wir in der Auferstehung unsere Identität behalten, dass wir immer noch unser Geschlecht und menschliche Gestalt haben werden und berühren, fühlen, essen, trinken und mit anderen Wesen in Kontakt treten können.

Auf der anderen Seite ist Jesus nun unsterblich und kann nie mehr den Tod erleiden (Römer 6,9-10; 1. Timotheus 6,16). Jesus erschien seinen Jüngern oft ganz überraschend und verschwand genauso plötzlich wieder, selbst durch verschlossene Türen hindurch (Lukas 24,31.36; Johannes 20,19.26). Er ist der „Mensch vom Himmel", ein „Geist, der lebendig macht" (1. Korinther 15,45.47-49). Er lebt tatsächlich im Himmel, wo er bleiben wird, bis es für ihn Zeit wird zurückzukehren (Apostelgeschichte 3,19-21).

So haben Gläubige die Verheißung, dass ihr gegenwärtiger Zustand, der von Sterblichkeit, Vergänglichkeit, Schwäche und Niedrigkeit geprägt ist, in der Auferstehung durch einen Zustand von Unsterblichkeit, Unvergänglichkeit, Kraft und Herrlichkeit (Lukas 20,36; 1. Korinther 15,42-44; Philipper 3,21) ersetzt wird. Wir werden immer noch dieselben

Persönlichkeiten sein, jedoch dramatisch und radikal verändert (1. Korinther 15,51-52). In der Auferstehung wird unser Leben nicht mehr durch den Zyklus von geboren werden, aufwachsen, heiraten, Kinder großziehen und sterben geprägt sein. Zumindest in dieser Hinsicht werden wir wie die Engel im Himmel sein (Lukas 20,34-36). Statt eines rein natürlichen, biologischen Lebens werden wir ein übernatürliches Leben haben, das vom Geist angetrieben wird und das volle Bild des himmlischen Menschen darstellt (1. Korinther 15,44-49).

Vieles von dem, was unser zukünftiges Leben in der Auferstehung ausmachen wird, verstehen wir heute noch nicht. Es ist eine Form des Lebens, die wir noch nie gesehen haben, sieht man einmal von den kurzen Einblicken ab, die wir in das Leben des auferstandenen Jesus nehmen können. Wir können uns jedoch sicher sein, dass wir mit ihm verherrlicht werden und deshalb werden wir ihm in jeder Hinsicht, in der ein menschliches Wesen ihm ähnlich sein kann und sollte, ähnlich sein: stark, unsterblich, heilig und vollkommen in jeder menschlichen Eigenschaft. Wir werden in das Bild von Jesus Christus, dem Sohn Gottes, verwandelt werden (Römer 8,17.29; 1. Johannes 3,1-2). Doch bevor diese Hoffnung endgültig verwirklicht wird, muss Jesus noch etwas anderes für uns tun.

Jesus kommt wieder

Die Zukunftserwartung von Christen sollte sich auf *ein* entscheidendes Ereignis konzentrieren: „die glückselige Hoffnung und Erscheinung der Herrlichkeit unseres großen Gottes und Retters Jesus Christus“ (Titus 2,13 ELB). Der traditionelle jüdische Glaube in der Antike, der im Judentum bis heute gilt, besagte, dass einmal der Messias kommen würde, um Gericht über die Feinde Gottes und Israels zu bringen und das zukünftige Zeitalter zu begründen. Der Tod von Jesus, dem Messias, seine Auferstehung und die Aufnahme in den Himmel zwangen seine jüdischen Nachfolger im ersten Jahrhundert jedoch dazu, ihre theologischen Vorstellungen in dieser Frage zu korrigieren.[17] Der Messias war gekommen und wieder gegangen, aber er wird noch einmal wiederkommen.

> *Jetzt aber ist er am Ende der Zeiten ein einziges Mal erschienen, um durch sein Opfer die Sünde zu tilgen. Und wie es dem Menschen bestimmt ist, ein einziges Mal zu sterben, worauf dann das Gericht folgt, so wurde auch Christus ein einziges Mal geopfert, um die Sünden vieler hinwegzunehmen; beim zweiten Mal wird er nicht wegen der Sünde erscheinen, sondern um die zu retten, die ihn erwarten. (Hebräer 9,26-28 EÜ).*

Das Christus in der Zukunft noch einmal wiederkommt, hat eine große Bedeutung dafür, wie wir Himmel und Hölle verstehen.

1.) *Jesus wird im Jüngsten Gericht den Vorsitz haben.* Es wird Jesus Christus sein, der am Ende der Weltgeschichte alle Menschen richten wird (Matthäus 25,31-46; Johannes 5,21-29; Apostelgeschichte 10,42; 17,31; 2. Korinther 5,10; 2. Timotheus 4,1). Bevor Sie den Himmel auch nur betreten können, müssen Sie vor Jesus stehen und sich seiner Entscheidung für die Ewigkeit unterwerfen. Obwohl wir nicht behaupten wollen, dass wir genau wissen, wie sich die Dinge nach dem Tod zutragen werden, so wird doch jedenfalls Jesus die erste Person sein, der Sie im Himmel begegnen werden - und die letzte, wenn er Sie nicht als eine oder einen der Seinen annimmt.

Bedenken Sie: Dies ist dieselbe Person, die gesagt hat, dass jeder, der seinen Nachbarn beleidigt oder der Versuchung nachgibt, die von seinem Auge oder seiner Hand ausgeht, es verdient, in ein höllisches Feuer geworfen zu werden. Dieselbe Person, die davor warnte, dass sehr religiöse Menschen, die viele ehrenhafte und beeindruckende Werke in seinem Namen getan haben, womöglich hören müssen, wie er sagt: „Ich habe euch noch nie gekannt; weicht von mir, ihr Übeltäter!" (Matthäus 7,23). Wenn Sie darauf zählen, dass Jesus ein Schwächling, ein alter Softie ist, dann sollten Sie vielleicht noch einmal darüber nachdenken. Jesus wird in seinem Verdammungsurteil genau so streng sein, wie er in seiner Gnade großmütig sein wird. Deshalb muss es für jeden von uns allerhöchste Priorität haben, jetzt schon sicherzustellen, dass wir auf der Seite des Herrn sind.

Darin, dass er von den Toten auferstand und den Tod und alle Mächte des Bösen überwunden hat, haben wir den Beweis dafür, dass er wiederkommen wird, um zu richten. Jesus erklärte dem Apostel Johannes: „Fürchte dich nicht! Ich bin der Erste und der Letzte und der Lebendige. Ich war tot, und siehe, ich bin lebendig von Ewigkeit zu Ewigkeit und habe die Schlüssel des Todes und der Hölle" (Offenbarung 1,17-18). Jesus hat den Schlüssel zu unserer Zukunft in seiner Hand.

2.) *Jesus wird sogar im Jüngsten Gericht Mensch bleiben.* Paulus erklärte den Menschen von Athen, dass „Gott ... einen Tag festgesetzt hat, an dem er den Erdkreis richten wird in Gerechtigkeit durch einen Mann, den er dazu bestimmt hat, und er hat allen dadurch den Beweis gegeben, dass er ihn auferweckt hat aus den Toten" (Apostelgeschichte 17,30-31 ELB). Dieser Mann ist Jesus, wie wir gesehen haben. Obwohl Jesus der Sohn Gottes ist, ist er, indem er Mensch wurde und Mensch blieb, in ganz realer Weise einer von uns geworden. Natürlich hätte Gott auch dann alle Menschen gerecht richten können, wenn er niemals Mensch geworden wäre, doch dass er es getan hat, gibt seiner Rolle im Gericht ein zusätzliches Maß an Glaubwürdigkeit.

3.) *Die ewige Heimat für Gottes Volk werden ein verherrlichter neuer Himmel und eine neue Erde sein.* Wenn Gott wollte, dass die Erlösten für immer als körperlose Geister im Himmel leben, dann wäre es augenscheinlich unnötig, dass Jesus noch einmal auf die Erde kommt. Dann würden die Erretteten einfach in den Himmel gehen und diejenigen, die nicht errettet sind, würden eben nicht dorthin gehen. Wenn dann irgendwann jeder dort ist, wo er sein soll, würden die Erde und womöglich das ganze Universum einfach ausgelöscht und der Himmel wäre alles, was übrig bliebe. Doch eine solche Auffassung vom ewigen Zustand der Erlösten stimmt nicht mit den Lehren von der körperlichen Auferstehung und dem zweiten Kommen von Jesus Christus überein.

Die Bibel sagt, die neue Heimat des Volkes Gottes wird in einem „neuen Himmel und einer neuen Erde“ sein (Jesaja 65,17; 66,22; 2. Petrus 3,13; Offenbarung 21,1). Der wichtigste Unterschied zwischen dem neuen Himmel und der neuen Erde und dem Universum, in dem wir jetzt leben, besteht darin, dass das neue Universum von Gerechtigkeit geprägt sein wird (2. Petrus 3,13) und es dort keine Sünde, keinen Tod und kein Leid mehr geben wird (Offenbarung 21,1.4). In diesem neuen Universum wird nicht die erlöste Menschheit dort leben, wo Gott ist, sondern Gott dorthin kommen, wo wir leben. „Siehe da, die Hütte Gottes bei den Menschen! Und er wird bei ihnen wohnen, und sie werden sein Volk sein und er selbst, Gott mit ihnen, wird ihr Gott sein“ (Offenbarung 21,3). Was wir oft „Himmel“ nennen, wenn wir die ewige Heimat von Gottes Volk meinen, sollte daher treffender der Neue Himmel und die Neue Erde genannt werden. Es wird ein Ort sein, an dem verherrlichte Menschen in unsterblichen Körpern leben, die sowohl himmlische als auch irdische Merkmale haben. Es wird ein Ort sein, der genau passend für Jesus Christus, den Menschen aus dem Himmel, ist und für alle, die ihm ähnlich gemacht wurden.

WAHRHEIT:

Himmel bedeutet, für immer mit Jesus, dem auferstandenen Menschen aus dem Himmel, zu leben.

MYTHOS:

Wir können auch ohne Jesus verstehen, was Himmel und Hölle sind.

Kapitel 3

Von Himmeln und Höllen

„Himmel" hat drei verschiedene Bedeutungen und „Hölle" hat deren zwei. Bringen Sie sie nicht durcheinander!

Jeder, der eine Fremdsprache erlernt hat - oder sich auch nur intensiv mit seiner Muttersprache auseinandersetzt - stellt fest, dass ein und dasselbe Wort in einer Sprache oftmals eine Vielzahl von unterschiedlichen Bedeutungen haben kann. Wahrscheinlich könnten Sie ohne ein Wörterbuch zu Hilfe zu nehmen fünf oder mehr verschiedene Bedeutungen des Wortes *Schlag* nennen. Oder nehmen wir das Wort *Zug*, das mit einer verwirrenden Vielfalt an Bedeutungen daherkommt. Damit kann gemeint sein: der Vogelzug, der Luftzug, der Höhenzug, die Eisenbahn, der Spielzug, ein Seil zur mechanischen Kraftübertragung, der Charakterzug, der Teil einer Posaune, an dem gezogen wird oder auch eine Instanz in einem Rechtsverfahren, um nur einige zu nennen.

Diese Eigenschaft menschlicher Sprache gilt genauso für Wörter, die wir in einem religiösen oder geistlichen Zusammenhang verwenden. So kann *heiligen* zum einen einen Akt der Hingabe an Gott bedeuten, zum anderen aber auch den Prozess, in dem wir Gottes Charakter in moralischer Hinsicht immer ähnlicher werden. Paulus verwendet den Begriff *Gottes Gerechtigkeit* einmal, um damit Gottes gerechten Charakter zu bezeichnen, der uns die Gewissheit gibt, dass seine Urteile immer tadellos gerecht sind (Römer 3,5) und gleich darauf als Ausdruck für Gottes Gnadengabe an uns, durch den Glauben an Jesus Christus vor ihm als gerecht angesehen zu werden (3,21-22; siehe auch 1,17). Die menschliche Sprache ist in ihrer Anwendung derart flexibel und das gilt eben auch für die Bibel. Eine Tatsache, die manche ansonsten ausgesprochen klar denkende Menschen gelegentlich ignorieren, indem sie versuchen mit Gewalt eine einzige Bedeutung eines Wortes auf jede Bibelstelle, in der es vorkommt, anzuwenden.

Die Frage nach Himmel und Hölle, mit der wir uns hier beschäftigen, ist auch in dieser Hinsicht vergleichsweise kompliziert und es führt häufig zu Verwirrung, dass beide Worte in der Bibel in zweifacher oder sogar dreifacher Bedeutung vorkommen. Wir wollen uns daher zunächst ein wenig damit beschäftigen, wie diese Wörter in der Schrift verwendet werden.

Himmel der Himmel

Das hebräische Wort, das normalerweise mit „Himmel" übersetzt wird lautet *shāmayim*. Seltsamerweise ist *shāmayim* eine Pluralform und kommt im Alten Testament auch nur in dieser Form vor, gelegentlich sogar im doppelten Plural „die Himmel der Himmel" (5. Mose 10,14; 1. Könige 8,27; 2. Chronik 2,5; 6,18). Im Hebräischen kommt es häufig vor, dass Substantive im Plural gebraucht werden, wo im Grunde gar kein Plural gemeint ist und wo wir im Englischen oder Deutschen ein Substantiv in der Einzahl erwarten würden. Das ist der Grund, warum an bestimmten Stellen in einigen Übersetzungen „der Himmel" steht und in anderen „die Himmel" (z. B. 1. Mose 1,1). Das griechische Wort für Himmel, *ouranos*, kommt hingegen sowohl in der Einzahl als auch in der Mehrzahl vor und die griechische Übersetzung des Altes Testaments verwendet daher auch gelegentlich die Singularform, um den hebräischen Plural zu übersetzen (siehe wiederum 1. Mose 1,1). Trotzdem verwendet das Neue Testament auch an einigen Stellen den Plural, wo es gar nicht aus dem Alten Testament zitiert. Vermutlich sollte so der Stil des Alten Testaments imitiert werden.

Doch warum ist das für uns überhaupt wichtig? Weil wir aus der gelegentlich vorkommenden Pluralform „die Himmel" nicht schließen sollten, dass es mehrere voneinander verschiedene Himmel oder geistige Daseinssphären gibt. Wenn Matthäus zum Beispiel berichtet, dass Jesus vom

„Reich der Himmel" sprach (Matthäus 5,3 ELB), dann verwendet er dabei nur einen im Hebräischen gebräuchlichen Begriff und deutet nicht an, dass es in Gottes Reich eine Reihe verschiedener „Himmel" gibt. Aus diesem Grund schreiben hier viele deutsche Übersetzungen auch einfach „Himmelreich". Die hebräischen und griechischen Wörter für Himmel haben in der Bibel mindestens drei deutlich unterscheidbare Bedeutungen.

1.) Mit *Shāmayim* und *ouranos* kann Himmel im Sinne von Luftraum um die Erde gemeint sein, der Bereich in dem Wolken, Regen und Vögel zu finden sind (so z. B. 1. Mose 1,20.26.28; 8,2; 5. Mose 28,12; Psalm 147,8; Matthäus 8,20; 13,32; 16,2-3).

2.) Diese Wörter können sich aber auch auf den Weltraum beziehen, den physischen Himmel jenseits unserer eigenen Welt, wo die Sonne, der Mond und die Sterne existieren (so z. B. 1. Mose 1,14.15.17; 5. Mose 4,19; 28,62; Apostelgeschichte 2,19-20; Hebräer 11,12). Auch wenn dies im Grunde zwei verschiedene Bedeutungen sind, wird diese Unterscheidung in der Bibel nicht immer streng vollzogen. In jedem Fall aber ist „die Himmel" in den beiden gerade genannten Bedeutungen ein Bereich des Universums, der von unserem Standpunkt auf der Erde aus (zumindest teilweise) sichtbar ist.

3.) Beide Wörter können sich schließlich auch auf die geistige Welt beziehen, den Himmel des Geistes, wo Gott und die Engel sich aufhalten (so z. B. 5. Mose 26,15; 1. Könige 8,30; Psalm 14,2; Matthäus 6,9-10; 18,10; 28,2). Lange Zeit war es im Christentum eine unumstrittene Tatsache, dass dieser Himmel von dem Himmel der Luft und des Weltraums strikt zu trennen ist, doch kann man heute nicht mehr ohne weiteres voraussetzen, dass dieser Punkt allgemein verstanden oder akzeptiert ist.

Ein Schlüsseltext, der uns hier etwas Orientierung geben kann, ist die Aussage von Paulus, dass in Christus „alles in den Himmeln und auf der Erde geschaffen worden (ist), das Sichtbare und das Unsichtbare" (Kolosser 1,16 ELB). Paulus teilt hier die geschaffene Wirklichkeit in zwei Teile: „Himmel“, was der Bereich des „Unsichtbaren“ ist und „Erde“, was der Bereich des „Sichtbaren“ ist. Da die Vögel am Himmel genauso wie Sonne, Mond und Sterne für das menschliche Auge zumindest theoretisch sichtbar sind, kann man davon ausgehen, dass mit „das Unsichtbare“ hier etwas gemeint ist, das über den sichtbaren Himmel hinausgeht. Seine ständigen Bewohner sind Wesen des „Geistes“, demzufolge also körperlose Wesen: Gott (Johannes 4,20-24) und die Engel (Hebräer 1,7).[18]

Wir streiten nicht ab, dass auch körperliche Wesen auf irgendeine Weise in den Himmel versetzt werden können, so wenig wie wir abstreiten, dass einige nicht-körperliche Wesen in unserer physischen Welt gegenwärtig sind und gelegentlich sogar sichtbar werden können. (Später in diesem Buch werden wir noch näher auf die Frage nach körperlichen Wesen im Himmel eingehen.)

Mortimer J. Adler

Der Himmel als der Wohnort Gottes, welcher in allererster Linie ein rein geistiges Wesen ist, kann jedenfalls nicht als ein Ort im physischen Sinn angesehen werden, wo Körper einen bestimmten Raum einnehmen. Er ist nicht dort draußen oder dort oben oder an irgendeinem Ort, der im physischen Universum lokalisiert werden könnte.[19]

Körperlose, geistige Wesen jedoch sind im Himmel „Einheimische“, so wie körperliche, physische Wesen auf der Erde und im Rest des physischen Universums „Einheimische“ sind.

Der physische Himmel	**Der geistige Himmel**
Für physische Bewohner geschaffen	Für geistige Bewohner geschaffen
(geistige Wesen können ihn besuchen)	(physische Wesen können ihn besuchen)
Vögel, Sonne, Mond und Sterne	Gott, Engel
Normalerweise sichtbar	Normalerweise unsichtbar

Hades, Hölle und Scheol

Eine weit größere Verwirrung rankt sich jedoch um die Bedeutung des Begriffs *Hölle*, die sich zum großen Teil aus einer Besonderheit der Übersetzung Martin Luthers (wie auch der King James Bible im Englischen) ergibt, in der *zwei verschiedene Wörter* im Neuen Testament mit „Hölle“ übersetzt werden.

Das erste dieser griechischen Wörter ist *Hades*. Für die Griechen bezeichnete Hades den Daseinsbereich der Toten, einen Ort „ewiger Ruhe“, wo die Geister der Toten für immer als weniger stoffliche - und im Allgemeinen auch weniger glückliche - Versionen ihres menschlichen Selbst weiter existierten. Die Menschen existierten zwar im Hades, aber es war keine Form der Existenz auf die man sich freute. Homers berühmter Ausspruch bringt es auf den Punkt: „Lieber möcht‘ ich fürwahr dem unbegüterten Meier, der nur kümmerlich lebt, als Tagelöhner das Feld baun, als die ganze Schar vermoderter Toten beherrschen.“[20]

Die Siebenten-Tags-Adventisten und die Zeugen Jehovas, die beide abstreiten, dass die Seele in einem Jenseits weiter existiert, geben dessen ungeachtet zu, dass sich das Wort Hades im Griechischen auf eine Unterwelt oder ein Totenreich bezieht. Der adventistische Gelehrte Samuele Bacchiocchi zum Beispiel schreibt, dass „*der Hades* in der griechischen Mythologie die Unterwelt ist“ und erkennt an, dass diese Vorstellung im Judentum zur Zeit von Jesus weit verbreitet war:

> *Die Seelen der Gerechten gingen sofort nach dem Tod in die himmlische Glückseligkeit ein, während die Seelen der Gottlosen zu einem Ort der Qual im* ***Hades*** *gingen. Dass dieses Szenario allgemein akzeptiert war, zeigt sich in dem Gleichnis vom reichen Mann und Lazarus.* [21]

Im Gleichnis[22] von dem reichen Mann und Lazarus stirbt der reiche Mann und kommt in den Hades, wo er in den Flammen Qualen leidet, während der arme Mann Lazarus von den Engeln in „Abrahams Schoß“ getragen wird, einen Ort der Ruhe für die Gerechten. Der reiche Mann bittet Abraham, dass er Lazarus gestatte, seinen Finger ins Wasser zu tauchen, um damit die Zunge des reichen Mannes zu kühlen. Als er erfährt, dass dies unmöglich ist, bittet er Abraham, Lazarus zu senden, damit er die Brüder des reichen Mannes vor diesem Ort der Qual warnen könne. Darauf antwortet Abraham: „Hören sie Mose und die Propheten nicht, so werden sie sich auch nicht überzeugen lassen, wenn jemand von den Toten auferstünde" (Lukas 16,19-31).

Bacchiocchi führte mehrere Gründe an, warum man dieses Gleichnis nicht wörtlich nehmen kann (Seelen, die den Körper verlassen haben, verfügen über keinen Körper mehr, der Schmerz empfinden oder den Finger in Wasser tauchen könnte; eine echte Unterhaltung zwischen Abraham und dem reichen Mann über die trennende Grenze hinweg scheint unmöglich usw.). Er kommt zu dem Schluss, dass Jesus die verbreiteten Vorstellungen vom Hades und von Abrahams Schoß nur als Hintergrund für seine Geschichte gewählt hat, ohne damit eine dieser beiden Vorstellungen tatsächlich stützen zu wollen.[23] Das mag sein, doch ändert es nichts an der Tatsache, dass der Ausdruck *Hades* an dieser Stelle eindeutig ein Totenreich oder eine Unterwelt bezeichnet, in der die Toten weiter existieren.

Da dies die allgemeine Bedeutung dieses Wortes im alten Griechisch war, sollte man annehmen können, es hat dieselbe Bedeutung auch an anderen Stellen des Neuen Testaments, sofern der Text einer solchen Bedeutung nicht ausdrücklich entgegensteht. Den Gegnern der traditionellen christlichen Sichtweise obliegt es somit, zu beweisen, dass Hades etwas anderes bedeutet. Hierfür reicht allerdings die Anmerkung nicht aus, bei einem bestimmten Vorkommen des Wortes werde nicht ausdrücklich erwähnt, dass die Toten im Hades weiter existieren. Man muss schon wirklich nachweisen, dass das Wort im Neuen Testament nicht diese Bedeutung hat.

Abgesehen von dieser kontrovers diskutierten Stelle im Gleichnis von Lazarus und dem reichen Mann wird das Wort Hades auch noch an einigen wenigen anderen Stellen im Neuen Testament verwendet. Einmal warnt Jesus die Stadt

Kapernaum, dass sie statt „bis zum Himmel erhöht" zu werden, „bis zum Hades hinabgestoßen" werden wird (Matthäus 11,23; Lukas 10,15 ELB). In diesem Ausspruch wird das Wort Hades mit Sicherheit so verwendet, wie es im Griechischen üblich war und bezeichnet somit die Unterwelt. Bei einer anderen Gelegenheit verspricht Jesus, dass „des Hades Pforten" die Gemeinde nicht überwältigen werden (Matthäus 16,18). Die Metapher hier ist ein Bild auf die Unterwelt und beschreibt die Daseinssphäre der Toten als einen Ort, der Tore hat, um die Toten daran zu hindern, zu entfliehen. Bacchiocchi erkennt dies im Grunde auch an, sieht jedoch nicht, welche Schlussfolgerungen sich daraus ergeben.[24]

Im Buch der Offenbarung sind „Tod und Hades" ohne weitere Erklärung durchgängig miteinander verbunden (Offenbarung 1,18; 6,8; 20,13-14). Es wird jedoch deutlich, dass der Hades etwas anderes sein muss als die letzte, ewige Strafe für die Bösen, denn am Ende werden Tod und Hades „in den Feuersee geworfen" (Offenbarung 20,13-14 ELB). Das schließt jedoch nicht aus, dass der Hades ein „Zwischenzustand" ist, in dem die Bösen leiden, während sie auf ihr endgültiges Urteil warten.

In der ersten christlichen Predigt verwendet der Apostel Petrus das Wort Hades zweimal im Hinblick auf den Tod von Jesus:

> *Den hat Gott auferweckt, nachdem er die Wehen des Todes aufgelöst hatte, wie es denn nicht möglich war, dass er von ihm behalten würde. Denn David sagt über ihn:*
>
> > *„Ich sah den Herrn allezeit vor mir; denn er ist zu meiner Rechten, damit ich nicht wanke. Darum freute sich mein Herz, und meine Zunge jubelte; ja, auch mein Fleisch wird in Hoffnung ruhen;* ***denn du wirst meine Seele nicht im Hades zurücklassen noch zugeben, dass dein Frommer Verwesung sehe.*** *Du hast mir kundgetan Wege des Lebens; du*

wirst mich mit Freude erfüllen vor deinem Angesicht.“

Ihr Brüder, es sei erlaubt, mit Freimütigkeit zu euch zu reden über den Patriarchen David, dass er gestorben und begraben und sein Grab bis auf diesen Tag unter uns ist. Da er nun ein Prophet war und wusste, dass Gott ihm mit einem Eid geschworen hatte, einen seiner Nachkommen auf seinen Thron zu setzen, hat er voraussehend von der Auferstehung des Christus geredet,

dass er weder im Hades zurückgelassen worden ist noch sein Fleisch die Verwesung gesehen hat.

Diesen Jesus hat Gott auferweckt, wovon wir alle Zeugen sind. (Apostelgeschichte 2,24-32 ELB).

Dies ist die einzige Stelle im Neuen Testament, wo das Wort Hades in einem Zitat aus dem Alten Testament verwendet wird. Hades steht hier für das hebräische Wort *Scheol*. Nach Bacchiocchi (und anderen Verfechtern dieser Sichtweise) wurde „*Hades* in der griechischen Welt in einer deutlich anderen Weise verwendet als das Wort *Scheol*“,[25] welches ein Ausdruck für das Grab war. Da Hades jedoch an dieser Stelle (und in der griechischen Übersetzung des Alten Testaments, die von den Juden jener Zeit verwendet wurde) als Übersetzung für Scheol gebraucht wird, zieht man kurzerhand den Schluss, dass Hades nichts anderes bedeuten kann als Scheol, was, wie uns gesagt wurde, ja nur Grab bedeutet.

Auch wenn diese Argumentationslinie sehr verbreitet ist und ziemlich überzeugend klingt, hat sie doch ein paar ernsthafte Schwachstellen. Wenn Hades im griechischen Denken in der Tat etwas „deutlich anderes“ bedeutete als Scheol und wenn Scheol zudem einfach Grab bedeutet, warum sollten die griechischen Übersetzer des Alten Testaments (und Lukas) dann überhaupt das Wort Hades für Scheol verwenden, da es doch auch andere, vermeintlich treffendere griechische Wörter gegeben hätte? Selbst wenn man annehmen wollte, dass die Übersetzer des Alten Testaments einen Fehler gemacht haben, würde Lukas diesen Fehler dann in seinen inspirierten Schriften einfach übernehmen? Kann man hier nicht vielmehr genau andersherum argumentieren: Wenn diese Übersetzer und Lukas der Ansicht waren, dass Hades eine passende Übersetzung für Scheol ist, dann mussten diese Wörter doch wohl in etwa das Gleiche bedeuten?

Viele Fachleute für Altes Testament sind inzwischen der Ansicht, dass Scheol in aller Regel nicht ein anderer Ausdruck für Grab war, sondern tatsächlich weit häufiger als Bezeichnung für die Unterwelt verwendet wurde. Doch nicht jeder sieht das so. So folgt zum Beispiel die englische New International Version (NIV) der Auffassung einer ihrer Übersetzer, R. Laird Harris, und übersetzt Scheol in den meisten Fällen mit „grave“ (Grab).[26] Es gibt jedoch gute Gründe dafür, dass eine solche Übersetzung eher die Ausnahme als die Regel sein sollte.

Eines der anschaulichsten und wichtigsten Bilder für den Scheol im Alten Testament finden wir im Rahmen der Wüstenerfahrung Israels. Nach Korachs Rebellion wurden die ungläubigen Israeliten bestraft, indem der Boden sich öffnete und sie „lebendig in den Scheol hinab“ fuhren (4. Mose 16,30.33 ELB). Später warnt Mose die Israeliten, dass Gottes Zorn ein Feuer entzündet, das „brennt bis in den untersten Scheol“ (5. Mose 32,22 ELB). Selbst in der NIV heißt es an dieser Stelle „burns to the realms of death below“, zu Deutsch etwa „brennt bis in das Totenreich hinunter“. Gelegentlich wird der Scheol auch in einem Atemzug mit „der Grube“ genannt (Psalm 30,4; Sprüche 1,12; Jesaja 14,15; 38,18; Hesekiel 31,16), womit an das Gericht über Korachs Rebellion erinnert werden soll.

Das Alte Testament spricht vom Scheol auffällig oft so, als wäre er das verdiente Ende der Bösen, ein Ausdruck von Gottes Zorn und Gericht.[27] „Mögen zum Scheol sich wenden die Gottlosen, alle Nationen, die Gott vergessen“ (Psalm 9,18; siehe auch 31,18; 55,16; 89,47-49; Sprüche 5,5; 7,27; 9,18). Der

Gedanke, dass die Gerechten in den Scheol gehen könnten, wird im Gegensatz dazu zurückgewiesen und an vielen Stellen klingt die Hoffnung an, vom Scheol gerettet zu werden (Psalm 16,10; 18,6; 30,4; 86,13; Sprüche 15,24; Hosea 13,14). An einigen Stellen werden diese beiden Gedanken auch zusammen vorgetragen:

> *Wie Schafe weidet sie der Tod, sie sinken zum Scheol hinab; und am Morgen herrschen die Aufrichtigen über sie; ihre Gestalt zerfällt, der Scheol ist ihre Wohnung.Gott aber wird meine Seele erlösen von der Gewalt des Scheols; denn er wird mich aufnehmen. (Psalm 49,15-16 ELB)*

In Jesaja finden wir eine eindeutige Darstellung der Toten als Geister oder „Schatten", die im Scheol existieren:

> *Der Scheol drunten ist in Bewegung deinetwegen,*
> *in Erwartung deiner Ankunft.*
> *Er stört deinetwegen die Schatten* **(rephaim)** *auf,*
> *alle Mächtigen der Erde,*
> *er lässt von ihren Thronen*
> *alle Könige der Nationen aufstehen.*
> *Sie alle beginnen*
> *und sagen zu dir:*
> *„Auch du bist kraftlos geworden wie wir,*
> *bist uns gleich!"*
> *In den Scheol hinabgestürzt ist deine Pracht*
> *und der Klang deiner Harfen.*
> *Maden sind unter dir zum Lager ausgebreitet,*
> *und Würmer sind deine Decke.*
> *(Jesaja 14,9-11)*

Gehen wir nun zurück zur ersten christlichen Predigt, zu der Stelle an der Petrus den Begriff Hades verwendet hat. Er zitiert Psalm 16,10, wo David seine Zuversicht zum Ausdruck bringt, dass Gott seine Seele weder dem Scheol überlassen noch zulassen wird, dass er verwest. Adventisten und Zeugen Jehovas heben hervor, die Parallele zwischen Scheol und Verwesung an dieser Stelle beweise, dass der Scheol das Grab ist. Doch das ist schlicht nicht logisch. David drückt hier seine Hoffnung aus, er möge dem Tod entgehen, eine Hoffnung, die später durch Jesus, den Sohn Davids, für alle Gläubigen Wirklichkeit wurde. Als Ausdruck dieser Hoffnung sagt er zwei Dinge, die zwar eng miteinander verbunden aber nicht identisch sind, nämlich zum einen, dass Gott seine Seele nicht dem Scheol überlassen möge und zum anderen, dass Gott nicht zulassen möge, dass er die Verwesung sehe.

Dort wo Petrus diese Stelle auf Jesus anwendet, lässt sich noch nicht einmal mit Sicherheit feststellen, ob er damit sagen will, dass Jesus tatsächlich in den Hades hinunter gegangen ist. Er sagt lediglich, dass Gott Jesus nicht „dem Hades überlassen" hat. Das *könnte* bedeuten, Jesus ging in den Hades hinunter, blieb jedoch nicht dort. Manche Christen verstehen diese Stelle so und schließen daraus, es gebe im Hades entweder auch einen gesegneten Teil für die Gerechten und Christus sei dorthin gegangen oder aber Jesus sei in den Hades gegangen, um den Ungerechten seinen Triumph über Sünde und Tod zu verkünden. Allerdings könnte diese Aussage auch bedeuten, dass Gott Christus nicht verlassen hat, indem er ihn gar nicht dem Hades überlieferte. Wenn diese Interpretation richtig ist, dann ist Christus erst gar nicht in den Hades gegangen. Wie auch immer diese Stelle genau zu verstehen ist, sie stützt in jedem Fall die Ansicht, dass der Hades die Unterwelt ist, in der die Geister der Toten in irgendeiner Weise weiter existieren. Wie wir also festhalten können, beziehen sich die Begriffe Scheol und Hades auf die Unterwelt, den Aufenthaltsort der Toten, wo sie auf ihr endgültiges Urteil im Jüngsten Gericht warten.

Gehenna und Hölle

Das andere griechische Wort, das in vielen Bibelübersetzungen mit „Hölle" übersetzt wird, ist *Gehenna*. Das Wort leitet sich vom hebräischen Namen eines Ortes, der *gê-hinnōm*, „Tal des Hinnom", manchmal auch „Tal des Sohnes Hinnoms", genannt wurde. Dieses Tal wurde zuerst in Josua 15,8 und

18,16 erwähnt. In den Jahren vor dem Babylonischen Exil war dieser Ort „berüchtigt für die heidnischen Riten, insbesondere die Kinderopfer, die dort abgehalten wurden" (vgl. 2. Könige 16,3; 23,10; Jeremia 19,6-7).[28] In den zwei Jahrhunderten vor Jesus wurde die Gehenna im Judentum dann zu einem Bild für das abschließende Gericht über die Bösen.

> Die Gehenna unterscheidet sich vom Hades, der ein unangenehmer vorübergehender Aufenthaltsort für die Toten – insbesondere die ungerechten Toten – ist, an dem sie auf ihre Überstellung in die Gehenna warten.

Einer weit verbreiteten Meinung nach war die Gehenna zu Lebzeiten Jesu der Ort, wo der Abfall der Stadt Jerusalem abgeladen und verbrannt wurde - also die städtische Müllkippe. Einige Autoren, die eine ewige Bestrafung der Bösen in der Hölle abstreiten, sehen in der Metapher der Müllhalde eher eine Bestätigung ihrer Sichtweise, dass die Bösen in der Hölle einfach vernichtet werden. Zahlreiche Gelehrte haben jedoch inzwischen nachgewiesen, dass dieser Vergleich der Hölle mit einer städtischen Müllkippe aus einer mittelalterlichen Quelle stammt, die um das Jahr 1200 n. Chr. datiert, also viel zu spät, um in dieser Diskussion eine ernsthafte Rolle zu spielen.[29]

Jesus verwendete Gehenna als Illustration für das abschließende Gericht über die Bösen. Er beschrieb sie als einen Ort, wo die Ungerechten mit den Zähnen knirschen werden, wo das Feuer niemals erlischt und wo der Wurm niemals stirbt. Wie wir später noch nachweisen werden, ist dies ein Bild auf die nicht endende Strafe für die Bösen. In jedem Fall ist die Gehenna etwas anderes als der Hades, der ein unangenehmer vorübergehender Aufenthaltsort für die Toten - insbesondere die ungerechten unter den Toten - ist, wo sie auf ihre Überstellung in die Gehenna warten. Somit ist es völlig richtig, Gehenna mit „Hölle" zu übersetzen, jedoch falsch, wenn man Hades mit „Hölle" übersetzt. Diese beiden Begriffe sauber auseinanderzuhalten, wird uns helfen zu verstehen, was die Bibel zu diesem „heißen" Thema zu sagen hat.

Wahrheit:

Der Hades ist nicht die Hölle.

Mythos:

Die Hölle ist nichts anderes als das Grab.

Kapitel 4

Bis dass der Tod uns scheidet

Überlebt irgendetwas von uns, wenn wir sterben?

Der Streit über die Bedeutung der Wörter *Scheol* und *Hades* ist Teil einer größeren Auseinandersetzung über die Frage, ob der menschliche Geist oder die Seele nach dem körperlichen Tod weiterhin als Persönlichkeit existiert. Wir haben bereits gesehen, dass es gute Argumente gibt, diese Frage positiv zu beantworten. Die traditionelle christliche Position zu diesem Thema sieht sich jedoch gleich an mehreren Fronten - sowohl von wissenschaftlicher Seite als auch von Seiten der öffentlichen Meinung - starker Kritik ausgesetzt. Doch das hat auch sein Gutes. Wenn wir diese Kritik ernst nehmen und darauf eingehen, wird uns das helfen, selber ein besseres Verständnis von dem zu bekommen, was die Bibel über Himmel und Hölle lehrt.

Üblicherweise spricht man im Zusammenhang mit dem Glauben, dass der Mensch nach dem körperlichen Tod in irgendeiner Form weiterlebt von der „Unsterblichkeit der Seele". Wir halten diesen Ausdruck allerdings für einigermaßen irreführend. Dennoch ist die Vorstellung, für die dieser Ausdruck in der traditionellen christlichen Theologie steht, durchaus biblisch, wie wir nun zeigen werden.

Was ist der Tod?

Obwohl die Bibel viel über Leben und Tod zu sagen hat, bietet sie uns keine systematische Darstellung des Themas. Nirgendwo in der Bibel gibt es eine formelle Definition von „Tod" oder eine genaue Beschreibung davon, was mit den Menschen geschieht, wenn sie sterben. Daher müssen wir unser Wissen über den Tod durch Rückschlüsse gewinnen, die wir aus einer Reihe von Bibelstellen, die mit diesem Thema zu tun haben, ziehen. Dabei müssen wir jedoch sorgfältig darauf achten, redensartliche oder verhüllende Ausdrücke für den Tod, die womöglich nicht mehr besagen, als dass ein Mensch gestorben ist, von Hinweisen zu trennen, die konkrete Informationen darüber enthalten, was dieser Tod bedeutete.

Hier zunächst einige biblische Redensarten, die mit dem Tod zu tun haben: „verscheiden" bzw. „seinen Geist aushauchen" oder wie wir es heute ausdrücken würden „seinen letzten Atemzug tun" (z. B. Lukas 23,46); „abscheiden", „aus der Welt scheiden" oder „aufbrechen" (Philipper 1,23); „nicht mehr sein" (Psalm 37,10); „zu seinen Vätern (Vorfahren, Volk) versammelt werden" (1. Mose 25,8); „entschlafen" (1. Thessalonicher 4,13-15); „bei den Vätern liegen" (1. Mose 47,30); „abgeschnitten sein" vom Land der Lebendigen oder der Familie oder etwas Ähnlichem (Jesaja 53,8) und „verloren" oder „zugrunde" gehen (Johannes 3,16).

Auch wenn einige dieser Ausdrücke die Vorstellung zu stützen scheinen, dass die Existenz eines Menschen mit dem Tod völlig aufhört („nicht mehr sein", vielleicht auch „seinen Geist aushauchen"), so deuten doch die meisten der anderen Redensarten darauf hin, dass die Persönlichkeit nach dem Tode weiter existiert („abscheiden", „entschlafen", „zu den Vätern versammelt werden", „bei den Vätern liegen"). Insbesondere die Redensart „zu den Vätern versammelt werden" entspricht der Vorstellung, dass die Verstorbenen im Jenseits wieder mit ihren Vorfahren vereint werden.[30] Dennoch sollten wir vorsichtig sein, dass wir in diese Redensarten nicht mehr hineinlesen, als sich mit Hilfe von anderen, exakteren Aussagen, die an anderer Stelle zu finden sind, untermauern lässt.

Religiöse Gruppierungen wie die Zeugen Jehovas, die jegliches Leben nach dem Tod verneinen, gehen normalerweise ohne weitere Begründung davon aus, dass sterben bedeutet, man höre auf zu existieren. Im biblischen Sinne bedeutet der

Tod jedoch lediglich, dass man aufhört *zu leben*, nicht dass man aufhört *zu existieren*. Das ist ein Unterschied. Die am häufigsten vorkommende biblische Redensart für den Tod, „abgeschnitten sein", drückt die zu Grunde liegende Vorstellung der *Trennung* sehr schön aus. Zu sterben bedeutet, von denen abgeschnitten oder getrennt zu werden, die noch leben. Darum kann die Bibel auch zwischen einem körperlichen und einem geistlichen Tod unterscheiden. Der körperliche Tod schneidet einen Menschen von der Gemeinschaft und dem Umgang mit anderen körperlichen Wesen in der physischen Welt ab. Der geistliche Tod schneidet einen Menschen von der Gemeinschaft mit Gott, dem Geist, der uns geschaffen hat, ab. Was das Buch der Offenbarung „den zweiten Tod" nennt (Offenbarung 2,11; 20,6.14; 21,8) ist demnach eine endgültige Trennung der Bösen von der gnädigen Gegenwart Gottes (vgl. 2. Thessalonicher 1,9).

„Seine Gedanken gehen verloren"

Diejenigen, die glauben, mit dem Tod würde auch die personale Existenz aufhören, fahren eine ganze Batterie biblischer Texte als Belege für ihre Lehre auf. Allerdings kann man sich sicher sein, dass jeder dieser Texte aus dem Zusammenhang gerissen ist. Nehmen wir zum Beispiel den folgenden, häufig zitierten Vers nach der Neue-Welt-Übersetzung der Zeugen Jehovas:

> *Sein Geist geht aus, er kehrt zurück zu seinem Erdboden; An jenem Tag vergehen seine Gedanken tatsächlich. (Psalm 146,4 NWÜ)*[31]

Bacchiocchi zieht aus einer solchen Übersetzung der Stelle den unvermeidlichen Schluss, „Da mit dem Tod ‚die Gedanken vergehen' ist offensichtlich, dass die bewusste Seele den Tod des Körpers nicht überlebt."[32] Psalm 146,4 sagt jedoch keineswegs, die Toten würden nicht mehr existieren oder auch nur, sie würden nicht denken. Er drückt vielmehr aus, dass, wenn Menschen sterben „ihre Gedanken" in dem Sinn vergehen, dass dann ihre Pläne zunichte werden, wie es auch praktisch alle deutschen Übersetzungen und eine Reihe englischer Übersetzungen wiedergeben.

Um zu verstehen, was das bedeutet, sollten wir uns zunächst etwas um den Kontext bemühen. Der unmittelbar vorhergehende Vers sagt:

> *Verlasst euch nicht auf Fürsten, auf Menschen, bei denen es doch keine Hilfe gibt. (Psalm 146,3 EÜ)*

Der Psalmist sagt, dass wir nicht auf Fürsten oder irgendein anderes menschliches Wesen vertrauen sollen, denn wenn diese sterben „vergehen" auch ihre Gedanken oder Pläne. Mit anderen Worten, was auch immer ein Fürst oder ein anderes menschliches Wesen an Gedanken oder Plänen hat, die uns vielleicht hilfreich erscheinen mögen, sie werden doch alle vergehen, wenn diese Person stirbt. Das ist einer der Gründe, warum wir unser Vertrauen nicht auf diese Menschen setzen sollten. Stattdessen sollen wir uns allein an Gott wenden, wenn wir Hilfe brauchen, denn er ist der Schöpfer, der Eine, der den Unterdrückten, Hungrigen, Gefangenen, Blinden, Fremden, Waisen und Witwen helfen kann und helfen wird. Zudem wird er - anders als die vergänglichen Fürsten, die irgendwann sterben - für immer herrschen (Psalm 146,5-10).

Im Kontext betrachtet sind die „Gedanken", wie es in der NWÜ heißt, des sterblichen Fürsten also seine Pläne, seine Absichten, das, was er zu tun gedenkt. Diese Art der Formulierung ist im Alten Testament, besonders in den poetischen Schriften, sehr verbreitet (siehe Psalm 33,10-11; 56,6; 94,11; Sprüche 6,18; 12,5; 15,22.26; 16,3; 19,21; 20,18). Zahlreiche Übersetzungen (im Deutschen fast alle - Anm. d. Übers.) haben daher bei einigen dieser Stellen auch das Wort „Pläne" statt des wörtlicheren „Gedanken". Im Englischen gibt es im Übrigen eine Redensart, die sich durchaus von dieser Bibelstelle herleiten könnte: „Perish the thought" (Deutsch etwa wörtlich: „Lass den Gedanken zugrunde gehen"; sinngemäß: „kein Gedanke daran" - Anm. d. Übers.), womit man sagen will, „Ich hoffe, dass das nicht eintrifft". Auf gar keinen Fall ist damit gemeint, dass eine Person insgesamt aufhört zu denken.

„Die Toten wissen von nichts mehr"
Unter den Bibelstellen, die als Belege dafür herangezogen werden, dass die Seele aufhört zu existieren, wenn der Körper stirbt, sind die folgenden Verse aus dem Buch Prediger wohl am besten bekannt:

> *Ich sprach in meinem Herzen: Der Menschenkinder wegen ist es so, dass Gott sie prüft und damit sie sehen, dass sie nichts anderes als Vieh sind. Denn das Geschick der Menschenkinder und das Geschick des Viehs - sie haben ja ein und dasselbe Geschick - ist dies: wie diese sterben, so stirbt jenes, und einen Odem haben sie alle. Und einen Vorzug des Menschen vor dem Vieh gibt es nicht, denn alles ist Nichtigkeit. Alles geht an einen Ort. Alles ist aus dem Staub geworden, und alles kehrt zum Staub zurück. Wer kennt den Odem der Menschenkinder, ob er nach oben steigt, und den Odem des Viehs, ob er nach unten zur Erde hinabfährt? (Prediger 3,18-21 ELB)*
>
> *... wie bei allen Menschen. Ein Geschick ist für den Gerechten und für den Ungerechten bestimmt, für den Guten und den Reinen und den Unreinen und für den, der opfert, und den, der nicht opfert; wie der Gute, so der Sünder, der, der schwört, wie der, der den Eid scheut. Das ist ein Übel in allem, was unter der Sonne geschieht, dass einerlei Geschick allen zuteil wird. Auch ist das Herz der Menschenkinder voll Bosheit, und Irrsinn ist in ihrem Herzen während ihres Lebens; und danach geht es zu den Toten. Ja, wer noch all den Lebenden zugesellt ist, für den gibt es Hoffnung. Denn selbst ein lebendiger Hund ist besser daran als ein toter Löwe! Denn die Lebenden wis-*

> *sen, dass sie sterben werden, die Toten aber wissen gar nichts, und sie haben keinen Lohn mehr, denn ihr Name ist vergessen. Auch ihr Lieben, auch ihr Hassen, auch ihr Eifern ist längst verloren gegangen. Und sie haben ewig keinen Anteil mehr an allem, was unter der Sonne geschieht.*
>
> *Alles, was deine Hand zu tun findet, das tue in deiner Kraft! Denn es gibt weder Tun noch Berechnung, noch Kenntnis, noch Weisheit im Scheol, in den du gehst. (Prediger 9,2-6.10 ELB)*

Hier wird unter anderem gesagt, dass Menschen genauso sterben wie die Tiere und dass die Toten nichts mehr wissen oder tun. Diese Aussagen werden oft angeführt, um zu beweisen, dass der Tod das Ende der menschlichen Existenz bedeutet. Bei oberflächlicher Betrachtung scheint das auch durchaus richtig zu sein, doch berücksichtigt jeder, der diese Schriftstellen so interpretiert, nicht den Kontext, in dem diese Aussagen im Buch Prediger gemacht werden. Das Buch Prediger als Ganzes soll zeigen, wie bankrott die menschliche Weisheit ist und wie dringend wir Offenbarung von Gott brauchen. Um das deutlich zu machen, präsentiert das Buch eine Menge Ansichten, die aus einer erdgebundenen, menschlichen Perspektive richtig zu sein scheinen, sich jedoch im Licht göttlicher Offenbarung als falsch herausstellen. Das Buch in seiner Gesamtheit ist inspiriert und offenbart die Wahrheit, doch wie bei jedem anderen Buch der Bibel, das gefallene Menschen (oder sogar den Teufel) zitiert, entspricht nicht jede Meinung, die in dem Buch geäußert wird, der Wahrheit. Das Bibellexikon der Zeugen Jehovas macht an diesem Punkt ein überraschendes Zugeständnis und kommentiert:

> *Einige behaupten zwar, das Buch Prediger widerspreche sich, aber sie beachten nicht, daß in vielen Fällen der allgemeine Standpunkt dem der göttlichen Weisheit gegenübergestellt wird. (Vgl. Pr 1,18; 7,11.12.) Man muß sich also beim Lesen*

dieses Buches bemühen, den Sinn zu erfassen,
und darf das Thema nicht außer acht lassen.[33]

Betrachten Sie einmal die folgende Liste von Behauptungen aus dem Buch Prediger. Vom biblischen Standpunkt ist jede einzelne dieser Aussagen *falsch*. Sie stehen nicht im Buch Prediger, um sie als wahr darzustellen, sondern um zu zeigen, wie das Leben „unter der Sonne" aussieht. Diese Schlüsselformulierung findet man nicht weniger als 31 Mal in dem Buch (1,3.9.14; 2,3.11.17-20.22; 3,16; 4,1.3.7.15; 5,12.17; 6,1.5.12; 8,9.15.17; 9,3.6.9.11.13; 10,5). Sie bringt die Perspektive zum Ausdruck, aus der Salomo die Welt betrachtete, welche eine Art Froschperspektive war, im Gegensatz zur Vogelperspektive, die nur Gott geben kann. Insgesamt steht die Formulierung sinnbildlich für die erdgebundene, eingeschränkte Sichtweise, die für so viele Aussagen des Buches typisch ist.

- *Alles ist Nichtigkeit, das heißt eine Verschwendung von Zeit und Mühe (1,2.14; 12,8).*
- *Es geschieht niemals etwas Neues (1,9-10).*
- *Weisheit und Erkenntnis sind nichtig, denn sie bringen nur Trauer und Schmerz (1,17-18).*
- *Der Weise ist nicht besser dran als der Narr (2,14-16; 6,8).*
- *Das Beste, was man tun kann, ist essen, trinken und versuchen, glücklich zu sein (2,24; 8,15; 9,7-9).*
- *Menschen sind auch nur Tiere (3,18).*
- *Besser tot als lebendig und noch besser niemals geboren zu sein (4,2-3; 7,1).*
- *Wenn ein Mensch stirbt, ist all seine harte Arbeit hinfällig (2,11; 3,9; 5,16).*
- *Zu viel Weisheit oder Gerechtigkeit führt in den Ruin (7,16).*
- *Den Gerechten und den Ungerechten erwartet das gleiche Schicksal (9,2).*

Für manche dieser Aussagen kann man wohl durchaus die eine oder andere „geheiligte“ oder fromme Interpretation finden, sodass sie nicht mehr so offensichtlich falsch erscheinen. Doch wenn man das tut, geht man an der eigentlichen Aussage des Textes vorbei. Salomo meint nämlich genau das, was er sagt: Wenn man vom menschlichen Standpunkt einen ehrlichen Blick auf das Leben wirft, dann scheint alles so inhaltslos zu sein. Die Weisen sind nicht besser dran als die Narren, die Reichen sind nicht besser dran als die Armen und die Gerechten nicht besser als die Ungerechten. Faktisch zahlt es sich nicht aus, zu gerecht oder zu ungerecht zu sein.

Als ultimativer Beweis für diese pessimistische Perspektive wird dann angeführt, dass alle den gleichen Tod sterben. Und tatsächlich scheint ja der menschliche Tod nicht anders abzulaufen als der Tod eines Tieres. So scheinen wir am Ende in der Tat nicht besser dran zu sein als ein Tier. Kein Wunder, dass Salomo sowohl zu Beginn als auch als Höhepunkt seines Buches die Aussage macht „alles ist Nichtigkeit“ (Prediger 1,2; 12,8).

Kein Wunder, dass er mehrmals behauptet, essen, trinken und fröhlich sein sei das Beste, was ein Mensch tun kann. Salomo scheint insgesamt der gleichen Ansicht zu sein wie die alte amerikanische Bierwerbung, nach deren Aussage man nur einmal durchs Leben geht und dabei soviel Genuss wie möglich mitnehmen sollte.

Doch das ist nicht wahr. Menschen sind mehr als Tiere (1. Mose 1,26-27; 2,7). Der Gerechte und der Weise sind durchaus besser dran als der Ungerechte und der Narr. Das lesen wir zum Beispiel in fast jedem Vers der Sprüche. Das Leben ist mehr als essen, trinken und dem kurzen, vergänglichen Leben etwas Freude abgewinnen (Römer 14,17). Der Einzige, der wirklich besser dran wäre, hätte man ihn nie geboren, ist der Ungerechte und Böse (vgl. Matthäus 26,24). Auf die Gerechten wartet jedoch eine strahlende Zukunft voller Freude (Römer 8,18-25), wohingegen die Ungerechten und Bösen eine düstere und schreckliche Zukunft erwartet (z. B. Hebräer 10,26-31). Im Herrn ist unsere harte Arbeit eben nicht vergeblich (1. Korinther 15,58).

Nun ist es nach biblischem Denken absolut richtig, dass die Hoffnung des Menschen, dem im Buch Prediger gezeichneten trostlosen Bild zu entkommen, nicht in dem liegt, was man allgemein „das Leben nach dem Tod“ nennt. Die „gute Nachricht“ der Bibel lautet nicht, dass der Tod nur ein natürlicher Übergang in eine bessere und glücklichere Welt ist. Das ist eine falsche Lehre, auch wenn sie in unserer heutigen Gesellschaft weit verbreitet ist. Der Tod wird in der Bibel durchweg als „Feind“ dargestellt (z. B. 1. Korinther 15,26). Die Botschaft der Bibel ist eine Mischung aus guter Nachricht und schlechter Nachricht. Die gute Nachricht besteht darin, dass Gott in seiner Gnade durch Jesus Christus für unsere Rettung gesorgt hat und wir deshalb die Hoffnung haben können, von den Toten zu einem ewigen und unvergänglichen Leben aufzuerstehen (1. Korinther 15,12-58; 2. Timotheus 1,8-10). Die schlechte Nachricht ist, dass diejenigen, die sich Gottes Gnade in Christus nicht anvertrauen, einer Auferstehung entgegensehen, die mit einem Gericht verbunden ist, das schlimmer ist als der physische Tod (Offenbarung 20,12-15).

Doch auch wenn die Bibel die Hoffnung der Menschheit nicht pauschal auf ein Leben nach dem Tod gründet, bedeutet das nicht, die Toten würden einfach aufhören zu existieren. Wie schon gesagt, scheint das Buch Prediger das zwar aussagen zu wollen, doch bei näherer Betrachtung stellt man fest, dass dies gar nicht der Fall ist. Wir wollen uns die beiden zitierten Schlüsseltexte noch etwas genauer ansehen.

1.) „Ich sprach in meinem Herzen: Der Menschenkinder wegen ist es so, dass Gott sie prüft und damit sie sehen, dass sie nichts anderes als Vieh sind. Denn das Geschick der Menschenkinder und das Geschick des Viehs - sie haben ja ein und dasselbe Geschick - ist dies“ (Prediger 3,18-19a ELB). Hier wird gesagt, dass es aus menschlicher Sicht nichts gibt, worauf wir uns nach dem Tod freuen könnten. Beachten Sie jedoch, dass Salomo diese Aussage aus einer irdischen, menschlichen Perspektive macht und nicht aus Gottes Perspektive, ja nicht einmal aus der Perspektive der Toten. Wie die Formulierung „Ich sprach in meinem Herzen“ (1,16;

2,1.15; 3,17.18) deutlich macht, handelt es sich bei dem, was dann folgt, um Salomos eigene Grübeleien und nicht um göttliche Offenbarung. Was er sich in seinem Herzen sagt, mag unter Umständen einigermaßen wahr oder aus einer bestimmten Perspektive wahr sein, es ist jedoch niemals die ganze Wahrheit.

2.) „Das ist ein Übel in allem, was unter der Sonne geschieht, dass einerlei Geschick allen zuteil wird ... Denn die Lebenden wissen, dass sie sterben werden, die Toten aber wissen gar nichts, und sie haben keinen Lohn mehr, denn ihr Name ist vergessen. Auch ihr Lieben, auch ihr Hassen, auch ihr Eifern ist längst verloren gegangen. Und sie haben ewig keinen Anteil mehr an allem, was unter der Sonne geschieht" (Prediger 9,3a.5-6 ELB). Beachten Sie hier, dass Salomo sagt, die Toten hätten keinen Lohn mehr. Aus Gottes Sicht ist das jedoch eindeutig falsch; die Toten werden Lohn erhalten, sei es nun Segen oder Gericht. Salomo beschreibt hier jedoch, wie die Dinge denjenigen erscheinen, die zurückgeblieben sind. Darum sagt er, dass die Toten keinen Lohn mehr haben, denn „ihr Name ist vergessen", das heißt, weil die Menschen, die weiterleben, die Toten schließlich vergessen und ihr Leben fortführen werden.

Somit ist es ein Fehler, Formulierungen wie „die Toten aber wissen gar nichts" aus dem Zusammenhang zu reißen und daraus schließen zu wollen, die Toten hätten buchstäblich keinerlei Bewusstsein mehr, nicht einmal von sich selbst. Das lehrt das Buch Prediger jedenfalls nicht. Da könnte man genauso behaupten, das Buch lehre, es würde keinen Unterschied machen, ob ein Mensch gerecht oder ungerecht, weise oder närrisch ist.

Es ist interessant, dass Salomo den weit verbreiteten Glauben an ein Leben nach dem Tod sogar anzuerkennen scheint, sich jedoch nicht in der Lage sieht, diesen Glauben zu bestätigen oder zu verneinen. „Wer kennt den Odem der Menschenkinder, ob er nach oben steigt, und den Odem des Viehs, ob er nach unten zur Erde hinabfährt?" (Prediger 3,21). Die Antwort ist: Ohne Offenbarung kann das in der Tat niemand mit Sicherheit sagen. Das ist wohl auch die Hauptaussage des Buches - selbst der Weiseste hat, ohne Offenbarung von Gott, keine wirklichen Antworten auf die großen Fragen des Lebens. Weisheit dieser Art führt nur zu Pessimismus und Fatalismus.

Damit liefert das Buch Prediger einen unschätzbar wertvollen Beitrag zum Kanon der Schrift. Gott offenbart darin, wie hilflos und nutzlos menschliche Weisheit ohne Offenbarung von Gott ist. In diesem Kontext muss sein Tenor „Mit dem Tod ist alles aus" interpretiert werden.

Wenn nun aber der Tod nicht das Ende der Existenz eines Menschen bedeutet, was überlebt dann? Was existiert nach dem Tod eines Menschen weiter? Dieser Frage werden wir im nächsten Kapitel nachgehen.

WAHRHEIT:

Mit dem Tod endet das Leben eines Menschen.

MYTHOS:

Mit dem Tod hört ein Mensch auf zu existieren.

Kapitel 5

Seelenmensch

Ist die Seele „unsterblich"?

1955 hielt der deutsche Theologe Oscar Cullmann die Ingersoll Lecture on the Immortality of Man[34] in der Andover Chapel der Harvard University. Diese Reihe von Vorlesungen, die sich über ein ganzes Jahrhundert erstreckte (1896-1995) war eine der einflussreichsten ihrer Art und hatte in ihrer Geschichte solch bedeutende Redner wie William James, Alfred North Whitehead, Paul Tillich, Elisabeth Kübler-Ross und Martin E. Marty zu verzeichnen. Der Text von Cullmanns Vorlesung wurde bald darauf in einer Schweizer Zeitschrift veröffentlicht und später als kleines Buch mit dem Titel *Unsterblichkeit der Seele oder Auferstehung der Toten?* herausgegeben. Das Vorwort dieses Buches beginnt Cullmann mit den Worten: „Keine einzige meiner Veröffentlichungen hat so lebhafte Reaktionen ausgelöst wie diese: auf der einen Seite Begeisterung, auf der anderen Seite schroffe Ablehnung."[35] Ironischerweise ist jedoch gerade Cullmanns Untersuchung, wenngleich sie mancher Kritik ausgesetzt ist, eine wertvolle und im Großen und Ganzen solide Darstellung der biblischen Sicht über das, was nach dem Tod kommt.

Unsterblichkeit der Seele im Gegensatz zur Auferstehung der Toten

Cullmanns These besagt, dass die Lehre von der Unsterblichkeit der Seele ein heidnisch-griechischer Glaube ist, der während des 19. und 20. Jahrhunderts in hohem Maße die biblische Lehre von der Auferstehung der Toten im christlichen Denken verdrängt hat. Denjenigen, die den Begriff „Unsterblichkeit der Seele" mit dem Christentum verbinden, mag daher inzwischen ein Angriff auf diese Lehre wie ein Angriff auf den christlichen Glauben selbst erscheinen. Eine genaue Analyse von Cullmanns Argumentation zeigt jedoch etwas anderes.

Im Kern zielen Cullmanns Bedenken darauf, die im Christentum zunehmend verbreitete Annahme zurückweisen, dass der Glaube an die Auferstehung der Toten kein zentrales Thema des Neuen Testaments sei, sondern „lediglich ein Zugeständnis an die mythologischen Vorstellungen jener Zeit, während es im Kern um die Unsterblichkeit der Seele geht". Mit anderen Worten, Cullmann wendete sich nicht in erster Linie gegen das konservative, traditionelle Christentum, sondern gegen die liberale protestantische Theologie, die die historische Tatsache der Auferstehung von Jesus nicht anerkennen wollte und damit auch den Glauben verwarf, dass Gott am Ende der Geschichte die Menschen von den Toten auferstehen lassen wird.

Wie vorauszusehen war, haben diejenigen, die glauben, die menschliche Seele höre mit dem Tod völlig auf zu existieren, Cullmanns Buch zur Unterstützung ihrer Behauptung herangezogen, wobei sie den Titel des Buches oft schlagwortartig verwenden, ohne seinen Inhalt sorgfältig studiert zu haben. So hatte der adventistische Gelehrte Samuele Bacchiocchi ursprünglich die Absicht, den vollen Titel von Cullmanns Buch auch für sein eigenes Buch *Immortality or Ressurection?* zu verwenden.[36] Auch die Publikationen der Zeugen Jehovas haben oft auf Cullmanns Werk zurückgegriffen, um ihren Glauben, dass der Tod zugleich auch die Auslöschung der Persönlichkeit bedeutet, zu untermauern.[37]

Tatsache ist jedoch, dass Cullmann keineswegs leugnet, dass der Mensch nach dem Tod und vor der Auferstehung existiert. Wogegen er sich jedoch wendet, ist eine vermischte Position, die teils christlichen und teils heidnischen Ursprungs ist und gemäß derer der Tod kein Feind, sondern ein Freund ist, die natürliche Befreiung der Seele aus dem Gefängnis des Körpers und ihre sofortige Beförderung in ein vollkommenes Leben nach dem Tod. Cullmann beschreibt den Zustand eines verstorbenen Gläubigen zwischen Tod und zukünftiger Auferstehung als „den Zustand der Vorwegnahme, in dem sich nach Paulus die in Christus Verstorbenen während ihres „Schlafes“ in Erwartung der Auferstehung des Leibes befinden.“[38] Es ist offensichtlich, dass jemand *existieren* muss, um in einem „Zustand der Vorwegnahme“ zu sein! Cullmann betont lediglich den „vorläufigen und noch unvollkommenen Charakter dieses Zustands“[39], weil das Neue Testament das menschliche Leben nur in der Auferstehung des Leibes als erlöst ansieht.

Mit dieser Argumentation widerspricht Cullmann keineswegs der historischen, orthodoxen Lehre des Christentums, sondern trägt vielmehr zu deren Verteidigung und Wiederbelebung bei. Das Apostolische Glaubensbekenntnis gipfelt nicht in der Zusicherung der Unsterblichkeit der Seele, sondern „der Auferstehung des Fleisches“.[40] Die Unterschiede zwischen diesen beiden Sichtweisen, wie sie Cullmann in seinem Buch dargelegt, haben wir in der folgenden Tabelle gegenübergestellt.

Unsterblichkeit der Seele	**Auferstehung der Toten**
Die Seele ist im Leib gefangen	Die Seele gehört in den Leib
Der Körper ist in sich schlecht und muss daher zurückgelassen werden.	Der Körper ist in sich gut, doch durch das Böse verdorben und muss daher erlöst werden.
Der Tod des Menschen ist ein Freund, ein Segen; er ist ein natürlicher Übergang von einer niedrigeren zu einer höheren Form des Lebens.	Der Tod des Menschen ist ein Feind, ein Fluch, die Folge der Sünde; er ist der Übergang vom Leben zu einem schattenhaften, unvollständigen Daseinszustand.
Alle Menschen besitzen ungeachtet ihres Glaubens oder ihres Verhaltens diese Unsterblichkeit der Seele.	Alle Menschen werden gerichtet werden und nur die Erlösten werden unvergängliches Leben (im Leib) erhalten.
Einen Zustand vollkommener Glückseligkeit erreicht man unmittelbar nach dem Tod.	Einen Zustand vollkommener Glückseligkeit erreicht man nur in der zukünftigen Auferstehung der Toten.

Die Unsterblichkeit des Menschen gehört allgemein zur menschlichen Natur.	Die Unsterblichkeit des Menschen beruht konkret auf dem Tod und der Auferstehung von Jesus, dem Mensch gewordenen Sohn Gottes.
Unsterblichkeit bedeutet den Übergang von der materiellen Welt in die immaterielle Welt.	Unsterblichkeit bedeutet den Übergang von diesem Zeitalter in das kommende Zeitalter.

Wenn wir uns vor Augen halten, wie grundsätzlich verschieden diese beiden Lehren sind, dann verstehen wir Cullmanns Hinweis, „es mag für Griechen, die an die Unsterblichkeit der Seele glaubten, sogar schwerer gewesen sein, die christliche Predigt von der Auferstehung anzunehmen, als für andere."[41]

Hast du 'ne Seele?

Ein großer Teil der Diskussion über den Zustand der Toten dreht sich um das Wort „Seele". Dieses deutsche Wort ist die übliche Übersetzung für das hebräische Wort *nephesch* im Alten Testament und das griechische Wort *psyche* im Neuen Testament. In der Sache geht es mehr oder weniger immer darum, dass diese Wörter in verschiedenen Zusammenhängen verschiedene Bedeutungen haben können. Jeder Versuch, eines dieser Wörter zu einem technischen Begriff zu machen, der immer und überall die gleiche Bedeutung hat, ist vergeblich.

Die vielleicht wichtigste Aussage im Alten Testament, in der das Wort „Seele" vorkommt, ist diese Beschreibung der Erschaffung des Menschen: „Da machte Gott der HERR den Menschen aus Erde vom Acker und blies ihm den Odem des Lebens in seine Nase. Und so ward der Mensch ein lebendiges Wesen", das heißt „ein lebendiges nephesch" (1. Mose 2,7). Hier heißt es von einem menschlichen Wesen, dass es eine „Seele" *ist*, oder anders herum ausgedrückt bezeichnet das Wort „Seele" (*nephesch*) hier ein Wesen. In dieser einfachen, biologischen Bedeutung des Wortes, könnte man jedes Geschöpf, das atmet, einschließlich der Tiere, eine „Seele" nennen (1. Mose 1,30; vgl. Offenbarung 8,9).

Man bekommt nicht den Eindruck, im Alten Testament würde mit dem Wort *nephesch* auf irgendeinen nicht materiellen Aspekt des menschlichen Wesens, der nach dem Tod weiter existiert, Bezug genommen, da *nephesch* im Allgemeinen physisches, biologisches Leben beschreibt. Das bedeutet jedoch noch längst nicht, das Alte Testament sähe im Tod eine völlige Auslöschung; es bedeutet lediglich, dass es das Wort *nephesch* nicht für das verwendet, was nach dem Tod weiter existiert.

Wir sollten jedoch noch anmerken, dass wir gelegentlich auch Aussagen finden, die nahe legen, dass die *nephesch* eines Menschen mehr ist als nur das biologische Leben. Besonders in den späteren, poetischen Schriften des Alten Testaments ist die „Seele" manchmal etwas, das jemand *hat* (statt etwas, das jemand *ist*, wie 1. Mose 2,7) und damit geht die Bedeutung über das rein Biologische hinaus. So betet der Psalmist beispielsweise: „Meine Seele dürstet nach Gott, nach dem lebendigen Gott" (Psalm 42,3; vgl. 63,2; 84,3; 119,20; 143,6). Gelegentlich wird der Begriff *nephesch* sogar für Gott verwendet. Zwar ist dies wahrscheinlich eher redensartlich zu verstehen (z. B. 3. Mose 26,11.30; Jesaja 1,14; 42,1), doch deutet es jedenfalls darauf hin, dass das Leben einer *nephesch* sowohl geistig als auch biologisch sein kann.

„Die Seele, die sündigt, soll sterben"

Ein weiterer Schlüsseltext in dem das Wort *nephesch* vorkommt ist Hesekiel 18. Hier erklärt Gott Israel: „Die Seele, die sündigt, soll sterben" (Hesekiel 18,4.20 SCHLL). Dies ist nur eine von vielen Aussagen im Alten Testament, in denen ausdrücklich davon die Rede ist, dass die Seele stirbt. Somit bezieht sich das Wort „Seele" im Alten Testament offenbar nicht auf etwas, das nicht sterben kann. Doch lässt sich aus dieser Stelle noch mehr gewinnen, als sich auf den ersten Blick erschließt. Im Kontext geht es um Gottes Maßstab für individuelle Verantwortlichkeit. Dazu hatten die Israeliten ein Sprichwort:

Die Väter haben saure Trauben gegessen, und die Kinder bekommen stumpfe Zähne! (Hesekiel 18,2 SCHLL)

Dieses Sprichwort besagte, dass Kinder oft die Konsequenzen der Taten ihrer Eltern zu tragen haben. Gott jedoch sagt Israel durch Hesekiel: „Ihr sollt dieses Sprichwort künftig in Israel nicht mehr gebrauchen! " (Vers 3 SCHLL).

Weiter sagt der Herr in Hesekiel 18,4: „Siehe, alle Seelen gehören mir! Wie die Seele des Vaters mir gehört, so gehört mir auch die Seele des Sohnes. Die Seele, die sündigt, soll sterben!" Somit wird jede „Seele" für ihre eigenen Sünden sterben und nicht für die Sünden ihrer Eltern (oder ihrer Kinder). Diese Aussage kann man auf zweierlei Weise interpretieren und womöglich sind hier sogar beide Sichtweisen gleichzeitig angesprochen. Es könnte sein, dass Gott Israel hier vorlegt, welchen Maßstab für Gerechtigkeit er von ihnen vor Gericht erwartet, dass also Kinder nicht für die Verbrechen ihrer Eltern bestraft werden sollen. Oder Gott sagt Israel hier, welchen Standard an Gerechtigkeit er selbst an alle Menschen anlegt. Das hieße dann, welches Urteil auch immer Israels Rechtssystem über einen Menschen fällen würde, Gott richtet jeden Menschen individuell und übt seine eigene göttliche Gerechtigkeit, die auf dem Prinzip individueller Verantwortung beruht. Im weiteren Verlauf des Textes wird dann zunehmend klarer, dass es diese letztere Interpretation ist, auf die Gott hinaus will.

Obwohl „die Seele, die sündigt, sterben soll" ist auch das Gegenteil wahr: die Seele, die nicht sündigt, soll *nicht* sterben: „Wenn aber ein Mensch gerecht ist und Recht und Gerechtigkeit übt ... wenn er in meinen Satzungen wandelt und meine Rechtsbestimmungen bewahrt und sie gewissenhaft befolgt: ein solcher ist gerecht, er soll gewiß leben, spricht Gott, der Herr (Hesekiel 18,5-9 SCHL). Hat jedoch ein gerechter Mann einen ungerechten Sohn, soll dieser Sohn „unbedingt sterben; sein Blut sei auf ihm" (Vers 13 SCHL). Doch wenn der Sohn „alle Sünden seines Vaters sieht ... aber solche nicht tut" dann „soll er nicht sterben um der Missetat seines

Vaters willen, sondern er soll gewiß leben" sein Vater jedoch „soll sterben wegen seiner Missetat" (Verse 14-18 SCHL).

> *Die Seele* **(nephesch),** *welche sündigt, die soll sterben! Der Sohn soll nicht die Missetat des Vaters mittragen, und der Vater soll nicht die Missetat des Sohnes mittragen. Auf dem Gerechten sei seine Gerechtigkeit, und auf dem Gottlosen sei seine Gottlosigkeit! (Vers 20 SCHL)*

So weit scheint dies der Maßstab für Gerechtigkeit zu sein, den Gott in der Rechtsprechung Israels erwartet. Was er Israel als nächstes mitteilt, legt jedoch nahe, dass er über die irdische Rechtsprechung hinaus den Tag des Jüngsten Gerichts im Blick hat:

> *Wenn aber der Gottlose umkehrt von allen seinen Sünden, die er begangen hat, und alle meine Satzungen bewahrt und Recht und Gerechtigkeit übt, so soll er gewiß leben; er soll nicht sterben. An alle seine Übertretungen, die er begangen hat, soll nicht mehr gedacht werden; er soll leben um seiner Gerechtigkeit willen, die er getan hat! (Hesekiel 18,21-22 SCHL)*

Im Gegensatz dazu wird der Gerechte, der sich der Sünde zuwendet, sterben (Vers 24). Israel lehnte diesen Maßstab für Gerechtigkeit zwar ab, doch Gott besteht darauf, dass solches Verhalten falsch ist. Er schließt:

> *Darum will ich jeden von euch nach seinen Wegen richten, ihr vom Haus Israel! spricht Gott, der Herr. Kehrt um und wendet euch ab von allen euren Übertretungen, so wird euch die Missetat nicht zum Fall gereichen! Werft alle eure Treulosigkeiten, die ihr verübt habt, von euch ab und schafft euch ein neues Herz und einen neuen Geist! Denn warum wollt ihr sterben, ihr vom*

> *Haus Israel? Denn ich habe kein Gefallen am Tod dessen, der sterben muß, spricht Gott, der Herr. So kehrt denn um, und ihr sollt leben! (Verse 30-32 SCHL)*

Am Ende dieses Abschnitts macht Gott somit unmissverständlich klar, dass er jeden einzelnen individuell richten und Gerechtigkeit üben wird, selbst wenn Israel das nicht tut. Insofern weist dieses Kapitel über die irdische Rechtsprechung hinaus auf das letzte Gericht über alle Menschen, für das Gott verheißt, dass er alle Ungerechtigkeiten korrigieren wird.

Was immer auch in diesem Leben geschieht, am Ende werden die Ungerechten doch bekommen, was ihnen zusteht, genau wie die Gerechten.

Darum warnt Gott die Ungerechten, dass sie „sterben" werden und versichert den Gerechten, dass sie „leben" werden. Wenn die Seele, die sündigt, sterben wird, dann wird die Seele, die nicht sündigt - oder von ihrer Sünde umkehrt - nicht sterben. Obwohl die Seele also grundsätzlich sterblich ist, muss sie in gewissem Sinne nicht sterben. Daraus kann man schließen, dass der physische Tod nicht notwendigerweise auch den Tod der Seele mit sich bringt, denn einigen Seelen wurde verheißen, dass sie nicht sterben werden. Somit steht Hesekiel 18 zwar im Konflikt mit der heidnischen Lehre von der „Unsterblichkeit der Seele", stärkt aber zugleich den Glauben, dass die Seele auch über den physischen Tod hinaus in irgendeiner Form weiter existiert und für immer leben kann.

„Unfähig, die Seele zu töten"

Was in Hesekiel 18 angedeutet wird, bestätigt Jesus im Neuen Testament mit seinen eigenen Worten. Zwei der Evangelien bestätigen aus dem Mund von Jesus, dass der Tod des Leibes nicht zugleich den Tod der Seele bedeutet.

> *Und fürchtet euch nicht vor denen, die den Leib töten, doch die Seele* ***(psyche)*** *nicht töten können;*

> *fürchtet euch aber viel mehr vor dem, der Leib und Seele* **(psyche)** *verderben kann in der Hölle* **(Gehenna).** *(Matthäus 10,28)*
>
> *Ich sage aber euch, meinen Freunden: Fürchtet euch nicht vor denen, die den Leib töten und danach nichts mehr tun können. Ich will euch aber zeigen, vor wem ihr euch fürchten sollt: Fürchtet euch vor dem, der, nachdem er getötet hat, auch Macht hat, in die Hölle* **(Gehenna)** *zu werfen. Ja, ich sage euch, vor dem fürchtet euch. (Lukas 12,4-5)*

Wie wir auch hier bei Matthäus deutlich sehen, ist die Seele nicht in dem Sinne unsterblich, dass sie über den Tod erhaben wäre. Sie kann getötet oder „verdorben" werden. (Wir werden weiter unten noch erläutern, was es heißt, die Seele zu „verderben".) Allerdings geht aus der Art und Weise, wie Jesus hier das Wort „Seele" verwendet auch hervor, dass *kein menschliches Wesen die Seele eines anderen Menschen töten kann.* Die Tötung des Leibes führt nicht zum Tod der Seele. Sie überlebt - „lebt" also in gewissem Sinne - auch nach dem Tod des Leibes. Lukas verwendet das Wort „Seele" zwar nicht und lässt damit im Unklaren, was genau weiter existiert, nachdem der Körper getötet wurde, doch die Art wie er die Aussage von Jesus formuliert zielt letztlich auf das Gleiche: Es gibt etwas, das den Tod des Körpers überlebt und das dann von Gott „in die Hölle" geworfen werden kann.

Die Lehre, dass der physische Tod die Auslöschung der menschlichen Persönlichkeit und die Nicht-Existenz der Seele zur Folge hat, bedeutet logischerweise auch, dass jeder Mörder, der einen Körper tötet, zugleich auch jedes Mal eine Seele tötet. Nichts anderes wäre die logische Konsequenz, wenn die Seele nicht mehr ist als das biologische Leben des Körpers. Wenn es das ist, was die Seele ausmacht, dann *kann* man einen Körper gar nicht töten *ohne* zugleich auch die Seele zu töten. Jesus sagt jedoch, dass Mörder zwar den Leib töten, die Seele aber *nicht* töten können. Daher steht die Behauptung, dass das Wort „Seele" immer nur das biologische

Leben eines Menschen meint, im direkten Widerspruch zu Matthäus 10,28.

Zeugen Jehovas erkennen dieses Problem sehr wohl und versuchen es zu umgehen, indem sie Matthäus 10,28 so interpretieren. Sie behaupten, Jesus wollte sagen, dass Menschen zwar den Körper töten, doch damit nicht die Möglichkeit der Auferstehung dieser Person auslöschen können. „Dadurch, daß Jesus die „Seele" gesondert erwähnt, betont er, daß Gott alle Aussichten auf Leben zunichte machen kann; für einen solchen Menschen gibt es dann keine Auferstehungshoffnung."[42]

Gemäß dem *Wachtturm* meinte Jesus also in Matthäus 10,28: „Fürchtet euch nicht vor denen, die den Leib töten, doch die Aussichten auf Leben nicht töten können; fürchtet euch aber viel mehr vor dem, der Leib und die Aussichten auf Leben verderben kann in der Gehenna." In jedem Fall geben die Zeugen Jehovas hier ihre Standarddefinition von „Seele" als das biologische Leben des Körpers auf und räumen damit indirekt ein, dass es unmöglich ist, diese Definition in jedem Zusammenhang aufrecht zu erhalten.

Ihre Erklärung jedoch muss man geradezu als rhetorischen Taschenspielertrick bezeichnen. Es gibt keinen einzigen vernünftigen Grund, warum „Seele" (*psyche*) die „Aussichten auf Leben" eines Menschen in der zukünftigen Auferstehung bezeichnen sollte. Das Wortpaar „Leib" und „Seele" (*soma*, *psyche*) bezieht sich eindeutig auf die inneren und äußeren oder materiellen und immateriellen Aspekte eines individuellen Menschen. So wurde dieses Wortpaar in aller Regel sowohl von Juden als auch von Nicht-Juden verstanden und in dieser Form ergibt es auch für unseren Text einen Sinn.

Bevor wir diese Aussage von Jesus nun verlassen, wollen wir uns noch der Frage widmen, was es bedeutet, wenn Jesus sagt, dass die Seele in der Gehenna „verdorben" werden kann. Wenn an dieser Stelle, wie es in einigen Übersetzungen geschieht, mit „vernichten" übersetzt wird, könnte das zu dem Trugschluss führen, hier bestünde ein fataler Widerspruch dazu, dass die Seelen der Bösen in der Gehenna (Hölle) weiter existieren. Das ist jedoch nicht der Fall. Im Griechischen steht hier das Wort *apolesai*, eine Form von *apollymi*. Dieses Wort kann zwar sehr wohl „vernichten" bedeuten, in vielen Fällen hat es aber auch eine andere Bedeutung. Zudem ist Vernichtung durchaus eine relative Vorstellung, mit der man alles Mögliche von Verfall bis Auslöschung verbinden kann. Im selben Kapitel bei Matthäus wird das gleiche Verb in der Bedeutung „etwas verlieren" gebraucht (Matthäus 10,42) und eine andere Form des Verbs bedeutet „verloren" (Vers 6). Jesus spricht in diesem Kapitel von der Gefahr die Seele zu „verlieren": „Wer seine Seele gefunden hat, wird sie verlieren (*apolesei*), und wer seine Seele verloren hat (*apolesas*) um meinetwillen, wird sie finden (Vers 39 - eigene Übersetzung der Verfasser - siehe auch 16,25).

Die Gegenüberstellung mit „finden" an dieser Stelle macht deutlich, dass *apollymi* hier die Bedeutung hat, die Seele zu „verlieren". Wenn Jesus also die gleichen Wörter (*apollymi* und *psyche*) weiter vorne in diesem Abschnitt schon einmal im Zusammenhang gebraucht hat, dann müssen wir die Möglichkeit ins Auge fassen, dass er in Matthäus 10,28 etwas anderes als Auslöschung oder völlige Vernichtung gemeint hat. Das heißt aber, wie gesagt, durchaus nicht, dass die Seelen an diesem Ort wirklich *lebendig* sind. Vielmehr erwartet sie dort das gerade *Gegenteil von Leben*, eine personale Existenz, die von allem Guten entblößt und stattdessen von völligem Verfall, Verlust und Verwüstung gezeichnet ist.

Eine ausgewogene Sicht der Seele

Matthäus 10,28 ist nicht die einzige Stelle im Neuen Testament, die davon spricht, dass der Mensch eine geistliche Komponente hat, die nach dem Tod des Körpers weiter existiert. Die Vorstellung, dass der Mensch in seinem Wesen aus zwei Aspekten oder Dimensionen besteht, klingt an zahlreichen Stellen im Neuen Testament an und tritt besonders deutlich in den Schriften des Apostels Paulus zu Tage.

Paulus bedient sich verschiedener Formulierungen, wenn es um diese beiden Aspekte der menschlichen Natur geht. Einmal spricht er von „Leib" und „Geist" (1. Korinther 7,34, siehe auch Jakobus 2,26). Einige Male von „Fleisch" und „Geist" (1. Korinther 5,5; 2. Korinther 7,1). Dann wieder verwendet Paulus ein ganz anderes Wortpaar und spricht vom „äußeren Menschen" und vom „inneren Menschen" (2. Korinther 4,16; vgl. Epheser 3,16). Manchmal gebraucht er sogar mehr als einen Begriff für jeden der beiden Aspekte. So verwendet er zum Beispiel in Römer 7 die Begriffe „Leib" und „Fleisch" gleichbedeutend für den Aspekt in ihm, der sündigen will (Verse 18.23-25) und die Begriffe „innerer Mensch" und „Vernunft" oder „Sinn" wechselweise für den Aspekt, der Gott gehorchen will (Verse 22-25). Wie wir im nächsten Kapitel sehen werden, war Paulus jedenfalls völlig davon überzeugt, dass er im Fall seines körperlichen Sterbens geistig bei Christus gegenwärtig sein würde (2. Korinther 5,1-8; Philipper 1,21-23).

Eine ausgewogene und vernünftige Vorstellung vom Tod und dem, was danach kommt, muss somit zwei Extreme vermeiden. Das eine Extrem ist die heidnisch-griechische Lehre von der Unsterblichkeit der Seele, gemäß derer die Seele der grundsätzlich gute Teil des Menschen ist, der vom Körper befreit werden muss, um zur Fülle des Lebens zu gelangen. Das andere Extrem ist die Lehre, dass die Seele aufhört zu existieren, wenn der Körper stirbt, da die Seele nicht mehr ist als das biologische Leben des Körpers. Keine dieser beiden Positionen ist biblisch.

Leider hat die christliche Theologie die Seele oft als „unsterblich" bezeichnet, um damit die biblische Wahrheit zum Ausdruck zu bringen, dass die Seele nach dem Tod und vor der Auferstehung in einem immateriellen, nicht körperlichen Zustand weiter existiert. Solch eine Ausdrucksweise führt zu Verwirrung und steht zumindest dem Wortlaut nach im Widerspruch zur Bibel (wie in Hesekiel 18,4.20). Daher wäre es am besten, wenn bibeltreue Christen den Begriff „Unsterblichkeit der Seele" nicht mehr als Ausdruck ihres Glaubens verwenden würden. Auch hier hält Cullmann in hervorragender Weise die Balance zwischen den beiden irrigen Extremen.

Das Neue Testament kennt natürlich auch den Unterschied zwischen Leib und Seele, oder um mit Paulus zu sprechen, zwischen äußerem und innerem Menschen. Aber diese Unterscheidung kommt nicht einem Gegensatz gleich, als wäre der innere Mensch von Natur gut, der äußere von Natur schlecht... Beide gehören zusammen, ergänzen sich, sind von Gott gut geschaffen. Der innere Mensch ohne den äußeren hat keine eigentliche unabhängige Vollexistenz. Er bedarf des Leibes. Er kann zwar ohne Leib wie etwa die Toten nach dem Alten Testament im **Scheol** *ein Schattendasein führen, aber ein eigentliches Leben ist dies nicht. Der Gegensatz zur griechischen Seele ist klar: diese gelangt gerade ohne den Leib, und nur ohne ihn, erst zur vollen Entfaltung ihres Lebens. Nichts dergleichen im Neuen Testament. Andererseits bedarf nach urchristlicher Anschauung auch der Leib umgekehrt des inneren Menschen.* [43]

Wahrheit:

Die Seele ist nicht grundsätzlich gegen den Tod gefeit.

Mythos:

Es gibt überhaupt keine Seele, die weiter existiert, nachdem der Körper gestorben ist.

Kapitel 6

Zwischen Tod und Herrlichkeit

Wenn Christen sterben, dann sind sie bei Christus, doch das ist noch nicht das Ende der Geschichte.

Wie wir gesehen haben, lehrt die Bibel weder, dass die Seele grundsätzlich „unsterblich" ist (also unmöglich sterben kann) und es ihr besser geht, wenn sie vom Körper getrennt ist, noch dass die Seele völlig aufhört zu existieren, wenn der Körper stirbt. Doch auch im Hinblick auf die Frage, was mit Christen, also Menschen, die wirklich an Christus glauben, geschieht, nachdem sie gestorben sind, gibt es eine ähnliche Bandbreite von extremen Ansichten, die es zu vermeiden gilt.

Eine dieser Extrempositionen besteht darin, dass ein Christ unmittelbar nach seinem Tod im Himmel verherrlicht wird und sich eines unvergänglichen, ewigen Lebens in seiner ganzen Fülle erfreut. Das andere Extrem besteht in der Auffassung, Christen würden mit dem Tod aufhören zu existieren, bis sie bei der Auferstehung in verherrlichter Form neu geschaffen werden.

Diesen beiden Extremen entgegen steht die Sichtweise, dass Christen zwischen ihrem individuellen Tod und der zukünftigen Auferstehung in einem *Zwischenstadium* existieren. In diesem Stadium lebt die Seele in Erwartung der zukünftigen Herrlichkeit, jedoch in einem Zustand, der dieser Herrlichkeit noch nicht entspricht. Diese Lehre wird heutzutage aus verschiedenen Richtungen heftig kritisiert. Auf einige dieser Kritikpunkte sind wir bereits in den vorhergehenden Kapiteln zu sprechen gekommen. Jetzt aber wollen wir ganz direkt auf diese Frage eingehen und die Argumente für den Glauben an ein Zwischenstadium zusammentragen.

Das Paradies verzögert sich?

In Lukas 23,43 verspricht Jesus dem einen Dieb am Kreuz, „Wahrlich, ich sage dir: Heute wirst du mit mir im Paradies sein." Traditionell wurde diese Aussage immer so verstanden, dass sie sich nicht auf eine zukünftige Auferstehung aus den Toten bezieht, sondern auf einen geistigen Zustand der Ruhe, der unmittelbar auf den Tod folgt. Jesus lehrt, dass es irgendwann in der Zukunft eine Auferstehung geben wird (siehe 20,34-36), dem Dieb jedoch verspricht er etwas, das der endgültigen Erlösung vorausgeht.

In der Apostelgeschichte offenbart uns Lukas zudem, dass Jesus eines Tages auf die Erde zurückkehren wird, um die Wiederherstellung zu bewirken, die durch die Propheten des Alten Testaments verheißen wurde (Apostelgeschichte 1,11; 3,19-21). Sein Versprechen an den bußfertigen Verbrecher muss man daher als eine Verheißung verstehen, die sich nicht auf die letztendliche Seligkeit bezieht. Er wird im Paradies sein, doch der Zeitpunkt, da die Erlösung der Welt in ihrem vollen Umfang verwirklicht wird und die dahingehenden Verheißungen in Erfüllung gehen, liegt noch in der Zukunft. Somit können wir aus dem was Lukas überliefert schließen, dass Jesus seinen Nachfolgern zusichert, dass es einen Zwischenzustand gibt, in dem sie den Segen seiner Gegenwart erfahren, während sie auf die Auferstehung warten.

Religiöse Gruppierungen, die die Realität eines solchen Zwischenzustands abstreiten, setzen sich auf unterschiedliche Weise mit diesem Text auseinander. Adventisten und Zeugen Jehovas glauben zum Beispiel, dass die Toten überhaupt nicht mehr existieren, sondern am Ende des Zeitalters auferweckt werden, was in ihrem Verständnis bedeutet, sie werden neu geschaffen werden. Diese Gruppierungen umgehen die Schlussfolgerung, dass das was Jesus in Lukas 23,43 sagt, auf einen Zwischenzustand hindeutet, gewöhnlich dadurch, dass sie die Satzzeichen anders setzen. Normalerweise lautet der Satz wie folgt:

„Wahrlich, ich sage dir: Heute wirst du mit mir im Paradies sein."

Adventisten und Zeugen Jehovas setzen die Satzzeichen jedoch so, dass der Satz dann lautet:

„Wahrlich, ich sage dir heute: Du wirst mit mir im Paradies sein."

Der entscheidende Unterschied besteht darin, ob man den Satz vor oder nach dem Wort „heute" trennt. Man kann sich in der Tat uneinig darüber sein, wo in Übersetzungen der biblischen Texte die Satzzeichen zu setzen sind, weil, wie Bruce Metzger (ein führender Fachmann auf dem Gebiet des Griechischen Neuen Testaments) ausführt, „es den älteren griechischen Manuskripten an Interpunktion mangelt und sie ohne Trennungen zwischen den Wörtern geschrieben wurden."[44] Steht das Satzzeichen *vor* dem Wort „heute", dann sagt Jesus hier, der Dieb werde noch am gleichen Tag mit ihm im Paradies sein. Steht es jedoch *nach* dem Wort „heute", dann sagt Jesus nichts darüber, ab wann der Dieb im Paradies sein wird.

Der Schlüssel zur Lösung dieser Streitfrage liegt in der Formulierung „Wahrlich, ich sage dir" oder wörtlich „Amen, ich sage dir". Diese Formulierung findet sich in der gesamten antiken Literatur nur in den Evangelien und dort ausschließlich aus dem Mund von Jesus oder in späteren Schriften, die Jesus zitieren. Seine Verwendung des *amen* als Einleitung seiner Sätze „unterscheidet sich grundlegend vom Gebrauch des Wortes im Alten Testament, der frühen Gemeinde oder irgendwo sonst in der jüdischen Literatur."[45] Jesus verwendet diese Formulierung in den Evangelien insgesamt fünfundsiebzig Mal[46] und zwar in allen Fällen als Einleitung zu einer seiner Aussagen. Sollte Lukas 23,43 nicht die einzige Ausnahme sein, dann folgt unmittelbar auf diese Einleitungsformel immer ein Satzzeichen. Das heißt in jedem anderen Fall bilden alle Worte, die mit „Amen, ich sage euch" eingeleitet werden, insgesamt eine für sich stehende Aussage.[47]

In dem Versuch, die Belege für diese Einleitungsformel auf den Kopf zu stellen, behaupten die Verfechter der alternativen Zeichensetzung, dass „Ich sage dir heute" eine „hebräische Redensart" gewesen sei, die Jesus in Lukas 23,43 verwendete. Zur Unterstützung dieser Behauptung wird häufig E. W. Bullinger, ein Autor des späten 19. Jahrhunderts, zitiert:

> *„Ich sage dir (euch) an diesem Tag" war die gebräuchliche hebräische Redensart, mit der man eine feierliche Aussage unterstrich (siehe 5. Mose 4,26,39.40; 5,1; 6,6; 7,11; 8,1.11.19; 9,3; 10,13; 11,2.8.13,26.27.28.32; 13,18; 15,5; 19,9; 26,3.16.18; 27,1.4.10; 28,1.13.14.15; 29,12; 30,2.8.11.15.16.18.19; 32,46).*[48]

Schon ein einfacher Vergleich des Wortlauts dieser Schriftstellen mit dem von Jesus so häufig verwendeten Ausspruch „Amen, ich sage dir" sollte ausreichen, dieses viel zitierte Argument zu widerlegen. In keiner einzigen Stelle, die Bullinger aus dem 5. Buch Mose zitiert, kommt das Wort *amen* vor. Dabei ist gerade dieses Wort, wie wir gezeigt haben, das besondere Merkmal von Jesu Einleitungsformel.

Vielleicht noch erstaunlicher ist jedoch, dass sich in keinem einzigen dieser Texte aus 5. Mose die Worte „ich sage" finden! Das griechische Wort, das in den Aussprüchen von Jesus, mit „ich sage" übersetzt wird, lautet *legō*. Jesus verwendet dieses Wort nicht nur an fünfundsiebzig verschiedenen Stellen im Zusammenhang mit *amen*, sondern außerdem an ungefähr siebzig anderen Stellen in den Evangelien, um eine seiner Aussagen einzuleiten. In der griechischen Übersetzung des 5. Buch Mose findet sich *legō* jedoch nicht ein einziges Mal und auch der hebräische Text dieser Stellen aus 5. Mose enthält nirgendwo das hebräische Äquivalent zu „ich sage". Wie kann man also behaupten, dass eine Sammlung von Aussagen, in denen kein einziges Mal „Amen" oder „ich sage" vorkommt, eine verbreitete Redensart wiedergibt, die dem von Jesus gebrauchten Ausdruck „Amen, ich sage dir" entsprechen soll? Zudem wäre Lukas 23,43 *die einzige Stelle* in den Evangelien, in der Jesus die Einleitungsformel „ich sage dir" (mit oder ohne „Amen") mit dem Wort „heute" verbindet. So liegt doch wohl auf der Hand, dass Jesus hier keine verbreitete Redensart gebraucht.

Doch schauen wir uns ruhig noch einmal die Stellen an, von denen Bullinger sagt, sie enthielten die Formulierung „Ich sage dir (euch) an diesem Tag" und seien im 5. Buch Mose so häufig zu finden. Bei genauerem Hinsehen stellt man nämlich fest, dass sich in *keiner einzigen* genau die Formulierung „Ich sage dir (euch) an diesem Tag" findet. Wenn man sehr großzügig sein will, kommt dem Gesuchten die Aussage von Mose „Höre, Israel, die Gebote und Rechte, die ich heute vor euren Ohren (gr. *en te hemera taute*) rede (gr. *lalō*) (5. Mose 5,1) noch am nächsten. Die Worte „die ich heute vor euren Ohren rede" sind jedoch weder eine Einleitungsformel noch enthalten sie die Wörter „Ich sage" (*legō*), „dir/euch" oder das griechische *semeron* für „heute", ganz zu schweigen von „Amen" (*amen*). Diese Parallele steht im Grunde auf so schwachen Füßen, dass man sie gar nicht erwähnen sollte.

In den meisten Stellen, die Bullinger zitiert, um damit diese angebliche Redensart zu belegen, finden wir die Formulierung „die ich dir heute gebiete" (5. Mose 4,40; 6,6; 7,11; 8,1.11; 10,13; 11,8.13.27.28; 13,18; 15,5; 19,9; 27,1.4.10; 28,1.13.14.15; 30,2.8.11.16; vgl. 26,16). An anderen Stellen sagt Mose, dass er oder Himmel und Erde „heute Zeugen gegen euch" sind (4,26; 8,19; 30,19; 32,46) oder „ich lege euch heute vor" (11,26.32; 30,15). Alle anderen Textstellen, die Bullinger anführt, sind in diesem Zusammenhang noch weniger relevant.

Wieso Bullinger diese Behauptung aufstellte und dann versuchte, sie mit einer derart langen Liste von Bibelstellen zu belegen, die in keiner Weise das aussagen, was er behauptet, ist zumindest rätselhaft. Noch rätselhafter ist jedoch, wie so viele Menschen diese Behauptung ernst nehmen konnten. Eines zumindest können wir daraus lernen: Es ist immer gut, die Bibelstellen, die als Beleg für eine Behauptung angeführt werden, selber nachzuschlagen!

Es gibt noch eine andere häufig anzutreffende Argumentation, die sich gegen das allgemeine Verständnis von Lukas 23,43 richtet. Bei ihr geht es um die Bedeutung des Wortes „Paradies". Nach Auffassung der Zeugen Jehovas bezeichnet Paradies in diesem Vers das künftige Reich Gottes, in dem Jesus herrschen wird, da der bußfertige Verbrecher Jesus bat, an ihn zu denken, wenn er in sein Reich käme (Vers 42). Dieses Argument unterstellt jedoch, Jesus sei nicht in der Lage, die Bitte dieses Mannes auf eine Weise zu beantworten, die noch über das Erbetene hinausgeht. Der Mann bat Jesus an ihn „zu denken", doch Jesus versprach ihm, dass er „mit ihm" sein würde. Der Mann bat Jesus, etwas für ihn zu tun, wenn er in sein Reich käme (wann immer das sein würde), doch Jesus versprach ihm, dass er noch am gleichen Tag bei ihm sein würde. Der Mann bat um einen Platz im künftigen Königreich, doch Jesus versprach ihm einen Platz im gegenwärtigen Paradies.

Dass man das Paradies als eine gegenwärtige, geistige Realität verstehen kann, deckt sich auch mit dem, was Paulus über seine Erfahrung sagt, bei der er „in den dritten Himmel ... in das Paradies" entrückt wurde (2. Korinther 12,2-4). Paulus „lokalisiert" das Paradies hier im „dritten Himmel" oder setzt es sogar mit diesem gleich, daher muss es sich dabei um eine Art geistiger, himmlischer Daseinssphäre handeln.[49]

„Aufbrechen und bei Christus sein"

Auch wenn die revisionistische Interpunktion von Lukas 23,43, die von Adventisten und Zeugen Jehovas favorisiert wird, nicht der konkreten Ausdrucksweise entspricht, der Jesus sich in diesem Vers bedient, so handelt es sich doch zumindest um eine linguistisch denkbare Übersetzungsvariante. Gleiches lässt sich von der verzerrten Wiedergabe von Philipper 1,21-24 in der Neue Welt Übersetzung (NWÜ) der Zeugen Jehovas leider nicht sagen. Hierbei handelt es sich vielmehr um eines der ungeheuerlichsten Beispiele von Falschübersetzung in der gesamten Bibelausgabe.[50]

Am einfachsten lässt sich das Problem darlegen, indem man die NWÜ Wiedergabe der Stelle direkt mit einer anderen modernen Übersetzung vergleicht. Im Grunde kann man dafür praktisch *jede* Übersetzung nehmen, denn es dürfte schwierig sein, eine andere Übersetzung zu finden, die diese Stelle genauso entstellt wiedergibt.[51] Die unten stehende Tabelle stellt die Einheitsübersetzung der Neue Welt Übersetzung gegenüber und vielleicht möchten Sie ja selbst noch eine dritte Übersetzung zum Vergleich heranziehen.

Philipper 1,21-24 (EÜ)
Denn für mich ist Christus das Leben und Sterben Gewinn.
22 Wenn ich aber weiterleben soll, bedeutet das für mich fruchtbare Arbeit. Was soll ich wählen? Ich weiß es nicht.
23 Es zieht mich nach beiden Seiten: Ich sehne mich danach, aufzubrechen und bei Christus zu sein - um wie viel besser wäre das!
24 Aber euretwegen ist es notwendiger, dass ich am Leben bleibe.

Philipper 1,21-24 (NWÜ)
Denn zu leben ist in meinem Fall Christus und zu sterben Gewinn.
22 Wenn es nun gilt, im Fleische weiterzuleben, so ist dies für mich eine Frucht der Arbeit – und doch mache ich nicht bekannt, was ich erwählen soll.
23 Ich stehe unter dem Druck dieser beiden Dinge; **was ich aber** wirklich begehre, ist **die Erlösung** und das Zusammensein mit Christus, denn das ist **bestimmt** weit besser.
24 Doch ist es euretwegen notwendiger, dass ich im Fleische bleibe.

Während die Übersetzung von Vers 21 noch durchaus akzeptabel ist, fangen die wirklichen Probleme mit Vers 22 an. Wenn die NWÜ sich hier mit einer holperigen, sonderbaren Formulierung behilft (z. B. „ist dies für mich eine Frucht der Arbeit“), dann scheint es nicht abwegig, dass die Übersetzer theologische Gründe hatten, vor einer gradlinigen, sauberen Übersetzung zurückzuschrecken. Paulus will hier ganz eindeutig sagen, dass er, wenn er weiterlebt, mehr Frucht in seiner Arbeit mit dem Evangelium sehen wird. Das wird jedoch in der NWÜ keineswegs deutlich. Der Grund für die seltsame Formulierung, die hier gewählt wurde, findet sich dann in den folgenden beiden Versen.

Praktisch jede Übersetzung (und jeder Kommentar) der Worte „Es zieht mich nach beiden Seiten“ versteht darunter jene beiden Dinge, die bereits in Vers 21 genannt wurden (leben *oder* sterben) und die in den Versen 23-24 noch einmal wiederholt werden (aufzubrechen und bei Christus zu sein *oder* am Leben bleiben). Leben (Vers 21), d. h. „weiterzuleben" (Vers 22) und „am Leben bleiben" (Vers 24) ist besser, weil es für Paulus „fruchtbare Arbeit" bedeutet und es „ist notwendiger" um der Gemeinde willen (Vers 24). Darum ist „Christus das Leben": Wenn er lebt, dann heißt das einzig und allein für Christus zu wirken, für Christus Frucht zu bringen und dem Leib des Christus hier im Leben zu dienen. Doch sterben (Vers 21), d. h. „aufzubrechen" (Vers 23), ist für Paulus persönlich „Gewinn"; es wäre „viel besser" für ihn, denn er wäre dann „bei Christus" (Vers 23). Paulus stellt somit sein persönliches Verlangen (aufzubrechen und bei Christus zu sein) dem gegenüber, was die Christen in Philippi nötiger brauchen (dass er am Leben bleibt).

Im gesamten Abschnitt bedenkt Paulus demnach zwei mögliche Situationen: 1.) dass er stirbt (aufbricht) oder 2.) dass er weiterlebt. Letzteres, so erklärt er, wäre besser für die Gläubigen, denen er dann weiterhin dienen könnte. Ersteres wäre jedoch für ihn persönlich „Gewinn" (Vers 21), denn wenn Paulus sterben würde, dann wäre er „bei Christus". Diese Annahme ist jedoch unvereinbar mit der Lehre der Zeugen Jehovas, nach der mit dem Tod auch die menschliche Persönlichkeit ausgelöscht wird.

Daher hat man in der NWÜ, ganz offensichtlich zum Schutz der eigenen Lehre, Vers 23 grob falsch übersetzt (obwohl es in den Versen 22-24 auch ansonsten einige Sonderbarkeiten gibt). Die Übersetzung von Vers 23 in der NWÜ stellt Paulus als jemanden dar, den neben sterben oder weiterleben eine *dritte* Möglichkeit beschäftigt: „ Ich stehe unter dem Druck dieser beiden Dinge; was ich aber wirklich begehre ..." Einige Ausgaben der NWÜ enthalten einen Anhang in dem erklärt wird, dass dieses „dritte Ding" nicht darin besteht, bei Christus zu sein, wenn man stirbt, sondern bei seiner zukünftigen Wiederkehr. Das ist es, was Paulus nach Ansicht der Zeugen Jehovas meint, wenn es in der Version der NWÜ heißt „die Erlösung und das Zusammensein mit Christus".[52]

Um die Passage so umzuschreiben, dass man dieses „dritte Ding" einfügen konnte, haben die Übersetzer der NWÜ eine Reihe ungerechtfertigter Änderungen am Text vorgenommen. Davon ist deren Änderung der Bedeutung des griechischen Wortes *analysai* in „Erlösung" noch am leichtesten zu verstehen.

Die übliche, wörtliche Bedeutung des Wortes ist entweder „zurückkommen" oder „aufbrechen" und in der einzigen anderen Stelle im Neuen Testament, wo es vorkommt (Lukas 12,36) bedeutet es „(zurück)kommen".[53] Das Substantiv, das zu diesem Wort gehört, gebraucht Paulus jedoch noch in einem anderen Brief und dort als verhüllende Umschreibung für den Tod: „Denn ich werde schon als Trankopfer gesprengt, und die Zeit meines Abscheidens (*analyseōs*) steht bevor" (2. Timotheus 4,6 ELB). Wenn derselbe Autor dann die Verbform dieses Wortes an einer anderen Stelle gebraucht, wo es um die Möglichkeit seines eigenen Todes geht, dann kann man zweifellos davon ausgehen, dass es sich um die gleiche verhüllende Ausdrucksweise handelt.

Eine weitere kleine Änderung, die die NWÜ an Philipper 1,23 vornimmt, mag auf den ersten Blick unerheblich scheinen, macht jedoch im Ergebnis einen gravierenden Unterschied. Um es möglich zu machen, eine dritte Überlegung, abseits vom Tod des Apostels oder seinem Weiterleben im Fleisch, in den Text einzuführen, fügt die NWÜ das kleine Wörtchen „aber" mitten im Vers ein, mit dessen Hilfe diese „beiden Dinge" von dem abgegrenzt werden sollen, was dann folgt: „Ich stehe unter dem Druck dieser beiden Dinge; was ich *aber* wirklich begehre, ist die Erlösung und das Zusammensein mit Christus." Es wird Sie kaum überraschen, zu erfahren, dass im griechischen Text an dieser Stelle keine Konjunktion steht und es auch keine linguistische Grundlage dafür gibt, an dieser Stelle eine adversative Konjunktion einzufügen. Im Kontext gibt es wohl eine solche, diese gehört jedoch zum vorhergehenden Satzteil (*de*, eine häufige Konjunktion, die „aber" oder „nun" bedeutet). Diese haben die Übersetzer offenbar kurzerhand genommen und in den nächsten Satzteil eingefügt, um den Vers so zu „reparieren".

So mag hier der Hinweis genügen, dass es gute Gründe gibt, warum praktisch keine einzige jemals hervorgebrachte Übersetzung Philipper 1,23 so umkonstruiert, dass der Vers neben dem Tod und dem Weiterleben des Apostels auf eine dritte Möglichkeit verweist. Diese Stelle ist eine klare, ausdrückliche Bestätigung, dass für einen Gläubigen der Tod ein Weg ist um „bei Christus zu sein". Allerdings sollten wir noch einen Punkt erwähnen, der für die Sichtweise der Zeugen Jehovas zu sprechen scheint: An anderer Stelle sagt Paulus nämlich ausdrücklich, dass wir nach der Rückkehr Jesu und der Auferstehung der Gläubigen mit Christus leben werden (1. Thessalonicher 4,13-17). Doch auch hier lautet die Erklärung, dass das Dasein mit Christus zwischen Tod und Auferstehung zwar ein Segen aber dennoch nur vorübergehender und unvollkommener Natur ist, ein Leben in Erwartung eines zukünftigen Segens der unvergänglich und vollkommen sein wird. Dennoch war das Zusammensein mit Christus für Paulus eine so wundervolle Aussicht, dass er nicht anders konnte, als dies für sich persönlich als weit besser anzusehen. Das hat er auch an anderer Stelle zum Ausdruck gebracht:

> *So sind wir denn allezeit getrost und wissen: solange wir im Leibe wohnen, weilen wir fern von dem Herrn; denn wir wandeln im Glauben und nicht im Schauen. Wir sind aber getrost und haben vielmehr Lust, den Leib zu verlassen und daheim zu sein bei dem Herrn. (2. Korinther 5,6-8)*

Das Neue Testament vermittelt eine Vision vom Tod als einem Übergang zu einer erstrebenswerten Existenz „bei Christus", „daheim bei dem Herrn". Damit haben wir nun eine ernstzunehmende Grundlage, um von einem *Leben* nach dem Tod zu sprechen. Es ist zwar kein Leben in seiner ganzen Fülle, aber *dennoch* Leben, und zwar ein Leben das in mancher Hinsicht sogar besser ist, als das Leben das wir jetzt führen. Wie könnte es auch anders sein, wenn es bei Christus ist? Und auch diesen Punkt hebt Oscar Cullmann mit großer Deutlichkeit hervor:

Angst vor dem leiblosen Zustand und feste Zuversicht, dass auch dieser Zustand, der übrigens nur vorübergehend ist, uns nicht von Christus trennen kann (unter den Mächten, die uns von der Liebe Gottes in Christus nicht scheiden können, ist Römer 8,38 der Tod genannt) ... Der Tod **ist** *besiegt. Der des Leibes entkleidete innere Mensch ist nicht mehr allein, er führt nicht mehr das Schattendasein, das alleiniger Gegenstand der jüdischen Erwartung war und das nicht als „Leben" bezeichnet werden konnte... Der in Christus Verstorbene hat den Heiligen Geist, obwohl er noch „schläft" und noch auf die Auferstehung des Leibes wartet, die ihm erst das volle und wahre Leben schenken wird. So hat in diesem Zustand der Tod seinen Schrecken verloren, obwohl er noch existiert ...*"[54]

Wahrheit:

Die Fülle des Lebens erwartet uns erst in der zukünftigen Auferstehung zur Herrlichkeit.

Mythos:

Nach dem Tod gibt es für die Gläubigen keine Erwartung dieser Herrlichkeit.

Kapitel 7

Fasst mich an und seht

Jesus stand in einem verherrlichten, mit übernatürlichen Kräften ausgestatteten menschlichen Körper von den Toten auf.

Wie wir bereits in Kapitel 2 kurz dargestellt haben, bilden der Tod und die Auferstehung von Jesus Christus den Kern des christlichen Glaubens. Diese grundsätzlichen Fakten, insbesondere die Auferstehung, werden heute jedoch in weiten Kreisen entweder nicht mehr geglaubt oder falsch interpretiert. Für die Zwecke dieses Kapitels wollen wir jedoch als feststehende Tatsache voraussetzen, dass die Auferstehung von Christus so erfolgt ist, wie das Neue Testament sie beschreibt.[55] Somit können wir uns nun darauf konzentrieren, wie dieser Auferstehungszustand für Jesus und für die Menschen, die an ihn glauben, aussieht.

Für viele Menschen und religiöse Gruppierungen unserer Tage bedeutet Auferstehung die Verwandlung in einen rein geistigen, himmlischen Zustand. Die orthodoxe Position, wie sie in der frühen Gemeinde gelehrt wurde und auch heute noch von den meisten konservativen, evangelikalen Kirchen vertreten wird, besagt jedoch, dass die Menschen in der Auferstehung ins menschliche Leben zurückgebracht werden, wenn auch in einem herrlichen, unsterblichen Zustand. Die Beantwortung dieser Frage ist für unseren Glauben über den Himmel und das ewige Dasein der Erlösten von entscheidender Bedeutung. Unglücklicherweise besteht große Uneinigkeit und sogar Verwirrung darüber, was das Neue Testament zu diesem Thema zu sagen hat.

Eine Neuinterpretation der Auferstehung
Fast alle modernen, alternativen Religionen, die von sich behaupten, christlich oder auf die Bibel gegründet zu sein, leugnen, dass Jesus aus den Toten auferstand zu einem Leben in einem menschlichen Körper. Man hält die Vorstellung, dass Jesus körperlich aus dem Grab auferstand für unvereinbar mit der Annahme, dass er in den Himmel aufgefahren ist. Einige dieser Religionen vertreten ganz simpel, doch ebenso unplausibel die Auffassung, Jesus sei überhaupt nicht gestorben. So erkennt zum Beispiel der Islam Jesus zwar als großen Propheten an, weist aber die Vorstellung zurück, dass Jesus am Kreuz für unsere Sünden gestorben ist und lehrt vielmehr, Jesus sei überhaupt nicht gekreuzigt worden, sondern direkt in den Himmel aufgefahren.[56] Mary Baker Eddy, die Gründerin der Christlichen Wissenschaft, lehrte, der Tod sei insgesamt nur eine Illusion. Ihrer Ansicht nach hatte es nur den Anschein, dass Jesus gestorben war, weil er sich im Grab versteckt hielt, während alle dachten, er sei tot. „Seine Jünger hielten Jesus für tot, als er im Grab verborgen war, während er lebte ..."[57]

Viele New Ager glauben, selbst wenn sie nicht unbedingt leugnen, dass Jesus gestorben ist, dass der Tod nur der Übergang in eine andere Form des Lebens ist und dass Jesus ein „erhöhter" Meister war, der zu einer höheren Ebene des Bewusstseins „aufstieg". Zudem interpretieren manche New Ager die Auferstehung als eine Metapher für die geistige Transformation im Hier und Jetzt. Diesen Ansatz findet man zum Beispiel in dem Buch *Ein Kurs in Wundern*, einem Werk des New Age, das angeblich von Jesus selbst diktiert worden ist. Der *Kurs* definiert Auferstehung als eine „*Veränderung des Bewusstseins*", in der man das Leben, den Tod und die Welt in völlig veränderter Weise sieht. Man „überwindet den Tod", indem man erkennt, dass das physische Leben, der Körper, die materielle Welt und damit auch der Tod selbst reine Illusionen sind. Gloria und Kenneth Wapnick, die weithin als die führenden Kenner und Lehrer des *Kurses* angesehen werden, erklären: „*Auferstehung* bedeutet demnach nur, von dem *Glauben* frei zu sein, daß wir tatsächlich in einem Körper existieren und ein Körper sind."[58]

Andere Religionen geben zu, dass Jesus starb, leugnen aber, dass er aus dem Grab auferstand. So lehrt die Vereinigungskirche zum Beispiel, der Tod Jesu hätte lediglich die geistige Erlösung bewirkt. Damit steht eine physische Erlösung notwendigerweise noch aus. Diese soll in der Endzeit stattfinden und zwar durch „den Herrn der Wiederkunft", bei dem es sich um niemand anderen als Sun Myung Moon (den Gründer der Vereinigungskirche - Anm. d. Übers.) selbst handeln soll. Entsprechend dieser Lehre sind die Anhänger der Vereinigungskirche der Ansicht, dass Jesus zwar geistig, aber nicht körperlich auferstand: „Der auferstandene Jesus war für physische Augen nicht mehr sichtbar, sondern hatte Raum und Zeit überwunden."[59]

Auch die Zeugen Jehovas interpretieren die Auferstehung von Jesus als rein geistig, wenn auch aus anderen Gründen. Sie glauben, dass Jesus mit einem „geistigen Leib" auferweckt wurde, der für das Leben im Himmel geschaffen ist, und daher nicht mehr in körperlicher Gestalt auf die Erde zurückkehren wird. Sein „zweites Kommen" ist für sie demnach eine Zeit geistiger Gegenwart, die 1914 begann und die (wahrscheinlich sehr bald!) mit Harmagedon enden wird. Eine „Klasse der Gesalbten", die aus exakt 144.000 Individuen besteht (von denen die allermeisten bereits auserwählt worden sind), wird die gleiche Art von „geistigem Leib" haben wie Jesus, um damit im Himmel zu leben. Der Rest der Menschheit (mit Ausnahme der besonders Bösen) wird mit ihren physischen Körpern wieder auferstehen, um auf einer paradiesischen Erde, getrennt vom Himmel, zu leben.[60]

Unter Skeptikern und liberalen Theologen besteht eine wachsende Übereinkunft, dass die ersten Christen geglaubt haben, Jesus wäre in einem geistlichen Sinn „auferstanden" und sein physischer Leib würde tot und begraben bleiben (sofern sie wenigstens zugestehen, dass Jesus überhaupt begraben wurde). Normalerweise gelangen sie zu dieser Schlussfolgerung, indem sie Paulus´ Sichtweise der Auferstehung dementsprechend interpretieren und die Berichte in den Evangelien, die eindeutig von einer körperlichen Auferstehung sprechen, als spätere Zusätze verwerfen.[61] Sollte nun jemand daran zweifeln, dass dieses Thema ganz direkt etwas mit der Frage nach der Natur des Himmels zu tun hat, dann sollten Sie wissen, dass Colleen McDannell und Bernhard Lang es in ihrem Buch *Der Himmel: Eine Kulturgeschichte des ewigen Lebens* durchaus hilfreich finden, diese Sichtweise ausgiebig darzustellen. Demnach erwarteten die Anhänger von Jesus, da die Auferstehung von Jesus lediglich ein geistiger Übergang in den Himmel war, dasselbe auch für sich. Nach McDannell und Lang sah Paulus' Sichtweise so aus:

> *Wie Jesus, so lassen auch seine Anhänger ihren Leib in der Erde. Gott wird ihnen schließlich einen neuen und unvergänglichen, einen „geistigen" Leib schenken. Nirgends setzt Paulus eine Wiederherstellung des physischen Körpers voraus. Wahrscheinlich kannte er die legendären Berichte über Jesu leeres Grab nicht. Nach Paulus bleibt der materielle Leib im Grab.*[62]

Eine geistige Auferstehung also! Es ist doch bemerkenswert, dass Skeptiker, liberale Theologen, New Ager, Zeugen Jehovas, Christliche Wissenschafter und Anhänger der Vereinigungskirche - eine Liste, die bei weitem nicht erschöpfend ist - sich bei allen sonstigen Unterschieden darin einig sind, dass die ersten Christen (repräsentiert durch den Apostel Paulus) glaubten, Jesus wäre nur geistig auferstanden und in einen erhöhten, himmlischen Zustand übergegangen, während die Vorstellung einer physischen Auferstehung des toten Leibes Jesu ein späteres Missverständnis wäre. Wir werden uns diese Interpretation dessen, was Paulus gesagt hat, im folgenden Kapitel noch genauer ansehen, um zu prüfen, ob irgendetwas daran ist. Doch zunächst wollen wir sehen, was die Evangelien über Jesu Auferstehung zu sagen haben.

„Er ist nicht hier, er ist auferstanden"

Alle vier Evangelien berichten, dass einige Frauen, die zu seinen Anhängern gehörten, am Sonntagmorgen nachdem Jesus hingerichtet und in einem Felsengrab beerdigt worden war, zum Grab gingen, das Grab offen vorfanden und feststellten, dass der Leib von Jesus nicht mehr im Grab war (Matthäus 28,1-7; Markus 16,1-8; Lukas 24,1-10; Johannes 20,1-2).[63] Nach den synoptischen Evangelien waren ein oder zwei Engel dort am Grab und berichteten den Frauen „Er ist nicht hier, er ist auferstanden" (Matthäus 28,6; Lukas 24,6; nach Markus 16,6: „Er ist auferstanden, er ist nicht hier"). Diese Aussage stellt einen engen Zusammenhang her zwischen der Tatsache, dass Jesu Körper nicht im Grab war („Er ist nicht hier") und der Auferstehung („Er ist auferstanden").

Insbesondere in der antiken jüdischen Kultur, in der man unter Auferstehung im Allgemeinen die Zurückbringung der gesamten Person (Leib und Seele) ins Leben verstand, musste man diese Aussage natürlicherweise so verstehen, dass der tote Körper von Jesus wieder lebendig geworden war, und daher nicht mehr im Grab lag. Dieses Verständnis von Jesu Auferstehung wird im Markus-Evangelium (das weithin als das Älteste der Evangelien angesehen wird) ebenso deutlich, wie in den anderen beiden synoptischen Evangelien, auch wenn Markus keine Berichte darüber anfügt, wie Jesus nach seiner Auferstehung seinen Jüngern erschienen ist.[64]

Die anderen drei Evangelien berichten allerdings von verschiedenen Begebenheiten, bei denen Jesus seinen Jüngern erschien und in allen dreien finden wir Informationen, die deutlich machen, dass Jesus ein körperliches Wesen war. In Matthäus, dessen Bericht am wenigsten ausführlich ist, heißt es von den Frauen, sie „umfassten seine Füße und fielen vor ihm nieder" (Matthäus 28,9), was ziemlich schwierig gewesen wäre, wenn seine Füße nicht aus fester Substanz bestanden hätten. In Lukas versichert Jesus seinen Jüngern: „Seht meine Hände und meine Füße, ich bin's selber. Fasst mich an und seht; denn ein Geist hat nicht Fleisch und Knochen, wie ihr seht, dass ich sie habe" (Lukas 24,39). Daraufhin „zeigte er ihnen die Hände und Füße" (Vers 40) und aß vor ihren Augen „ein Stück gebratenen Fisch" (Verse 41-43). Später zitiert Lukas Petrus mit der Aussage, dass er und die anderen Apostel „mit ihm gegessen und getrunken haben, nachdem er auferstanden war von den Toten" (Apostelgeschichte 10,41).

Im Johannesevangelium lesen wir, wie zwei der Apostel das Grab besuchten, feststellten, dass der Leib nicht dort war und bemerkten, dass die Leichentücher, in die der Leichnam gewickelt war, zusammengefaltet zurückgelassen worden waren (Johannes 20,4-7). In einem Abschnitt, der deutliche Parallelen zu dem Bericht bei Lukas aufweist, erschien Jesus später seinen Jüngern und „zeigte ihnen die Hände und seine Seite" (Johannes 20,20). Ungefähr eine Woche darauf erschien Jesus noch einmal seinen Jüngern. Dieses Mal lud er Thomas - der beim ersten Mal nicht dabei gewesen war und der die Male, die die Kreuzigung auf Jesu Körper zurückgelassen hatte, sehen und berühren wollte - ein, dies zu tun: „Reiche deinen Finger her und sieh meine Hände, und reiche deine Hand her und lege sie in meine Seite, und sei nicht ungläubig, sondern gläubig!" (Johannes 20,25-27).

Das Skeptiker und liberale Theologen diese Teile der Evangelienberichte als später hinzugefügte, legendenhafte Ausschmückungen abtun, darf uns nicht wundern. Es gibt jedoch auch religiöse Gruppen wie die Zeugen Jehovas, die die Zuverlässigkeit der gesamten Bibel bekennen, und die dennoch die physische Auferstehung von Jesus ablehnen. Nach ihrer Auffassung „materialisierte Jesus einfach nur oder nahm einen fleischlichen Körper an, wie es auch Engel in der Vergangenheit getan hatten" um die Jünger dadurch zu überzeugen, dass er es wirklich war.[65] Also „durch sein wiederholtes Erscheinen in einem materialisierten Leib und dadurch, daß er Dinge sagte und tat, die erkennen ließen, daß er der Jesus war, den sie gekannt hatten, stärkte er jedoch ihren Glauben an die Tatsache, daß er wirklich von den Toten auferstanden war."[66] Um diese Erklärung weiter zu untermauern argumentieren die Zeugen so: „Jesus erschien seinen Jüngern nach seiner Auferstehung nicht immer in demselben Fleischesleib (vielleicht um ihnen die Tatsache einzuprägen, daß er jetzt ein Geist war), weshalb er selbst von seinen vertrauten Freunden nicht sogleich erkannt wurde."[67]

Eine sorgfältige Betrachtung der Texte aus den Evangelien, die die Zeugen Jehovas zitieren, um ihre Erklärung zu stützen, zeigt jedoch etwas anderes. Der einzige Hinweis darauf, dass Jesus in verschiedenen Körpern erschienen sein könnte, steht in Markus 16,12 („offenbarte er sich in anderer Gestalt"), was Teil des so genannten langen Markus-Endes ist, einem Abschnitt, der von fast allen Fachleuten als eine spätere Hinzufügung zu diesem Evangelium angesehen wird.[68]

Zwar steht in Lukas, dass die beiden Jünger, die Jesus auf der Straße nach Emmaus trafen, ihn nicht erkannten, das lag aber nicht daran, dass er ihnen in anderer Gestalt oder in einem anderen Körper erschienen war, sondern dass „ihre Augen gehalten wurden, dass sie ihn nicht erkannten" (Lukas 24,16). Kurz bevor er wieder verschwand „wurden ihre Augen geöffnet und sie erkannten ihn" (Vers 31). An beiden Stellen stehen die passiven Verben „wurden gehalten" und „wurden geöffnet". Sie sind Beispiele für den „göttlichen Passiv", einer im Neuen Testament gebräuchlichen Ausdrucksform bei der das Passiv verwendet wird, um Handlungen Gottes anzuzeigen.[69] Mit anderen Worten, Gott hat die beiden Männer davon abgehalten, Jesus sofort zu erkennen, was im Umkehrschluss bedeutet, sie hätten ihn ohne Gottes Eingreifen ohne Weiteres erkannt. Auch im Johannesevangelium finden wir zwei Berichte, in denen jemand Jesus nicht sofort erkennt, doch aus keinem dieser beiden Begebenheiten kann man schließen, Jesus wäre dort in einem anderen Körper aufgetreten. Maria Magdalena hielt Jesus irrtümlich für den Gärtner, doch Johannes berichtet uns auch, dass es früh am Morgen war, dass sie weinte, und dass sie Jesus nicht direkt ansah (Johannes 20,11-15). Unter diesen Umständen wäre es eher überraschend gewesen, wenn Maria Jesus gleich erkannt hätte. Später lesen wir, wie einige der Jünger auf dem See Genezareth fischen waren und Jesus am Ufer stehen sahen, ihn aber nicht sofort erkannten (Johannes 21,2-4). Johannes berichtet uns jedoch auch, dass es bei Anbruch des Tages war und dass sie ungefähr hundert Meter, etwa die Länge eines Fußballfeldes, vom Ufer entfernt waren, als sie ihn erblickten (21,4.8). Auch hier wäre es eher ungewöhnlich gewesen, wenn sie ihn auf diese Entfernung, noch dazu in der Morgendämmerung, gleich erkannt hätten.

Physisch und doch übernatürlich

Wie die Evangelien uns eindeutig berichten, lag Jesu toter Körper nicht im Grab, weil er auferstanden war, und er hatte in diesem auferstandenen Zustand einen Körper aus „Fleisch und Knochen" (Lukas 24,39), mit Händen und Füßen und den Wundmalen seiner Kreuzigung. Einen Körper, den man berühren und umfassen konnte, der essen und trinken konnte, und den seine Freunde erkannten, wenn sie nicht gerade durch göttliche Einwirkung daran gehindert wurden oder ihn bei schwachen Lichtverhältnissen, durch Tränen oder aus großer Entfernung sahen. Dass die Evangelien Jesus als physisch von den Toten auferstanden darstellen, wird von praktisch allen Bibelgelehrten, einschließlich der Skeptiker und liberalen Theologen, eingeräumt.

Doch die Berichte in den Evangelien über die Erscheinungen von Jesus geben darüber hinaus reichlich Grund zu der Annahme, dass er trotz allem mehr war als ein normales Wesen aus Fleisch und Blut. So weist sein plötzliches Erscheinen und Verschwinden, sogar in verschlossenen Räumen, auf eine Art übernatürliche Kraft hin (Lukas 24,31.36; Johannes 20,19.26). (Die allgemein verbreitete Annahme, gemäß derer Jesus „durch die Wände ging", ist im Übrigen falsch. Die Texte sagen lediglich, er sei plötzlich in einem Raum erschienen und genauso plötzlich wieder verschwunden und nicht, er sei durch die Wand gegangen.) Auch Jesu Himmelfahrt, von der nur Lukas berichtet (Lukas 24,50-51; Apostelgeschichte 1,9-11), setzt offenbar irgendeinen übernatürlichen Zustand voraus.

Dass Jesus nach seiner Auferstehung sowohl physischer Natur als auch mit übernatürlichen Eigenschaften ausgestattet war, ist die durchgängige Sichtweise des Neuen Testaments und die historische Position der Christenheit. Und im Gegensatz zu dem, was Skeptiker, liberale Theologen und verschiedene neue Religionen behaupten, war dies auch die Sichtweise von Paulus, wie wir im nächsten Kapitel sehen werden.

Wahrheit:

Jesus stand in einem physischen, doch zugleich übernatürlichen Körper von den Toten auf.

Mythos:

Jesus stand von den Toten auf, doch sein Körper wurde nicht wieder lebendig.

Kapitel 8

Tod, wo ist dein Stachel?

Als Jesus von den Toten auferstand, überwand er für uns den Tod.

Die Frage, von welcher Art der Auferstehungsleib Jesu war, ist wichtig für unsere Sicht der Erlösung und des Himmels, weil Jesu Auferstehung kein isoliertes, singuläres Ereignis war. Faktisch ist sie der Beginn der Auferstehung der Toten für das ganze Volk Gottes. So beeinflusst das, was wir über die Auferstehung von Jesus denken, auch nachhaltig das, was wir in Bezug auf unsere eigene zukünftige Auferstehung erwarten und umgekehrt.

Von allen Schreibern des Neuen Testaments geht der Apostel Paulus am direktesten und gründlichsten auf die zukünftige Auferstehung der Gläubigen ein. Selbst unter Fachleuten, die sich mit der Bibel beschäftigen, ist es heute weit verbreitet, zu behaupten, Paulus hätte nicht gemeint, dass der menschliche Körper wieder zum Leben erweckt werde, wenn er von Auferstehung sprach. Wie wir jedoch sehen werden, ist diese verbreitete Interpretation von Paulus falsch.

„Wird eure sterblichen Leiber lebendig machen"

Am ausführlichsten schreibt Paulus über das Thema Auferstehung in 1. Korinther 15, doch finden wir Bemerkungen zu diesem Thema auch an vielen anderen Stellen. Er erklärte zum Beispiel den Philippern, dass Christus „unsern nichtigen Leib verwandeln wird, dass er gleich werde seinem verherrlichten Leibe" (Philipper 3,21). Wie Paulus hier schreibt, bedeutet Auferstehung ein verwandelt werden unseres gegenwärtigen, nichtigen Leibes und nicht ein ersetzt werden dieses Körpers durch einen ganz anderen Körper. Diese Verwandlung wird uns dazu fähig machen, im Himmel zu leben, denn, wie Paulus kurz zuvor sagte „unser Bürgerrecht aber ist im Himmel“ (3,20).

Eine der bedeutsameren Stellen in den Schriften des Paulus, bei denen es um die Auferstehung geht, findet sich in Römer 8: „Wenn nun der Geist dessen, der Jesus von den Toten auferweckt hat, in euch wohnt, so wird er, der Christus von den Toten auferweckt hat, auch eure sterblichen Leiber lebendig machen durch seinen Geist, der in euch wohnt“ (Römer 8,11). Wie der Kirchenvater Augustinus vor langer Zeit einmal feststellte, ist diese Aussage „ein sehr deutlicher Zeuge für die Auferstehung des Leibes.“[70] Die meisten, wenn nicht alle Stellen im Neuen Testament, in denen das griechische Wort (*zōopoieō*) - das hier mit „lebendig machen“ übersetzt wird - vorkommt, stehen im Zusammenhang mit der Auferstehung (Johannes 5,21; 6,63; 1. Korinther 15,22.36.45; Römer 4,17; 2. Korinther 3,6; Epheser 2,6; Kolosser 2,12; 1. Petrus 3,18; womöglich auch Galater 3,21). Die Nebeneinanderstellung der beiden Aussagen „er, der Christus von den Toten auferweckt hat“ und „(wird) auch eure sterblichen Leiber lebendig machen“ beweist, dass es in diesem Text um die Auferstehung geht. Die Zukunftsform an dieser Stelle (wird lebendig machen) weist nach vorne auf ein Ereignis, bei dem unsere sterblichen Leiber lebendig gemacht werden sollen (beachten Sie auch die Zukunftsform in den Versen 13.20-21.32.38-39). Zudem gründet Paulus unsere zukünftige Auferstehung auch überall sonst in seinen Briefen auf die Auferstehung von Jesus (Römer 6,4-9; 1. Korinther 6,14; 15,12-23; 48-49; 2. Korinther 4,14; Philipper 3,10-11. 20-21; Kolosser 1,18; 2,12-13; 3,3-4; 1. Thessalonicher 4,14) und genau das tut er auch an dieser Stelle.

Aus diesen Gründen (und einigen weiteren, auf die wir hier nicht näher eingehen wollen) sind sich praktisch alle Kommentare zum Römerbrief, die in den letzten hundert Jahren geschrieben wurden, darin einig, dass Paulus hier von unserem zukünftigen Auferstehungsleib spricht. Dagegen ist die Sichtweise, die man in einigen älteren Kommentaren noch findet, dass Paulus hier von einem gegenwärtig stattfindenden Werk der Heiligung in unseren Körpern spricht, inzwischen fast durchgängig verworfen worden.[71] Douglas Moo drückt es im umfassendsten Kommentar zum Römerbrief, der in den letzten fünfzig Jahren geschrieben wurde, so aus:

> *Da der Bezug zur Auferstehung im ersten Teil des Satzes so deutlich auf der Hand liegt, muss sich auch „wird lebendig machen" eher auf die zukünftige Transformation des Leibes beziehen – und zwar durch die Auferstehung der toten Gläubigen – als zum Beispiel auf eine geistige Neubelebung durch die Rechtfertigung oder die „Abtötung" der Sünde im Leben eines Christen.*[72]

Im restlichen Teil von Römer 8 stellt Paulus diese Vorstellung von einer zukünftigen Auferstehung unserer sterblichen Leiber in einen größeren Zusammenhang. Wir sind, so sagt er, Gottes Kinder und als solche „Miterben Christi", die jetzt leiden, doch eines Tages mit ihm zusammen verherrlicht werden (Römer 8,14-17). Die ganze Schöpfung seufzt in Erwartung dieser zukünftigen Herrlichkeit, in der „die Schöpfung frei werden wird von der Knechtschaft der Vergänglichkeit zu der herrlichen Freiheit der Kinder Gottes" (Vers 21). Paulus hat hier nicht vor Augen, dass die gegenwärtige Schöpfung durch eine andere ersetzt wird oder dass wir die physische Welt zugunsten eines immateriellen Himmels aufgeben. Vielmehr sieht er die Befreiung dieser Schöpfung von der Vergänglichkeit. Wie die Schöpfung in dieser Erwartung seufzt, so auch wir, und wir „sehnen uns nach der Kindschaft, der Erlösung unseres Leibes" (Vers 23).[73] Genau das ist die christliche Hoffnung (Verse 24-25): die volle Erlösung, das heißt die Erlösung der Seele (die bereits jetzt teilweise verwirklicht ist) und des Leibes, der Menschen und der Schöpfung, in der wir leben.

Der „geistliche Leib"

Diejenigen, die abstreiten, dass Paulus an eine Auferstehung des toten menschlichen Körpers glaubte, machen in der Regel eine umstrittene Lesart von 1. Korinther 15 zur Grundlage ihrer Argumentation.[74] Doch es gibt mehr als genügend Anhaltspunkte in diesem Kapitel 15, die die traditionelle, orthodoxe christliche Sichtweise stützen, dass Jesus mit dem gleichen Leib auferstand, mit dem er auch gestorben war, wenn auch in einer verherrlichten Form.

Paulus beginnt seine Argumentation gegen die Irrlehrer in Korinth, indem er für die Wahrheit, dass Jesus körperlich von den Toten auferstanden ist, eintritt. Die Argumentationskette in 1. Korinther 15,3b-5 ist sowohl chronologisch als auch logisch einwandfrei:

> *„Dass Christus **gestorben** ist für unsre Sünden nach der Schrift; und dass er **begraben** worden ist; und dass er **auferstanden** ist am dritten Tage nach der Schrift; und dass er **gesehen** worden ist von Kephas, danach von den Zwölfen.“ (1. Korinther 15,3b-5)*

Paulus erwähnt hier nicht nur Tod und Auferstehung sondern auch, dass Christus begraben worden ist. Damit unterstreicht er, dass Jesus wirklich gestorben ist und dass er das Grab wirklich lebendig wieder verließ. Wie Anthony Thiselton in seinem jüngsten, umfangreichen Kommentar anmerkt, verdeutlicht Paulus' Hinweis auf das Begräbnis von Jesus, „nicht nur, dass Christus wirklich gestorben ist, sondern auch, dass er wirklich auferstanden ist, denn wäre er nicht ***begraben*** worden, könnte das Vorkommen von einem oder beiden der anderen Begriffe eher geeignet sein, Fragen aufzuwerfen.“[75] Jede Theorie, die leugnet, dass der Leib, der ins Grab gelegt wurde, auch der Leib ist, der auferstanden ist, umgeht Paulus' Argumentation. Es war der Tote und Begrabene, der von den Toten auferstand.

Wie beim Durchlesen von 1. Korinther 15 deutlich wird, hatten einige Gemeindemitglieder in Korinth nicht so sehr ein Problem mit der Vorstellung, dass Christus auferstanden war, als vielmehr mit der Vorstellung, dass auch die Gläubigen aus den Toten auferweckt werden. Paulus geht darauf ein, indem er auf einige wichtige Punkte hinweist. Als Erstes argumentiert Paulus, dass wenn, wie einige der Korinther behaupteten, Tote grundsätzlich nicht auferstehen, logischerweise auch Christus nicht aus den Toten auferstanden sein kann. Und wenn das der Fall wäre, wäre das ganze Christentum falsch, nutzlos und erbärmlich (1. Korinther 15,12-19). Wir können nicht genau sagen, was diese Korinther sich dachten, wenn sie eine zukünftige Auferstehung leugneten und gleichzeitig vorgaben einem auferstandenen Christus zu folgen, doch war das ganz offensichtlich die Situation. (Dass es Gelehrten so schwer fällt, ein stimmiges Bild davon zu zeichnen, was diese Korinther dachten, mag auch daran liegen, dass ihre Position tatsächlich nicht stimmig *war*!)

Wie Paulus dann weiter erklärt, war die Auferstehung von Christus kein isoliertes Ereignis oder ein besonderes Privileg, das ihm allein gewährt wurde, sondern der Beginn einer Wiederherstellung des ewigen Lebens, das Adam verloren hatte (1. Korinther 15,20-22). Die Vorstellung von Adam als einem Bild auf Christus - oder andersherum ausgedrückt, von Christus als einem letzten, neuen Adam - wird hier und in Römer 5 ausdrücklich dargelegt und findet sich implizit in allen Briefen des Paulus. Adam ist das Haupt der menschlichen Rasse in ihrer ursprünglichen Schöpfung und in ihrem gefallenen, sündigen und sterblichen Zustand; Christus ist das Haupt der erlösten menschlichen Rasse, der neuen Menschheit in der neuen Schöpfung (vgl. Römer 5,12-19; 6,4-11; 1. Korinther 15,20-22; 45-49; 2. Korinther 5,17, Galater 6,15; Epheser 2,10.15; 4,22.24; Kolosser 1,18; 3,10).

Ben Witherington III

Paulus' Vision der Zukunft beschreibt, wenngleich sie auch einen verwandelten Zustand, genannt Auferstehung, umfasst, definitiv ein Leben auf der Erde... Er erwartet eine neue Erde und neue Erdlinge, nicht nur einen neuen Himmel.[76]

Auch auf diesem Weg stellt Paulus die Auferstehung also als eine Wiederherstellung und Verherrlichung von menschlichen Wesen dar und nicht als eine Überwindung der Menschheit zugunsten einer rein geistigen Existenz im Himmel.

Für das griechische Denken war die Auferstehung jedoch etwas Unvorstellbares. Ein griechischer Dramatiker drückte es einmal so aus: „Doch wenn des Mannes Blut der Staub getrunken hat - Einmal gestorben, und es kommt kein Auferstehn."[77] Angesichts der Vergänglichkeit des menschlichen Körpers, seiner Sterblichkeit und Schwäche, schien die Vorstellung einer Auferstehung nicht nur absurd, sondern auch keineswegs erstrebenswert. Daher brachte die Aussicht auf eine Auferstehung auch einige Korinther dazu, skeptische Fragen zu stellen: „Wie werden die Toten auferstehen und mit was für einem Leib werden sie kommen?" (1. Korinther 15,35). Paulus geht in seiner Erwiderung auf diese Bedenken ein und betont den Unterschied zwischen dem Zustand der Auferstehung und dem sterblichen Zustand. Dieser Fokus und diese Betonung wurden von vielen nun fälschlicherweise so interpretiert, als würde Paulus hier verneinen, dass der sterbliche Leib auferstehen wird.

Paulus beginnt seine Antwort an die Skeptiker in Korinth damit, dass er drei Analogien für die Auferstehung aus der physischen Schöpfung anführt. In der ersten Analogie geht es um den Samen und die ausgewachsene Pflanze, die daraus wird. „Was du säst, wird nicht lebendig, wenn es nicht stirbt" (1. Korinther 15,36). Beachten Sie, dass Paulus sagt, dass das Gesäte lebendig wird, wenn auch erst, nachdem es gestorben ist. Mit anderen Worten, das was gesät wird - hier eine Metapher für den sterblichen Leib (wie Paulus in den Versen 42-44 noch näher ausführt) - *wird* wieder lebendig. Es ist schlicht falsch, Paulus die Ansicht zu unterstellen, der sterbliche Leib würde nicht wieder auferstehen.

In seiner zweiten Analogie führt Paulus aus, dass es verschiedene Arten von Fleisch gibt, nämlich das der Menschen, der Tiere, der Vögel und Fische (1. Korinther 15,39). Er scheint damit sagen zu wollen, man könne aus der Tatsache, dass es verschiedene Arten von Fleisch gibt, schließen, dass die Auferstehung des Leibes nicht notwendigerweise eine Rückkehr zum Zustand oder zur Natur unseres gegenwärtigen, sterblichen Fleisches sein muss. Die Griechen neigten dazu, dem Gedanken an die Auferstehung eines Menschen aus Fleisch und Blut mit der Haltung „Fleisch ist Fleisch" zu begegnen, womit sie sagen wollten, dass jeder fleischliche Körper mit der gleichen Zerbrechlichkeit und Vergänglichkeit behaftet sein würde, wie unser jetziger Körper. Im Gegenzug erklärt Paulus, dass es verschiedene Arten von Fleisch gibt, sodass Gott durchaus in der Lage ist, Menschen mit einer verwandelten Natur, der nicht mehr die Schwächen unseres gegenwärtigen Fleisches anhaften, wieder auferstehen zu lassen.

In seiner dritten Analogie weist Paulus darauf hin, dass es verschiedene Arten von Körpern gibt, so zum Beispiel irdische und himmlische Körper, die sich voneinander in der Herrlichkeit unterscheiden (1. Korinther 15,40). Mit den irdischen Körpern meint er hier wahrscheinlich die verschiedenen Arten von Wesen, die er in der vorangegangenen Analogie erwähnt hat, während er mit den himmlischen Körpern Sonne, Mond und Sterne meint (Vers 41). Insofern ist das verbindende Element dieser Analogie mit den beiden anderen der Punkt, dass Auferstehung nicht notwendigerweise heißen muss, wir würden zu dem niedrigen Zustand zurückkehren, der gegenwärtig unser Leben als Menschen charakterisiert.

„So auch die Auferstehung der Toten" (1. Korinther 15,42). Damit unterstreicht Paulus, dass die vorangegangenen Aussagen Analogien waren und dass er nun unmittelbar über die Auferstehung sprechen will. Dabei greift er noch einmal auf die Analogien zurück, um zu verdeutlichen, inwiefern sich der Zustand in der Auferstehung vom jetzigen Leben unterscheidet. In vier Gegensätzen stellt er die Unterschiede zwischen dem Auferstehungsleib und dem sterblichen Leib heraus. Es folgt eine wörtliche Übersetzung von 1. Korinther 15,42b-44a:

- *„gesät in Vergänglichkeit, auferweckt in Unvergänglichkeit;*
- *gesät in Unehre, auferweckt in Herrlichkeit;*
- *gesät in Schwachheit, auferweckt in Kraft;*
- *gesät ein natürlicher Leib, auferweckt ein geistlicher Leib.*

Diese vier kurzen, prägnanten Aussagen stellen den gegenwärtigen, sterblichen Leib, der vergänglich, unehrenhaft, schwach und natürlich ist, dem unsterblichen Auferstehungsleib gegenüber, der unvergänglich, herrlich, kraftvoll und geistlich ist. Wenn wir die viel debattierten Begriffe „natürlich“ und „geistlich“ richtig verstehen wollen, dann müssen wir sie im Zusammenhang mit den anderen Begriffen sehen, mit denen sie hier in Verbindung stehen. Das heißt, der „natürliche“ Leib ist vergänglich, beschämend und schwach; der „geistliche“ Leib dagegen unvergänglich, herrlich und kraftvoll.

Für Paulus ist die Vergänglichkeit ein Aspekt des Fluches, der auf der Menschheit und auf der ganzen Schöpfung liegt und von dem wir erlöst werden müssen (vgl. Römer 8,21). Daher wird Paulus später in diesem Kapitel noch näher auf das Thema Vergänglichkeit eingehen (1. Korinther 15,50-54). So steht auch die „Unehrenhaftigkeit“ oder Schande unseres gegenwärtigen Zustands im Gegensatz zu der „Herrlichkeit“, die in der Auferstehung zu ihrer vollen Entfaltung kommen wird. Eine Herrlichkeit, die wir als Christen jetzt schon ein Stück weit vorwegnehmen, indem wir „Gott mit unserem Leib verherrlichen“ (1. Korinther 6,20; vgl. 2. Korinther 3,18).

Ein anderes Charakteristikum des gegenwärtigen Zustands des Menschen, von dem Christus uns erretten will (Römer 1,4; 2. Korinther 13,4; Epheser 1,19-20; Philipper 3,10.21), ist die „Schwachheit“ (ein Wort, das in anderem Zusammenhang für Krankheit oder andere offensichtliche körperliche Schwächen gebraucht wird). Bei all diesen Gegensätzen geht es jedoch nicht darum, das Physische mit dem Nichtphysischen oder das Materielle mit dem Immateriellen zu vergleichen. Vielmehr stellt Paulus hier den gegenwärtigen gefallenen und unerlösten Zustand unserer Körper (und unseres Lebens im Allgemeinen) dem zukünftigen auferstandenen und erlösten Zustand gegenüber.

Was aber hat es nun mit dem vierten Gegensatz zwischen dem „natürlichen Leib" und dem „geistlichen Leib" auf sich? Das Wort, das wir mit „natürlich" übersetzt haben (*psychikos*) wird in der Neue Welt Übersetzung der Zeugen Jehovas fälschlicherweise mit „physisch" übersetzt. An anderen Stellen im Neuen Testament wird dieses Wort als abwertende Bezeichnung für Menschen verwendet, die auf dem Niveau von Tieren leben und nur ihren eigenen „natürlichen" Neigungen folgen. Jakobus vergleicht an einer Stelle die göttliche Weisheit mit der weltlichen Form von Weisheit, die „irdisch, seelisch (*psychikos*), dämonisch" ist (Jakobus 3,15 SCHLL). Judas kritisiert die falschen Lehrer und beschreibt sie als Menschen „welche Trennungen verursachen, natürliche (*psychikos*) [Menschen], die den Geist nicht haben" (Judas 19). An diesen Stellen übersetzt zum Beispiel die Elberfelder Bibel *psychikos* mit „sinnlich" (Jakobus 3,15) bzw. „irdisch gesinnt" (Judas 19), wohingegen die Lutherbibel in beiden Fällen „niedrig" hat. Diese Beispiele zeigen, dass sich dieses Wort nicht zwingend und ausdrücklich auf Körperlichkeit im engeren Sinn beziehen muss. Vielleicht könnte man sagen, dass es sich auf etwas bezieht, das *lediglich* körperbezogen ist, das nur von körperlichen Bedürfnissen oder Werten bestimmt wird.

Die für unsere Frage wichtigste Stelle, an der das Wort *psychikos* vorkommt, findet sich ebenfalls im 1. Korintherbrief, wo Paulus es abermals in Gegensatz zu *pneumatikos* („geistlich") stellt:

> *Ein natürlicher Mensch* ***(psychikos anthrōpos)*** *aber nimmt nicht an, was des Geistes Gottes ist, denn es ist ihm eine Torheit, und er kann es nicht erkennen, weil es geistlich beurteilt wird. Der geistliche Mensch* ***(ho pneumatikos)*** *dagegen beurteilt zwar alles, er selbst jedoch wird von niemand beurteilt. (1. Korinther 2,14-15 ELB).*

Diese Gegenüberstellung von „natürlich“ und „geistlich“ bedeutet nicht eine Gegenüberstellung von materiell und immateriell, sondern unterscheidet Menschen, die vom Materiellen bestimmt werden von denen, die vom Geist erleuchtet sind. Dennoch ist „der geistliche Mensch“, genau wie „der natürliche Mensch“, ein menschliches Wesen (*anthrōpos*).

Ein „natürlicher Leib“ ist somit ein Leib, der unerlöst bleibt, der immer noch sterblich, verweslich, schändlich und schwach ist. Ein „geistlicher Leib“ ist dagegen ein Leib, der durch Gottes Wirken unvergänglich, herrlich und kraftvoll sein wird. Ein natürlicher Leib ist ein *rein* physischer, *rein* biologischer Leib, und damit ein Leib, der Gottes Absichten für uns entgegensteht, weil er körperlich verfällt und sterblich ist. Außerdem neigt er dazu, uns auch moralisch zu verderben und uns in materialistische, sinnliche oder weltliche Begierden zu verstricken. Der geistliche Leib hingegen wird in vollkommener Weise Gottes Absichten für uns verwirklichen, weil er uns in die Lage versetzt, die Kraft des Geistes in Unsterblichkeit, Unvergänglichkeit und vollkommener Güte in vollem Umfang auszuleben.

Auf keinen Fall bietet dieser Text irgendeinen Anhaltspunkt dafür, dass der „geistliche“ Leib in seiner Substanz geistig sein, also wie der der Engel rein aus Geist bestehen wird. Keiner der vier Gegensätze in 1. Korinther 15,42-44 hat irgendetwas mit der Frage zu tun, ob der Auferstehungsleib nun materiell oder immateriell sein wird.

Für diejenigen, die rein „natürliche“ Menschen sind (1. Korinther 2,14), für die also allein die Sorge um ihren Körper wichtig ist, ist der erste Adam das Haupt ihres Menschseins. Für diejenigen hingegen, die „geistliche“ Menschen sind (2,14-15) und die sich darauf freuen, einmal einen „geistlichen Leib“ zu haben, ist Christus, der letzte Adam, das Haupt ihres Menschseins. Adam war lediglich „Seele“, ein menschliches Wesen mit einem rein natürlichen Leben; Christus in seiner Auferstehung ist jedoch zu einem „Geist, der lebendig macht“ geworden (15,45). Wenn Paulus hier die beiden Adams gegenüberstellt, dann stellt er *zwei Männer* gegenüber und nicht einen Mann und einen Engel oder ein anderes immaterielles Wesen. Das sagt Paulus auch ausdrücklich: „Der erste Mensch ist von der Erde und irdisch; der zweite Mensch ist vom Himmel" (15,47).

Auch das Wort „Geist" (*pneuma*) muss in diesem Kontext gesehen werden, ebenso wie der Unterschied zwischen „Seele" und „Geist" im Licht des vorher aufgezeigten Unterschiedes zwischen dem „natürlichen" (*psychikos*, einem Adjektiv zu *psyche*, „Seele") und dem „geistlichen" Leib zu sehen ist. Christus ist ein Mensch, dessen Leben nicht nur biologisch oder natürlich ist. Es ist weit mehr, nämlich übernatürlich und mit der Kraft des Geistes erfüllt, um für das Leben in der Daseinssphäre des Geistes, das himmlische Leben, geeignet zu sein. Während Adam, der erste Mensch, also von der Erde war und sein Leben rein irdisch, so ist Christus, der zweite Mensch, „vom Himmel"; „der himmlische" Mensch (1. Korinther 15,47-49). Adam war nur „vom Staub", in einer Gestalt, die als Folge des Sündenfalls dem Verfall und dem Tod unterworfen war (vgl. Vers 47). Doch die Auferstehung und Erhöhung von Christus machen uns gewiss, dass wir, wenn Christus „aus dem Himmel" zurückkommt, ebenfalls auferweckt und erhöht werden, um an seinem himmlischen Bild teilzuhaben (Verse 47-49).

Paulus leitet den Schluss seines Diskurses über die Auferstehung mit folgenden Worten ein: „Dies aber sage ich, Brüder, dass Fleisch und Blut das Reich Gottes nicht erben können, auch die Vergänglichkeit nicht die Unvergänglichkeit erbt" (1. Korinther 15,50 ELB). Nachdem wir nun mit der Art und Weise, wie Paulus sich ausdrückt, vertraut sind, sollte klar sein, was er hier sagen will. Er meint nicht, dass Menschen im biologischen Sinn das Reich Gottes nicht erben können, sondern dass Menschen, die *nicht mehr* als „Fleisch und Blut" sind, also rein sterbliche Menschen, das ewige Leben in Gottes Reich nicht erben können. Das Problem mit Menschen aus Fleisch und Blut ist jedoch nicht, dass sie körperlich sind, also aus Materie bestehen, sondern dass sie, wie er im Rest des Satzes ausführt, „vergänglich" oder verweslich sind (dasselbe Wort wie in Vers 42). Die Lösung liegt somit nicht darin, körperlos oder immateriell zu werden, sondern die Auswirkungen der Sünde aufzuheben und damit von der Vergänglichkeit erlöst zu werden. Daher schließt Paulus mit den Worten: „Denn dieses Vergängliche muss Unvergänglichkeit anziehen und dieses Sterbliche Unsterblichkeit anziehen“ (Vers 53 ELB). Unsere vergänglichen oder verweslichen, sterblichen Körper werden nicht einfach ausrangiert oder dem Staub überlassen, sondern sie werden erlöst werden; sie werden Unvergänglichkeit und Unsterblichkeit *anziehen*. Damit besteht keinerlei Konflikt zwischen dem, was Paulus in 1. Korinther 15 über die Auferstehung schreibt, und dem, was die Evangelien oder gar die anderen Schriften von Paulus darüber zu sagen haben. Auch er war der Überzeugung, dass Christus in genau dem Körper, der gestorben war und begraben wurde, von den Toten auferstand. Auch er war der Überzeugung, dass Christi Auferstehungsleib immer noch der Körper eines Menschen war. Und er war der Überzeugung, dass Christi Auferstehungsleib herrlich, übernatürlich, unsterblich und in der Lage war, sowohl im Himmel als auch auf der Erde zu leben. Und genau das ist die Lehre, die wir überall im Neuen Testament finden.

WAHRHEIT:

Gläubige werden, wie Christus, zu einem herrlichen, unvergänglichen Leben auferweckt.

MYTHOS:

Auferstehung bedeutet Verwandlung in eine nicht menschliche Form des Lebens.

Kapitel 9

Es kann nicht schaden, die schlechte Nachricht noch mal zu wiederholen

So hart das manchem auch erscheinen mag, nicht jeder wird es schaffen.

Umfragen zeigen immer wieder, dass die weit überwiegende Mehrheit der Amerikaner an den Himmel glaubt und dass immerhin eine Mehrheit auch an die Hölle glaubt. Dabei überrascht natürlich nicht, dass fast jeder, der sich zum christlichen Glauben bekennt, auch von der Existenz des Himmels überzeugt ist. Was in unserer freizügigen Kultur des Leben-und-leben-Lassens jedoch durchaus überrascht, ist die Tatsache, dass etwa vier Fünftel dieser amerikanischen Christen, ganz gleich, ob theologisch konservativ oder liberal, auch von der Existenz der Hölle überzeugt sind. Noch überraschender ist, dass nach diesen Umfragen sogar zwei Fünftel der Amerikaner, die sich nicht als Christen bezeichnen, glauben, dass es eine Hölle gibt. Natürlich rechnen die meisten nicht damit, selbst einmal dort zu landen, obwohl sogar das bei einigen offenbar durchaus der Fall ist.[78]

In Wirklichkeit ist die Bandbreite dessen, was Menschen über die Hölle glauben, jedoch weit vielschichtiger und komplexer. Auch unter denen, die sich zum Glauben an Christus bekennen, gibt es eine Vielzahl von Meinungen zu der Frage, was mit den Bösen und Ungerechten geschehen wird. Hier nur eine kleine Auswahl:

- *Sie werden eine ewig währende Strafe erleiden.*
- *Sie werden eine zeitlich begrenzte Strafe erleiden und dann ausgelöscht werden.*
- *Sie werden einfach ausgelöscht.*
- *Sie werden eine zeitlich begrenzte Strafe erleiden und dann werden einige von ihnen gerettet.*
- *Sie werden eine zeitlich begrenzte Strafe erleiden und dann werden alle gerettet.*
- *Sie werden keinerlei Strafe erleiden, aber alle werden gerettet.*[79]

Die letzten beiden hier genannten Ansichten bezeichnet man als *Universalismus*, womit der Glaube gemeint ist, dass letztendlich jeder gerettet werden wird. Uns geht es hier im Besonderen um die Lehre, die gelegentlich auch christlicher Universalismus oder *Allversöhnung* genannt wird. Nach dieser Vorstellung hat der Tod von Jesus Christus am Kreuz die Rettung für absolut jeden Menschen bewirkt, ganz gleich, ob die betreffende Person dies nun in diesem Leben erkennt oder nicht. Unberücksichtigt lassen wollen wir hier die pluralistische Form des Universalismus, nach der alle Religionen Wege zur Versöhnung mit Gott sind, da diese Sichtweise sich nicht einmal ansatzweise auf die Lehren der Bibel berufen kann.[80]

In der Geschichte des christlichen Denkens wurde die Position der Allversöhnung immer nur von einer ausgesprochenen Minderheit vertreten.[81] Diese Tatsache allein beweist zwar noch nicht, dass die Sichtweise falsch sein muss, sie hat jedoch zur Folge, dass damit die Allversöhner in der Verpflichtung sind, Nachweise für ihren Standpunkt zu erbringen. Polykarp, Ignatius, Justin der Märtyrer, Theophil von Antiochien, Irenäus und Tertullian sind einige der bekannteren Christen des 2. Jahrhunderts, die an eine ewige Strafe für die Bösen glaubten. Die Lehre von der Allversöhnung tauchte dann zum ersten Mal im 3. Jahrhundert in Alexandria auf, wo Origenes (185-254) eine Form der Allversöhnung vertrat.[82] Der einzige andere bedeutende christliche Vertreter der Allversöhnungslehre in den ersten vier Jahrhunderten scheint Gregor von Nyssa (335-394) gewesen zu sein. In den folgenden Jahrhunderten finden wir die Allversöhnungslehre praktisch nicht mehr und nur Maximus Confessor (580-662) knüpft später noch einmal an diese Lehre an.[83] Die Blütezeit der Allversöhnungslehre folgte dann erst im 18. und 19. Jahrhundert, obwohl diese Lehre auch heute noch viele Befürworter hat.[84]

Wir sollten erwähnen, dass es auch beim christlichen Universalismus eine ganze Reihe verschiedener Ausformungen gibt. So sind sich zwar alle Anhänger der Allversöhnungslehre zum Beispiel darin einig, dass Gott letztendlich alle Menschen retten wird - über die Frage, ob Gott auch Satan und all seine dämonischen Anhänger retten wird, gibt es jedoch unterschiedliche Auffassungen. Eine gemäßigte Form der Allversöhnungslehre geht davon aus, dass am Ende jeder gerettet werden *könnte*, wir dies jedoch nicht mit Sicherheit wissen. Diese gemäßigte Form der Allversöhnungslehre sieht in den biblischen Warnungen vor der Hölle Warnungen vor einer Möglichkeit, von der die Allversöhner jedoch hoffen, dass sie nie Wirklichkeit werden wird. Für unsere Zwecke wollen wir den christlichen Universalismus als den Glauben daran definieren, dass alle Menschen in der gesamten Geschichte der Menschheit durch das erlösende Werk von Jesus Christus gerettet werden.

Argumente für die Allversöhnung

Die Argumente für den christlichen Universalismus beruhen in erster Linie auf Schlussfolgerungen aus bestimmten biblischen Lehren, von denen man annimmt, dass sie beinhalten, jeder Mensch werde gerettet. Dabei gibt es zwei herausragende Argumente, die wir uns näher ansehen wollen.

1.) Aus der Tatsache, dass Gott allliebend ist, schlussfolgern Allversöhner, dass er jeden retten *will*, wenn er *kann*, und da er allmächtig und allwissend ist, *kann* er jeden retten, wenn er *will*. Darum wird Gott mit Sicherheit einen Weg finden, jeden zu retten. Man könnte dies die „Argumentation aus Gottes Natur“ nennen. Diejenigen, die sich ein wenig mit Religionsphilosophie auskennen, werden in diesem Argument eine konzeptuelle Parallele zum so genannten Problem des Bösen sehen: Wenn Gott allmächtig ist, dann *könnte* er alles Böse unterbinden, und wenn Gott allliebend ist, dann würde er alles Böse unterbinden *wollen*. Warum also hat er es noch nicht getan? Beiden Argumenten liegt eine Reihe von Annahmen zu Grunde (z. B. dass wir wissen, wozu Gottes Liebe ihn antreibt), die (wie wir noch sehen werden) zum einen biblisch nicht gerechtfertigt und zum anderen ein logischer Zirkelschluss sind.

2.) Allversöhner argumentieren, dass Gott einen Weg gefunden hat, jeden zu retten. Nach der Allversöhnungslehre war der erlösende Tod von Jesus am Kreuz das Sühneopfer für die Sünden jedes einzelnen Menschen und darum wird auch jeder gerettet werden. Dieses Argument, das wir „Argument aus der Versöhnung durch Christus" nennen wollen, setzt ebenfalls eine Reihe von Annahmen voraus. Zum Beispiel die, dass der Tod von Christus überhaupt dazu gedacht war, die Errettung für jeden Menschen zu bewirken, eine Annahme, die man von der Bibel her durchaus infrage stellen kann.

Wir sind auch der Ansicht, dass Christus - in einem weiteren, allgemeinen Sinn - starb, um ein Versöhnungsopfer zu bringen, dass ausreicht, jede Sünde jedes Menschen zu bedecken. Ganz gewiss jedoch war sein Tod ausreichend, um für die Sünden von jedem einzelnen, der an ihn glaubt, zu bezahlen. In diesem Sinne gibt es für die rettende Kraft von Christi erlösendem Blut in der Tat keine Grenzen. Doch selbst Anhänger des christlichen Universalismus räumen ein, dass ein Mensch auf Gottes Gnade reagieren muss, um gerettet zu werden. Von diesem Standpunkt aus ist die Versöhnung jedoch begrenzt und entfaltet ihre rettende Wirksamkeit nur für jene, die umkehren und Gottes Gnade annehmen. Wie im Neuen Testament immer wieder betont wird, starb Christus in diesem engeren Sinne nicht in der Erwartung, damit die ganze Welt zu retten, sondern lediglich diejenigen, die ihm der Vater als seine „Schafe", sein Volk, gegeben hat. Nur für diese bedeutet sein versöhnender Tod ganz konkret die Errettung (siehe Matthäus 1,21; Johannes

10,11-16; 17,9.20; Apostelgeschichte 20,28; Römer 5,8; 1. Korinther 15,3; Epheser 5,25-27; Titus 2,14; Offenbarung 5,9).

Anhänger der Allversöhnunglehre fahren eine ganze Batterie von Belegstellen aus der Bibel auf, die ihre abgeleiteten Argumente untermauern sollen. In den meisten dieser Texte ist davon die Rede, „alle" Menschen oder „die Welt" seien Gegenstand von Gottes Liebe und seinem Erlösungswerk. So wird eine Vielzahl von Texten zitiert, um zu beweisen, dass Gott jeden Menschen retten möchte. Hier einige Beispiele: Johannes schreibt, dass Gott seinen Sohn gesandt hat, weil er „die Welt so geliebt hat" (Johannes 3,16). Paulus sagt, Gott „will, dass alle Menschen gerettet werden und zur Erkenntnis der Wahrheit kommen" (1. Timotheus 2,4 ELB) und Petrus sagt, dass Gott „nicht will, dass irgendwelche verloren gehen, sondern dass alle zur Buße kommen (2. Petrus 3,9 ELB).

Ergänzend zitieren Allversöhner eine Reihe von Texten, die belegen sollen, dass Gott dieses Ziel durch Christus erreicht. Johannes der Täufer preist Jesus als „das Lamm Gottes, das die Sünde der Welt wegnimmt!" (Johannes 1,29 ELB) und später bekennen einige Samariter, dass Jesus „der Retter der Welt ist" (Johannes 4,42 ELB). Wie Jesus selber sagt, will er, wenn er „erhöht" wird, „alle zu mir ziehen" (Johannes 12,32). Und Johannes erklärt in seinem ersten Brief, dass Jesus Christus „die Versöhnung für unsre Sünden (ist), nicht allein aber für die unseren, sondern auch für die der ganzen Welt" (1. Johannes 2,2).

Paulus erklärt, dass durch Christi Tod „für alle Menschen die Rechtfertigung gekommen (ist), die zum Leben führt (Römer 5,18). Später sagt er: „Gott hat alle eingeschlossen in den Ungehorsam, damit er sich aller erbarme (11,32). An anderen Stellen heißt es, „Denn wie sie in Adam alle sterben, so werden sie in Christus alle lebendig gemacht werden (1. Korinther 15,22); dass „Gott in Christus war und die Welt mit sich selbst versöhnte" (2. Korinther 5,19 ELB); dass eines Tages „alle Zungen bekennen, dass Jesus Christus der Herr ist, zur Ehre Gottes, des Vaters" (Philipper 2,11 SCHL); dass es Gott gefallen hat, durch Christus „alles mit sich selbst zu versöhnen“ (Kolosser 1,19-20 SCHL); dass Christus „sich selbst als Lösegeld für alle gab“ (1. Timotheus 2,6 ELB) oder dass Gott „ein Retter aller Menschen ist, besonders der Gläubigen“ (4,10 ELB).

Man kann all diese Verweise auf die Schrift zur Bestätigung der Lehre von der Allversöhnung zusammenfassen und mit drei Feststellungen darauf antworten.

1.) Wie man in vielen dieser Stellen bereits aus dem unmittelbaren Kontext zeigen kann, ist dort keine universelle Erlösung gemeint. Johannes 3,16 sagt zwar, Gott hat die Welt geliebt, aber es heißt dort nicht, die Welt geht nicht verloren, sondern dass „alle, die an ihn (den Sohn) glauben, nicht verloren werden“. Petrus Aussage, wonach Gott nicht will, dass jemand verloren werde, folgt unmittelbar auf die Warnung, es werde ein feuriger „Tag des Gerichts und des Verderbens der gottlosen Menschen“ kommen (Vers 7). Jesus sagt, dass er alle Menschen zu sich ziehen will (Johannes 12,32), kurz nachdem er gesagt hat: „Wer sein Leben lieb hat, der wird‘s verlieren; und wer sein Leben auf dieser Welt hasst, der wird‘s erhalten zum ewigen Leben“ (Vers 25).

Die Aussage, dass durch Christi Tod „für alle Menschen die Rechtfertigung gekommen (ist), die zum Leben führt“ (Römer 5,18) wird durch die unmittelbar davor stehende Aussage, dass jene, welche „die Fülle der Gnade und der Gabe der Gerechtigkeit empfangen ... im Leben durch den Einen, Jesus Christus“ herrschen, (Vers 17) konkretisiert. Wenn Paulus sagt, dass Gott in Christus „die Welt mit sich selbst versöhnte“ (2. Korinther 5,19 ELB), dann wissen wir, er wollte damit nicht ausdrücken, jeder einzelne Mensch in der Welt würde mit Gott versöhnt, weil der Apostel unmittelbar danach erklärt, sein Dienst bestehe unter anderem darin, die Menschen an Stelle von Christus zu ermahnen „Lasst euch versöhnen mit Gott“ (Vers 20).

2.) Durch einen genaueren Blick auf den Wortlaut und den Hintergrund dieser Aussagen erkennt man in vielen Fällen, dass sie in Wirklichkeit der Vorstellung einer Allversöhnung geradewegs widersprechen. Nehmen wir zum Beispiel Paulus’ Aussage, „Denn wie sie in Adam alle sterben, so werden sie in Christus alle lebendig gemacht werden" (1. Korinther 15,22). Allversöhner interpretieren hier hinein, durch Christus würden alle wieder lebendig gemacht werden. Paulus stellt hier jedoch gegenüber, was mit allen, die „in Adam" sind geschieht (sie „sterben") und was mit allen, die „in Christus" sind geschieht (sie „werden lebendig gemacht"). Er sagt nicht und meint auch nicht, dass absolut jeder jetzt oder irgendwann „in Christus" sein wird. Die Menschen, die „in Christus" sind, sind jene, die „in diesem Leben auf Christus gehofft haben" (Vers 19 ELB), von denen einige „in Christus entschlafen sind" (Vers 18). Durch ihren Glauben sind sie jene, „die Christus angehören" (Vers 23).

Paulus´ Aussage, dass „jedes Knie sich beuge ... und jede Zunge bekenne, dass Jesus Christus Herr ist, zur Ehre Gottes, des Vaters" (Philipper 2,10-11 ELB) ist eine Anspielung auf Jesaja 45,23, wo der Herr sagt, „Mir sollen sich alle Knie beugen und alle Zungen schwören". Im Kontext dieses Satzes lehrt Jesaja jedoch keineswegs die Allversöhnung, denn gleich darauf vergleicht er die, die „beschämt werden" mit jenen, die „im HERRN gerecht werden ... und sich seiner rühmen" (Verse 24-25). Auch Paulus verstand den Text auf diese Weise, denn er zitiert ihn im Römerbrief und kommentiert dann nicht etwa, dass jeder gerettet wird, sondern, dass „jeder von uns für sich selbst Gott Rechenschaft geben (wird)" (Römer 14,11-12).

3.) Die Wörter „alle" und „Welt" beziehen sich nicht zwangsläufig auf jedes einzelne menschliche Wesen in der Geschichte der Menschheit. Wie wir bereits gesehen haben, bedeutet in manchen Zusammenhängen „alle" nicht etwa „alle Menschen", sondern „alle Menschen, die in Christus sind", (1. Korinther 15,22), also all jene, die die Gabe der Errettung durch Christus „empfangen" (Römer 5,17-18). Die Wörter „alle" und „Welt" können in verschiedenen Zusammenhängen stehen, was die Allversöhnungslehre mit ihrer Interpretation nicht hinreichend berücksichtigt. So sind zum Beispiel jene „alle", die in den Ungehorsam eingeschlossen waren und nun Erbarmen empfangen, (Römer 11,32) nicht alle Personen, sondern alle Völker oder Nationen, sowohl Juden (Israel) als auch Nicht-Juden (Heiden) aller Art (Römer 11,25-32).[85]

Wo Johannes in seinen Schriften über die Rettung durch Christus und seinen Opfertod für „die Welt" schreibt, ist dies ein Hinweis auf die Bandbreite derer, die in aller Welt durch Christus erlöst werden, wozu Menschen aus allen Nationen und nichtjüdische Gläubige gehören. So steht das, was Johannes der Täufer gesagt hat (Johannes 1,29) im Kontrast zur religiösen Beschränktheit der jüdischen Führer (Verse 19-28). Das Bekenntnis der Samariter, dass Jesus „der Retter der Welt" ist (4,42), weist auf Jesu Bereitschaft hin, mit seinem Evangelium auch zu Menschen außerhalb des jüdischen Volkes zu gehen und vermutlich geben ähnliche Aussagen von Johannes in 1. Johannes 2,2 und 4,14 die gleiche Sichtweise wieder.

Die Argumente gegen Allversöhnung

Die Argumente gegen die Allversöhnung stützen sich auf eine Fülle biblischer Texte, insbesondere aus dem Neuen Testament, das dieses Thema aus einer Vielzahl verschiedener Blickwinkel beleuchtet. Wir wollen uns nur einige der prägnanteren Stellen in den Evangelien genauer ansehen und dabei zugleich aufzeigen, wie Allversöhner die Schrift verdrehen, um ihre Position zu untermauern.

1.) *Der breite Weg ins Verderben.* Es gibt eine Aussage von Jesus, die uns in zwei Evangelien in jeweils etwas anderem Zusammenhang überliefert ist, die deutlich zeigt, dass nicht jeder es schaffen wird. Es hat im Gegenteil sogar den Anschein, dass diese Texte die Zahl der Menschen, die gerettet werden auf eine Minderheit beschränken:

> *Geht hinein durch die enge Pforte! Denn weit ist die Pforte und breit der Weg, der zum Verderben führt, und viele sind, die auf ihm hineingehen. Denn eng ist die Pforte und schmal der Weg, der zum Leben führt, und wenige sind, die ihn finden. (Matthäus 7,13-14 ELB)*

In Lukas finden wir eine kürzere Version dieser Aussage als Antwort auf die Frage der Jünger: „Herr, sind es wenige, die gerettet werden?“ (Lukas 13,23 ELB). Jesus sagt darauf: „Ringt danach, durch die enge Pforte hineinzugehen; denn viele, sage ich euch, werden hineinzugehen suchen und werden es nicht können“ (Vers 24 ELB).

Nun könnte man beim Lukastext noch argumentieren, Jesus sage lediglich, dass es „viele“ sein werden, die verloren gehen, ohne genauer zu beziffern, wie „viele“ es im Verhältnis zur Anzahl derer, die gerettet werden, sind. In Matthäus stellt Jesus den „vielen“ die ins Verderben gehen, jedoch ausdrücklich „wenige“ gegenüber, die das Leben finden (Matthäus 7,13-14). Daraus geht offenbar auch hervor, dass die Zahl der Menschen, die verloren gehen, größer sein wird als die Zahl der Menschen, die gerettet werden.[86]

Wie jedenfalls völlig außer Zweifel steht, lehrt Jesus hier, dass nicht jeder das Tor oder den Pfad zum Leben findet. Offenbar interpretieren Anhänger der Allversöhnungslehre in diese Aussagen hinein, viele Menschen würden den Weg zum Leben zwar nicht finden *bevor sie sterben*, jedoch jeder, der ihn in diesem Leben verpasst, fände ihn irgendwann nach dem Tod. Allerdings stellt Jesus hier denen, die den Weg in diesem Leben finden nicht jene gegenüber, die ihn im nächsten Leben finden werden, sondern jene, die den Weg des Verderbens gehen. Der hier aufgestellte Gegensatz wäre völlig sinnlos, wenn am Ende sowieso jeder den Weg zum Leben findet. Im weiteren Kontext fährt Jesus fort und warnt seine Anhänger, dass nicht jeder „in das Himmelreich kommen“ wird und dass er „vielen“, die behaupten, seine Anhänger zu sein, sagen wird „weicht von mir“ (Matthäus 7,21-23).

2.) *Die unvergebbare Sünde.* Nachdem Jesus aus einem Mann einen Dämon ausgetrieben hat, beschuldigen ihn seine religiösen Gegner, ein Handlanger Satans zu sein, ja, für die Durchführung dieses Exorzismus mit dem Teufel im Bunde zu stehen. Jesus verurteilt ihre Lüge auf die schärfste nur denkbare Weise.

Darum sage ich euch: Alle Sünde und Lästerung wird den Menschen vergeben; aber die Lästerung gegen den Geist wird nicht vergeben. Und wer etwas redet gegen den Menschensohn, dem wird es vergeben; aber wer etwas redet gegen den Heiligen Geist, dem wird's nicht vergeben, weder in dieser noch in jener Welt. (Matthäus 12,31-32)

Jesus stellt hier ausdrücklich den Sünden die „vergeben werden" eine Sünde gegenüber, die „nicht vergeben wird". Einige Allversöhner argumentieren nun, dass dieser Gegensatz lediglich eine hebräische Redensart sei, die bedeutet, dass es bei der einen Sünde weit schwieriger sein wird, Vergebung zu erlangen als bei den anderen. Zur Illustration dieser Redensart zitieren sie Jesus mit den Worten, „Himmel und Erde werden vergehen; aber meine Worte werden nicht vergehen" (Matthäus 24,35), und argumentieren, dass dies „nicht bedeutet, dass Himmel und Erde tatsächlich vergehen werden, sondern dass seine Worte sogar noch mehr Bestand haben als diese. Es handelt sich um eine nachdrückliche Bekräftigung, dass seine Worte sich erfüllen werden."[87]

Der Vergleich hinkt jedoch. Wenn sich beide Aussagen wirklich der gleichen Redensart bedienen würden, müsste Matthäus 12,32 dann nicht bedeuten, dass andere Sünden nicht wirklich vergeben werden, während die Lästerung des Heiligen Geistes auf gar keinen Fall vergeben wird? Nehmen wir jetzt nur einmal an, dass „Himmel und Erde werden vergehen; aber meine Worte werden nicht vergehen (Matthäus 24,35) tatsächlich bedeutet, Himmel und Erde *würden* eher vergehen als die Worte, die Jesus gesprochen hat. Wenn in Matthäus 12 tatsächlich die gleiche Redensart vorliegt, dann würde „wer etwas redet gegen den Menschensohn, dem wird es vergeben; aber wer etwas redet gegen den Heiligen Geist, dem wird's nicht vergeben" (Matthäus 12,32) doch bedeuten, dass derjenige, der etwas gegen den Menschensohn sagt, eher Vergebung erlangt, als derjenige, der etwas gegen den Heiligen Geist sagt. Das scheint jedoch für die Position der Allversöhnung auch nicht allzu viel zu bringen.

3.) *Besser niemals geboren zu sein.* Beim letzten Abendmahl musste Jesus über Judas Ischariot Folgendes sagen: „Weh dem Menschen, durch den der Menschensohn verraten wird! Es wäre für diesen Menschen besser, wenn er nie geboren wäre“ (Matthäus 26,24; Markus 14,21).

John Blanchard

Alle Wege zur Hölle sind Einbahnstraßen. Für die Vorstellung, dass diejenigen, die dort hingehen am Ende befreit und mit dem Rest der Menschheit im Himmel vereinigt werden, gibt es nicht den Funken einer biblischen Grundlage.[88]

J. I. Packer kommentiert dazu: „Die Allversöhnung jedoch muss respektvoll davon Abstand nehmen, dieses Gerichtswort von Jesus hier ernst zu nehmen, zumindest nicht in seiner offensichtlichen Bedeutung, da sie selbst ja erwarten, dass Judas gerettet wird.“[89] Dem kann man nur zustimmen. Allversöhner vergleichen Jesu Warnung hier manchmal mit Hiobs Klage, dass er am liebsten niemals geboren wäre (Hiob 3,3). Es fällt jedoch schwer, diesen Vergleich ernst zu nehmen: Bei Hiob handelt es sich um ein Klagegedicht, in dem er sich bitterlich und überschwänglich beklagt, während Jesus ein schauriges, prophetisches „Wehe“ über seinen Verräter ausspricht.

4.) *Ewige Bestrafung.* Am Ende seines Gleichnisses von den Schafen und den Böcken sagt Jesus, „diese (die Böcke) werden hingehen zur ewigen Strafe, die Gerechten aber in das ewige Leben“ (Matthäus 25,46). Allversöhner haben eine Menge Tinte verbraucht (und füllen heute eine Menge Speicherplatz im Internet) um zu belegen, dass das griechische Wort *aiõnion* weder mit „ewig“ noch mit „immer während“ übersetzt werden sollte. Sie heben, richtigerweise, hervor, dass das Wort in manchen Zusammenhängen auch „von unbefristeter oder unbestimmter Dauer“ statt ausdrücklich „für immer" bedeutet. Da das Wort ein Adjektiv des Substantivs *aiõn* ist, was „Zeitalter" bedeutet, argumentieren sie, dass *aiõnion* so viel wie „ein Zeitalter lang" oder „des (kommenden) Zeitalters" bezeichnet.[90] Sie schließen dann, Jesus verspreche in Matthäus 25,46, seine treuen Anhänger würden sich im kommenden Zeitalter des Lebens erfreuen, während die Bösen im selben Zeitalter Bestrafung erleiden würden. Sie behaupten weiter, dass diese „Bestrafung" korrigierenden oder züchtigenden Charakter haben wird, sodass diejenigen, die bestraft werden, schließlich umkehren und gerettet werden.

Das Argument der Allversöhner erkennt hier zwar die Farbe der Rinde, aber nicht den Baum. Im Zusammenhang mit Bündnissen oder rechtlichen Vereinbarungen war *aiõnion* stets so etwas wie unser rechtlicher Fachbegriff „auf Dauer" oder „auf unbestimmte Zeit" und wurde normalerweise in Begriffen wie „ewiger Bund" oder „ewige Ordnung" verwendet. Die überwiegende Zahl der Vorkommen im griechischen Alten Testament, die meisten davon in den Gesetzesteilen der Fünf Bücher Mose, fallen in diese Kategorie.[91] Ungefähr ein Dutzend Mal taucht das Wort zudem in hyperbolischer Verwendung in der Übersetzung hebräischer Poesie in Ausdrücken wie „Weg der Vorzeit" oder „ewige Pforten" auf.[92] In anderem Zusammenhang bedeutet es jedoch durchaus ganz konkret „ewig", zum Beispiel, wenn es für Gott verwendet wird („ewiger Gott", 1. Mose 21,33; Jesaja 26,4; 40,28).

Für unser Thema relevant ist jedoch insbesondere die Verwendung von *aiõnion* im Zusammenhang mit Gottes zukünftigen Plänen für die Menschheit (Fachleute nennen dies einen *eschatologischen*, d. h. die letzten Dinge betreffenden, Zusammenhang). So blickt Jesaja zum Beispiel auf eine Zukunft, in der Israel „ewige Rettung" finden und „in alle Ewigkeiten" (wörtl. „zu dem Zeitalter") nicht mehr zuschanden werden wird (Jesaja 45,17). Oder der Herr verspricht, dass er für sein Volk ein „ewiges Licht" sein wird (60,19.20; 61,7). Im Gegensatz dazu werden nach Jeremia die falschen Propheten, die Jerusalem belogen haben „ewige Schande und ewige Schmach ... die nie vergessen werden soll" erleiden. Daniel spricht davon, dass die Macht und das Reich des Sohnes eines Menschen „ewig“ sein werden und „kein Ende“ haben (Daniel 7,14.27). Auch erwartet der Prophet die Aufrichtung einer „ewigen Gerechtigkeit“ (9,24). Auf dem Höhepunkt seiner Prophetien verwendet Daniel dann dasselbe Wort, um zu beschreiben, welche Zukunft die Verstorbenen erwartet:

> *Und viele von denen, die im Staub der Erde schlafen, werden aufwachen; die einen zum ewigen Leben, die anderen zur ewigen Schmach und Schande. Und die Verständigen werden leuchten wie der Glanz der Himmelsausdehnung, und die, welche die Vielen zur Gerechtigkeit weisen, wie die Sterne immer und ewiglich* ***(eis ton aiõna tou aiõnos*** *- in das Zeitalter der Zeitalter). (Daniel 12,2-3)*

Hier möchten wir Sie auf eine Reihe wichtiger Punkte aufmerksam machen.

a.) Der eschatologische Zusammenhang mit der zukünftigen Auferstehung und die Art und Weise wie *aiõnion* an früheren Stellen der griechischen Übersetzung von Daniel verwendet wird, machen deutlich, dass das Wort hier „für immer“ oder „ewig“ bedeutet, und nicht nur „dauerhaft“ oder für eine unbestimmte Zeitspanne. Diese Schlussfolgerung wird zudem durch die abschließende Bekräftigung mit Hilfe des Ausdrucks „in das Zeitalter der Zeitalter“, was im Deutschen oft mit „immer und ewig“ übersetzt wird, unterstrichen.

b.) Es ist deutlich, dass Jesu Aussage in Matthäus 25,46 sich auf diesen Text bezieht. Daniel sagt, dass einige „zum ewigen Leben“ auferweckt werden, andere dagegen „zur ewigen Schmach und Schande“. Der Richter, der entscheiden wird, wen welche Zukunft erwartet, ist der „Menschensohn“, wenn er „in seiner Herrlichkeit“ kommt, um „alle Völker“ zu richten (25,31-32), von dem das Buch Daniel sagt, dass er „ewige“ Herrschaft, Ehre und Königtum über „alle Völker“ haben wird (Daniel 7,14.27).

Wenn wir erst einmal verstanden haben, wie das Wort *aiõnion* in der prophetischen Rede der Bibel über die Zukunft aller Menschen verwendet wird und dazu auch sehen, dass die Aussage von Jesus sich auf Daniel bezieht, dann wird klar, dass „*aiõnion* Bestrafung“ „ewige Bestrafung“ bedeutet - die Schande, Verachtung und Scham, die im kommenden Zeitalter auf die Unerlösten warten. Nach biblischem Denken ist die Zeit zur Umkehr, zum Glauben und zur Hinwendung zu Gott in diesem Zeitalter; im kommenden Zeitalter wird es zu spät sein.

WAHRHEIT:

Errettung ist für „jeden, der will" zugänglich.

MYTHOS:

Jeder Mensch „will".

Kapitel 10

Gehen Sie einfach nicht dort hin!

Jesus zeigte den Weg, indem er lehrte,
dass böse Engel und böse Menschen in die Hölle kommen.

Wie wir im letzten Kapitel festgestellt haben, wird nicht jeder gerettet werden. Es wird einfach Menschen geben, die sich nicht des ewigen Lebens in Gottes Gegenwart erfreuen werden. In unseren Argumenten gegen die Lehre von der Allversöhnung haben wir bereits einige Belege dafür gesehen, dass die Bibel von einer ewigen Strafe spricht. Wir haben jedoch noch nicht gezeigt, was das eigentlich bedeutet. Viele Menschen finden heutzutage schon die Vorstellung von einer Hölle anstößig und unterstellen, sie sei von Kirchenleitern erfunden worden, um die Menschen „bei der Stange zu halten".

Wenn wir verstehen wollen, was die Bibel über die Hölle lehrt, müssen wir zunächst einmal lesen, was sie darüber sagt. In diesem Kapitel werden wir uns daher die wichtigsten Stellen im Neuen Testament ansehen, die etwas mit der Hölle zu tun haben. Dabei wollen wir zunächst gar keine lehrmäßigen Schlussfolgerungen ziehen, sondern uns einfach einen allgemeinen Überblick verschaffen. Wir werden sehen, dass der Glaube an die Hölle keine Erfindung der Kirche war, sondern von Jesus und den Aposteln gelehrt wurde.

Gehenna: Die feurige Hölle

Alle Erwähnungen der *Gehenna* (dem einzigen Wort, das korrekterweise mit Hölle zu übersetzen ist) im Neuen Testament stammen bis auf eine von Jesus und stehen in den synoptischen Evangelien. Als eine Erwiderung auf die Lehre der Rabbiner, dass Mörder sich vor Gericht verantworten müssen, sagt Jesus zum Beispiel, „dass jeder, der seinem Bruder zürnt“ oder ihn beleidigt, sich vor Gericht verantworten muss, „wer aber sagt: Du Narr!, der Hölle des Feuers verfallen sein wird“ (Matthäus 5,21-22 ELB). Im weiteren Verlauf warnt Jesus seine Zuhörer, Streitigkeiten mit ihren Mitgläubigen möglichst schnell beizulegen oder sich der Möglichkeit zu stellen „ins Gefängnis geworfen“ zu werden, wo sie bleiben würden, bis sie auch „den letzten Pfennig“ bezahlt hätten (5,25-26; siehe auch Lukas 12,58-59).

Diese Warnung scheint sich auf die Hölle zu beziehen, denn Jesus fährt fort indem er warnt, es wäre, wenn Ihr Auge oder Ihre Hand Sie zur Sünde verführt, besser, „dass eins deiner Glieder verderbe und nicht der ganze Leib in die Hölle geworfen werde“ (Matthäus 5,29; bzw. „in die Hölle fahre“, Vers 30). Einen ähnlichen Gedanken finden wir am Ende von Jesu Gleichnis von dem Knecht, der nicht vergeben will: „Und sein Herr wurde zornig und überantwortete ihn den Peinigern, bis er alles bezahlt hätte, was er ihm schuldig war“ (18,34). Für den Fall, dass nicht klar geworden sein sollte, dass es hier um die Hölle geht, betont Jesus anschließend noch einmal, dass sein himmlischer Vater das Gleiche mit denen machen wird, die ihrem Bruder nicht vergeben (Vers 35).

Auch an anderen Stellen erklärt Jesus, es wäre besser, einzelne Körperteile aufzugeben, als in die Hölle zu gehen. „Es ist besser für dich, dass du einäugig zum Leben eingehst, als dass du zwei Augen hast und wirst in das höllische Feuer geworfen“ (Matthäus 18,9). Bei einer anderen Gelegenheit warnte Jesus, dass jeder, der einem „dieser Kleinen“ zum Anstoß würde, besser dran wäre, wenn man ihn mit einem Mühlstein um den Hals im Meer versenkte und fügt dann an, es wäre, wenn Ihre Hand Sie zur Sünde verführt, besser, die Hand abzuschneiden und „verkrüppelt in das Leben einzugehen“ als die Hand zu behalten und „mit zwei Händen in die Hölle zu kommen, in das unauslöschliche Feuer“ (Markus 9,42-45 ELB). Jesus beschließt diese Reihe von Warnungen mit einer noch anschaulicheren Darstellung: Es wäre besser „einäugig in das Reich Gottes hineinzugehen, als ... in die Hölle geworfen zu werden, ‚wo ihr Wurm nicht stirbt und das Feuer nicht erlischt' „ (9,47-48 ELB).

In thematisch verwandten Aussagen, die wir schon früher, in Kapitel 5, besprochen haben, ermahnt Jesus seine Anhänger, nicht die Menschen zu fürchten, weil sie nur den Körper töten können. Vielmehr, so sagt er, sollten sie den fürchten, „der Leib und Seele verderben kann in der Hölle" (Matthäus 10,28)

Jesus Christus

Geht weg von mir, ihr Verfluchten, in das ewige Feuer, das bereitet ist dem Teufel und seinen Engeln! (Matthäus 25,41)

oder, wie es bei Lukas heißt, „Fürchtet euch vor dem, der, nachdem er getötet hat, auch Macht hat, in die Hölle zu werfen" (Lukas 12,5). In seinem schärfsten Angriff gegen die Pharisäer nennt Jesus jeden Bekehrten, den die Pharisäer machten, ein „Kind der Hölle, doppelt so schlimm wie ihr" und stellt die rhetorische Frage, „Wie wollt ihr der höllischen Verdammnis entrinnen?" (Matthäus 23,15.33).

Schließlich finden wir auch noch bei Jakobus eine interessante Bemerkung zur Gehenna. Er schreibt, „Auch die Zunge ist ein Feuer" das das ganze Leben eines Menschen in Brand steckt und das „selbst von der Hölle entzündet" ist (Jakobus 3,6).

Ein ewiges Feuer für den Teufel

Im Zusammenhang mit der vorhin zitierten Aussage, in der es darum geht, „in das höllische Feuer geworfen zu werden" (Matthäus 18,9), warnt Jesus, es sei besser, „lahm oder verkrüppelt zum Leben einzugehen ... als in das ewige Feuer geworfen zu werden" (Vers 8). Hier macht Jesus deutlich, dass das „ewige Feuer" dem Feuer der Gehenna entspricht. Später sagt Jesus in einer Prophetie über das kommende Jüngste Gericht, der Sohn des Menschen werde die Schafe von den Böcken trennen. Zu den Schafen wird er sagen, „Kommt her, ihr Gesegneten meines Vaters, ererbt das Reich, das euch bereitet ist von Anbeginn der Welt!" (25,34). Zu den Böcken aber wird er sagen, „Geht weg von mir, ihr Verfluchten, in das ewige Feuer, das bereitet ist dem Teufel und seinen Engeln!" (Vers 41). Dann beschließt er die Prophetie mit den Worten „Und sie werden hingehen: diese zur ewigen Strafe, aber die Gerechten in das ewige Leben" (Vers 46). Auch bei Judas findet sich ein Hinweis auf das ewige Feuer, wenn er erklärt, dass Sodom und Gomorra, die mit Feuer zerstört wurden, „als ein Beispiel vorliegen, indem sie die Strafe des ewigen Feuers erleiden" (Judas 7 ELB).

Doch es gibt in den Evangelien noch weitere Verweise auf das Feuer, die wir hier kurz erwähnen sollten. So warnen Johannes der Täufer und Jesus beide, dass jeder Baum, der keine gute Frucht bringt „abgehauen und ins Feuer geworfen" wird (Matthäus 3,10; 7,19; Lukas 3,9; vgl. auch Johannes 15,6). In einem ähnlichen Bild warnt Johannes, dass der Messias „seinen Weizen in die Scheune sammeln; aber die Spreu mit unauslöschlichem Feuer verbrennen wird" (Matthäus 3,12; Lukas 3,17). Als er eines seiner Gleichnisse erläutert, sagt Jesus, dass Engel die Ungerechten sammeln werden und sie „werden sie in den Feuerofen werfen; da wird Heulen und Zähneklappern sein" (Matthäus 13,42.50).

Die äußere Finsternis

Das „Heulen und Zähneklappern" erwähnt Jesus auch dort, wo er die Hölle als „äußere Finsternis" beschreibt. Es muss für die zuhörenden Juden wie ein Skandal geklungen haben, als er verkündete, dass manche Heiden aus weit entfernten Ländern im Königreich der Himmel willkommen geheißen werden, während manche Juden, die ja „Söhne des Reiches" waren, „hinausgeworfen werden in die äußere Finsternis; da wird das Weinen und das Zähneknirschen sein" (Matthäus 8,12 ELB, ähnlich Lukas 13,28). In einem Gleichnis berichtet

Jesus von einem Hochzeitsfest für den Sohn des Königs und erwähnt einen Mann, der dort ohne Hochzeitsgarderobe auftaucht. Daraufhin befiehlt der König seinen Dienern: „Bindet ihm Füße und Hände, und werft ihn hinaus in die äußere Finsternis; da wird das Weinen und das Zähneknirschen sein. Denn viele sind Berufene, wenige aber Auserwählte" (22,13-14 ELB). In einem anderen Gleichnis warnt Jesus, dass der Herr eines Knechts, der seine Befehle nicht ausführt, schließlich befiehlt: „Und den unnützen Knecht werft hinaus in die äußere Finsternis; da wird das Weinen und das Zähneknirschen sein" (25,30 ELB).

An anderen Stellen verwendet Jesus zwar nicht den Ausdruck „äußere Finsternis", spricht aber in ähnlicher Weise über das Schicksal der Ungerechten. So werden einige von denen, die behaupten ihm nachzufolgen, darum bitten, in seine Gegenwart treten zu dürfen, doch sie werden zu hören bekommen: „Weicht von mir" (Matthäus 7,23; Lukas 13,27; vgl. wie vorhin zitiert Matthäus 25,41) oder ihnen wird schlicht der Zutritt verwehrt werden (Matthäus 25,11-12).

In einem Gleichnis erzählt Jesus, dass der Herr eines bösen Sklaven „ihn in Stücke hauen lassen und ihm sein Teil geben (wird) bei den Heuchlern; da wird sein Heulen und Zähneklappern" (Matthäus 24,51). In einer Parallelstelle heißt es, dass der Herr des Sklaven „ an einem Tage (kommen wird), an dem er's nicht erwartet, und zu einer Stunde, die er nicht kennt, und wird ihn in Stücke hauen lassen und wird ihm sein Teil geben bei den Ungläubigen. Der Knecht aber, der den Willen seines Herrn kennt, hat aber nichts vorbereitet noch nach seinem Willen getan, der wird viel Schläge erleiden müssen. Wer ihn aber nicht kennt und getan hat, was Schläge verdient, wird wenig Schläge erleiden" (Lukas 12,46-48).

Auch von den gefallenen Engeln heißt es, dass sie in die Finsternis verbannt werden und einige von ihnen sind sogar schon dort. „Auch die Engel, die ihren himmlischen Rang nicht bewahrten, sondern ihre Behausung verließen, hat er für das Gericht des großen Tages festgehalten mit ewigen Banden in der Finsternis" (Judas 6). Oder wie Petrus es ausdrückt, „Denn Gott hat selbst die Engel, die gesündigt haben, nicht verschont, sondern hat sie mit Ketten der Finsternis in die Hölle gestoßen und übergeben, damit sie für das Gericht festgehalten werden“ (2. Petrus 2,4).

Christopher W. Morgan

Die zukünftige Strafe wird von **jedem** Autor des Neuen Testaments in irgendeiner Weise angesprochen. Matthäus, Markus, Lukas, Johannes, Paulus, Jakobus, Petrus, Judas und der unbekannte Schreiber des Hebräerbriefs erwähnen sie in ihren Schriften. Das kann man nicht von vielen wichtigen Wahrheiten sagen.[93]

Das Verb, das in 2. Petrus 2,4 mit „in die Hölle gestoßen“ übersetzt wird, lautet *tartaroõ*, ein Wort, das wir in der Bibel nur an dieser einen Stelle finden. Es wird von *Tartaros* abgeleitet, was in der griechischen Mythologie der Name für einen dunklen Abgrund ist. Man sagte vom Tartarus, dass er so weit unter der Erde sei - manche sagen sogar noch unter dem Hades - wie die Erde unter dem Himmel. Nach griechischer Mythologie wurden hier die Titanen, übernatürliche, dämonenartige Giganten, gefangen gehalten. Erst die Römer fügten diesem Mythos dann noch hinzu, dass auch die bösen Menschen in den Tartarus gingen. Kurz gesagt, war der Tartarus die griechisch-römische Entsprechung zur Hölle. Petrus war kein Anhänger dieser Mythen, aber er benutzt den Begriff des Tartarus, um das Gericht über die gefallenen Engel - und ebenso über die bösen Menschen - zu beschreiben.

Wenn Gott den Engeln diese Strafe nicht erspart und in der Vergangenheit auch bei anderen Gelegenheiten Gericht geübt hat (2. Petrus 2,4-8), dann vermag er auch „die Ungerechten festzuhalten für den Tag des Gerichts, um sie zu strafen“ (Vers 9), fährt Petrus dann fort zu erklären. Die ausgesprochen Bösen werden „in ihrer Verdorbenheit ebenfalls verdorben; als Vergeltung für ihre Übeltaten wird ihnen ebenfalls Übles angetan (Verse 12-13, eigene Übersetzung der Verfasser); „für sie ist die dunkelste Finsternis bestimmt" (Vers 17 EÜ).

Ewiges Verderben

Jesus und die Schreiber des Neuen Testaments beschreiben des letzte Gericht über die Bösen oft mit Formen des griechischen Wortes *apollymi*, das vielfach mit „Verderben" übersetzt wird. Die genaue Bedeutung dieses Wortes werden wir im nächsten Kapitel besprechen. An dieser Stelle wollen wir lediglich die Schlüsselstellen zu diesem Thema (von denen wir uns einige schon zuvor angesehen haben) zur Kenntnis nehmen. Jesus warnt, dass nur wenige den Weg zum Leben finden, während viele den Weg wählen werden, „der zum Verderben" führt (Matthäus 7,13-14 ELB). Er sagt seinen Jüngern „fürchtet euch aber viel mehr vor dem, der Leib und Seele verderben kann in der Hölle" (10,28). Paulus beschreibt die Bösen als „Gefäße des Zorns, die zum Verderben bestimmt waren" (Römer 9,22). Der Apostel Petrus vergleicht die Flut, bei der „die damalige Erde infolge einer Wasserflut zugrundeging" mit einem zukünftigen Gericht - es wird unter anderem die jetzige Erde für das „Feuer bewahrt bis zum Tag des Gerichts und des Verderbens der gottlosen Menschen" (2. Petrus 3,6-7 SCHL). Paulus gebraucht daneben noch ein ähnliches Wort, *olethron*, um das Gericht über die Bösen zu beschreiben: „Wenn sie sagen werden: Es ist Friede, es hat keine Gefahr-, dann wird sie das Verderben (*olethron*) schnell überfallen wie die Wehen eine schwangere Frau und sie werden nicht entfliehen (1. Thessalonicher 5,3). In einer der wichtigsten Passagen zu diesem Thema versichert Paulus Christen, die Verfolgung zu erleiden haben:

> *Denn es entspricht der Gerechtigkeit Gottes, denen mit Bedrängnis zu vergelten, die euch bedrängen, euch aber, den Bedrängten, zusammen mit uns Ruhe zu schenken, wenn Jesus, der Herr, sich vom Himmel her offenbart mit seinen mächtigen Engeln in loderndem Feuer. Dann übt er Vergel-*

tung an denen, die Gott nicht kennen und dem Evangelium Jesu, unseres Herrn, nicht gehorchen. Fern vom Angesicht des Herrn und von seiner Macht und Herrlichkeit müssen sie sein, mit ewigem Verderben **(olethron)** *werden sie bestraft ..." (2. Thessalonicher 1,6-9 EÜ).*

Ein Tod schlimmer als der Tod

Das Wort *apollymi* und davon abgeleitete Formen werden außerdem häufig gebraucht, wenn davon die Rede ist, dass jemand seine Seele oder sein Leben in Gottes Gericht „verliert". In einem seiner berühmten paradoxen Aussprüche, den Jesus bei verschiedenen Gelegenheiten wiederholt hat, warnt Jesus, dass diejenigen, die versuchen ihr Leben zu bewahren oder zu retten, es „verlieren" werden, während die, die ihr Leben um seinetwillen „verlieren", es finden (Matthäus 10,39; 16,25-26; Markus 8,35-36; Lukas 9,24-25; 17,33). Im Johannesevangelium wird darüber hinaus die ewige Dimension dieses Ausspruchs deutlich: „Wer sein Leben liebt, verliert es; und wer sein Leben in dieser Welt hasst, wird es zum ewigen Leben bewahren" (Johannes 12,25 ELB).

Bei anderen Gelegenheiten, wo es um das Gericht über die Bösen geht, wird dieses Wort häufig mit „verloren gehen" übersetzt, so auch im meist zitierten Vers der Bibel: „Denn also hat Gott die Welt geliebt, dass er seinen eingeborenen Sohn gab, damit alle, die an ihn glauben, nicht verloren werden, sondern das ewige Leben haben" (Johannes 3,16). Was immer verloren werden im Einzelnen bedeutet, es heißt jedenfalls, das man sein Leben verliert, in diesem Fall das ewige Leben. Das Buch der Offenbarung bezeichnet das zukünftige Gericht über die Bösen als „den zweiten Tod". Wir finden dort die Verheißung, dass diejenigen, die durch den Glauben überwinden „keinen Schaden erleiden von dem zweiten Tod" (Offenbarung 2,11 ELB). Jeder, „der teilhat an der ersten Auferstehung", ist selig, denn „über diese hat der zweite Tod keine Macht" (20,6). Dabei ist dieser „zweite Tod" kein leiser Übergang in die Nacht, sondern: „dies ist der zweite Tod, der Feuersee" (20,14 ELB, siehe auch 21,8).

Der Feuersee

Zu den bekanntesten und wichtigsten Aussagen über die Hölle gehören die Stellen in der Offenbarung, wo vom „Feuersee“ oder „feurigen Pfuhl“ die Rede ist:

> *Wenn jemand das Tier anbetet und sein Bild und nimmt das Zeichen an seine Stirn oder an seine Hand, der wird von dem Wein des Zornes Gottes trinken, der unvermischt eingeschenkt ist in den Kelch seines Zorns, und er wird gequält werden mit Feuer und Schwefel vor den heiligen Engeln und vor dem Lamm. Und der Rauch von ihrer Qual wird aufsteigen von Ewigkeit zu Ewigkeit; und sie haben keine Ruhe Tag und Nacht. (Offenbarung 14,9-11)*
>
> *Und das Tier wurde ergriffen und mit ihm der falsche Prophet, der vor seinen Augen die Zeichen getan hatte, durch welche er die verführte, die das Zeichen des Tieres angenommen und das Bild des Tieres angebetet hatten. Lebendig wurden diese beiden in den feurigen Pfuhl geworfen, der mit Schwefel brannte. (19,20)*
>
> *Und der Teufel, der sie verführte, wurde in den Feuer- und Schwefelsee geworfen, wo sowohl das Tier als auch der falsche Prophet sind; und sie werden Tag und Nacht gepeinigt werden von Ewigkeit zu Ewigkeit.*
>
> *... Und der Tod und der Hades wurden in den Feuersee geworfen. Dies ist der zweite Tod, der Feuersee. Und wenn jemand nicht geschrieben gefunden wurde in dem Buch des Lebens, so wurde er in den Feuersee geworfen. (20,10.14-15 ELB)*
>
> *Aber die Feiglinge und Treulosen, die Befleckten, die Mörder und Unzüchtigen, die Zauberer, Götzendiener und alle Lügner - ihr Los wird der See von brennendem Schwefel sein. Dies ist der zweite Tod. (21,8 EÜ)*

Auch wenn Jesus selbst den Ausdruck „Feuersee“ nicht gebrauchte, so passt diese Vorstellung doch zu seiner Lehre. Es ist ein Ort, an den die Bösen zusammen mit dem Teufel geschickt werden; es ist eine Art von Tod; es wird als Ort voller Feuer beschrieben; es ist die Manifestation von Gottes Zorn (siehe unten); und es währt für immer. In all diesen Aspekten gibt das Buch der Offenbarung die Lehre von Jesus wieder.

Der Zorn Gottes

Wie wir bereits gesehen, spricht das Neue Testament im Zusammenhang mit dem Jüngsten Gericht eindeutig von Gottes Zorn:

- *Johannes der Täufer spricht vom „künftigen Zorn“ (Matthäus 3,7; Lukas 3,7)*
- *Jesus schreibt, dass der Herr, der seinen nicht vergebungsbereiten Knecht ins Gefängnis warf, „zornig“ wurde (Matthäus 18,34).*
- *Jesus warnt: „Wer aber dem Sohn nicht gehorsam ist, der wird das Leben nicht sehen, sondern der Zorn Gottes bleibt über ihm. (Johannes 3,36)*
- *Die Unbußfertigen häufen sich selbst „Zorn an auf den Tag des Zorns und der Offenbarung des gerechten Gerichtes Gottes“ der mit sich bringen wird „Ungnade und Zorn ... Trübsal und Angst“. (Römer 2,5.8-9)*
- *Paulus beschreibt die Bösen als „Gefäße des Zorns“ (Römer 9,22).*
- *Bevor wir umkehrten und an Christus glaubten waren wir „Kinder des Zorns von Natur wie auch die andern“ (Epheser 2,3).*
- *Wegen ihrer Sünden „kommt der Zorn Gottes über die Kinder des Ungehorsams“ (Kolosser 3,6; Epheser 5,6).*
- *Paulus bezeichnet Jesus als denjenigen, „der uns von dem zukünftigen Zorn errettet“ (1. Thessalonicher 1,10; siehe auch Römer 5,9; 1. Thessalonicher 5,9).*
- *In der Offenbarung versuchen sich die Bösen und Ungerechten vergeblich zu verbergen „vor dem Angesicht des-*

sen, der auf dem Thron sitzt, und vor dem Zorn des Lammes! Denn es ist gekommen der große Tag ihres Zorns und wer kann bestehen?" (Offenbarung 6,16-17).

- *Die Offenbarung warnt, dass die Bösen und Ungerechten „von dem Wein des Zornes Gottes trinken, der unvermischt eingeschenkt ist in den Kelch seines Zorns" (Offenbarung 14,10).*
- *Jesus Christus ist der Vermittler von Gottes Zorn: „Und aus seinem Mund geht ein scharfes Schwert hervor, damit er mit ihm die Nationen schlage; und er wird sie hüten mit eisernem Stab, und er tritt die Kelter des Weines des Grimmes des Zornes Gottes, des Allmächtigen" (Offenbarung 19,15 ELB).*

Wenn Sie nun meinen, dieses ganze Gerede von Gottes Zorn wirke so, als sollte es den Menschen Angst machen, dann haben Sie völlig Recht. Der Hebräerbrief sagt über jene, die die Wahrheit über Christus bewusst ablehnen, nachdem sie davon gehört haben, dass sie „hinfort kein andres Opfer mehr für die Sünden (haben), sondern nichts als ein schreckliches Warten auf das Gericht und das gierige Feuer, das die Widersacher verzehren wird (Hebräer 10,26-27). Diejenigen, die den mosaischen Bund brachen, starben ohne Erbarmen (Vers 28); doch diejenigen, die sich von dem neuen Bund in Christus abwenden, verdienen „viel härtere Strafe" (Vers 29). „Schrecklich ist's, in die Hände des lebendigen Gottes zu fallen" (Vers 31).

Schlussfolgerung:
Der Mythos vom sanften und milden Jesus

Aus unserer Untersuchung der neutestamentlichen Lehre über die Hölle sollte deutlich geworden sein, dass es sich um ein äußerst wichtiges Thema handelt, bei dem Jesus die Richtung vorgegeben hat. Die meisten Hinweise auf diesen Ort im Neuen Testament finden sich in dem, was Jesus in den Evangelien gelehrt hat. Er hat buchstäblich jede einzelne Facette dieser Lehre, die man anderswo im Neuen Testament findet, bereits vorweggenommen: das Feuer, die Finsternis, die gefallenen Engel, die Bestrafung, den Ausschluss aus Gottes Gegenwart, den Verlust des Lebens und den Zorn Gottes.

Es gibt auch keinen Weg, die Hölle einfach aus den Lehren Jesu zu streichen, indem man etwa argumentiert, sie würden lediglich die Sichtweise der Schreiber der Evangelien oder der frühen Kirche und nicht die von Jesus selbst widerspiegeln. Die Hölle ist ein wichtiges Thema in der Bergpredigt (Matthäus 5,21-30; 7,13-14). Sie ist Teil mehrerer Gleichnisse, die sich in verschiedenen Evangelien finden (z. B. Matthäus 18,34-35; Lukas 12,46-48). Sie kommt in einer von Jesu markantesten Aussagen vor, die sich in allen vier Evangelien findet, bei der es darum geht, sein Leben zu verlieren um es zu retten (Matthäus 16,25-26; Markus 8,35-36; Lukas 9,24-25; Johannes 12,25). Mit Ausnahme von Jakobus 3,6 wird der Begriff Gehenna im Neuen Testament nur von Jesus verwendet, woran man auch sehen kann, dass der Begriff nicht zum regelmäßigen Vokabular der frühen Gemeinde gehörte. Eine unabhängige Überprüfung der Authentizität beweist, dass die Lehre über die Hölle in den Evangelien in der Tat auf Jesus selbst zurückgeht.

Geht man davon aus, dass Jesus wirklich Dinge dieser Art gesagt hat, wie sie in den Evangelien überliefert sind, dann sollten einige Menschen heutzutage ihre Vorstellung von Jesus noch einmal überdenken. Die Idee, dass Jesus ein total entspannter Typ war, der einfach jeden liebte und nur positive, aufbauende Dinge sagte, ist ein absoluter Mythos. Der christliche Glaube muss, wenn er den Lehren von Jesus treu sein will, anerkennen, dass die Hölle eine Realität ist.

Wahrheit:

Jesus und das Neue Testament lehren eindeutig, dass es eine Hölle geben wird.

Mythos:

Der Glaube an die Hölle widerspricht dem Geist Jesu.

Kapitel 11

In der Hölle wird bezahlt

Die Bösen checken ein, aber sie checken nicht mehr aus.

Es gibt wahrscheinlich in der ganzen christlichen Theologie kein Element, das stärkere Emotionen hervorruft als das Thema Hölle. Kritiker greifen oft zu Superlativen, wenn sie die Lehre von einer ewigen Bestrafung bei vollem Bewusstsein als die niederträchtigste und grausamste Idee in der Geschichte der Menschheit bezeichnen. Verteidiger der traditionellen Lehre argumentieren dagegen oft, die Leugnung, dass die Hölle ein Ort sei, an dem im buchstäblichen Sinne ein Feuer brennt, sei eine schreckliche Aushöhlung des christlichen Glaubens, da sie die Inspiration der Schrift infrage stelle und die biblische Lehre über Sünde und Errettung unterminiere.

Christen, die die traditionelle Vorstellung von der Hölle teilen, sorgen sich, jede abweichende Auffassung könnte andere Christen davon abhalten, das Evangelium zu den Ungläubigen zu bringen. Dagegen sorgen sich Christen, die die traditionelle Vorstellung der Hölle nicht teilen, dass diese Lehre Ungläubige davon abhalten könnte, das Evangelium ernst zu nehmen.

Wir wollen in diesem und dem folgenden Kapitel versuchen, einige biblische Maßstäbe aufzustellen, anhand derer sich eine zutreffende Sicht der Hölle gewinnen lässt. (Dabei gehen wir davon aus, dass Sie das vorherige Kapitel bereits gelesen haben, in dem wir die neutestamentliche Lehre über die Hölle untersucht haben.) Wir denken nicht, dass wir jede Frage zu diesem Thema werden beantworten können. Unser Ziel ist bescheidener und besteht darin, eine Vorstellung von der Hölle zu vermitteln, die helfen soll gewisse Extreme zu vermeiden und etwas Licht in die Diskussion zu bringen und nicht noch mehr Hitze - die gehört nämlich im Zweifelsfall in die Hölle.

Der Zweck der Hölle ist Vergeltung, nicht Wiederherstellung

Die Hölle dient nicht dazu, diejenigen, die dort hinkommen, zu besseren Menschen zu machen oder ihnen zu helfen, einzusehen, wie falsch ihre Wege waren und davon umzukehren. Die Hölle ist keine Entzugsklinik. Sie ähnelt noch nicht einmal einem modernen Gefängnis, wo in den meisten Fällen die Gefangenen zur Rehabilitation ermutigt werden, um sich wieder als brauchbare Mitglieder in die Gesellschaft einzugliedern. Der Sinn der Hölle besteht darin, Sünder zu bestrafen. Es geht um Vergeltung, nicht um Wiederherstellung.

Die Belege für diese These sind im Neuen Testament so eindeutig, dass man sie kaum infrage stellen kann. Gottes letztendliche Haltung gegenüber den Bösen wird überall im Neuen Testament als Zorn beschrieben (Matthäus 3,7; 18,34; Lukas 3,7; Johannes 3,36; Römer 2,5.8-9; 5,9; 9,22; Epheser 2,3; 5,6; Kolosser 3,6; 1. Thessalonicher 1,10; 5,9; Offenbarung 6,16-17; 14,10; 19,15). Jesus vergleicht die Hölle mit einem Gefängnis, wo die Täter für ihre Verbrechen gequält werden (Matthäus 5,25-26; 18,34-35; Lukas 12,47-48.58-59). Die in der Hölle empfangen „ewige Strafe (*kolasis*)" (Matthäus 25,46). Zwar betreiben einige Kritiker der Lehre von der Hölle gewisse Wortspiele mit dem Wort *kolasis*[94], doch es steht außer Frage, dass es Strafe bedeutet. Aus dem Kontext wird klar ersichtlich, dass es bedeutet, in das ewige Feuer, das für den Teufel und seine Engel bereitet ist, geworfen zu werden (Matthäus 25,41). Petrus sagte, dass „die Ungerechten" gleich wie die bösen Engel „festgehalten" werden, um sie am Tag des Gerichts zu bestrafen.

Das andere wichtige griechische Wort für Strafe, *timōria*, finden wir im Hebräerbrief, wo es heißt, dass diejenigen, die sich vom Glauben an Christus wieder abwenden „viel härtere Strafe" verdienen als jene, die den mosaischen Bund verwarfen (Hebräer 10,28-29).

Paul Helm

Ein wichtiger Grund, warum ein Christ akzeptieren sollte, dass die Hölle ein Ort der Gerechtigkeit ist, liegt darin, dass Christus, dessen moralisches Verständnis nicht verzerrt oder verbogen war wie das unsrige und der ganz und gar den moralischen Charakter Gottes verkörpert, in der Hölle keine Ungerechtigkeit sah.[95]

Darüber hinaus schreibt Paulus an die Christen in Thessaloniki, dass Christus „denen, die euch bedrängen, mit Bedrängnis vergilt“ und wenn er wiederkommt, wird er „Vergeltung üben (*ekdikesis*)“ (2. Thessalonicher 1,6-9). *Ekdikesis* kann man auch mit „Rache“ oder „ausgleichende Gerechtigkeit“ übersetzen. Demnach wird Jesus sie für alles zahlen lassen. Das mag für einige Menschen heutzutage schockierend klingen, jedoch nicht für jene, die für ihren Glauben an Christus schwere Leiden auf sich nehmen mussten.

Im Gegensatz zu den zahlreichen und klaren Aussagen über den Sinn und Zweck der Hölle sucht man vergeblich nach irgendeinem klaren Hinweis darauf, dass irgendjemand je aus der Hölle zurückkehren wird, schon gar nicht in veränderter oder wiederhergestellter Form. Vielleicht nehmen einige an, die Tatsache, dass Jesus die Menschen, die in der Hölle bestraft werden, mit Gefangenen vergleicht, die so lange leiden, bis sie ihre Schuld „bezahlt“ haben (Matthäus 5,25; 18,34-35; Lukas 12,58-59) gäbe Anlass zu solcher Hoffnung. Dem ist aber nicht so. In Jesu Gleichnis vom dem Knecht, der nicht vergeben wollte, beträgt dessen Schuld gegenüber dem Herrn (der hier für Gott steht) zehntausend Talente, wogegen die Schuld seines Mitknechtes ihm gegenüber nur hundert Denare betrug (Matthäus 18,24.28). Um diese Zahlen einmal anschaulich zu machen, muss man wissen, dass ein Denar zur Zeit Jesu der übliche Tageslohn eines Knechtes war. Somit sind hundert Denare bereits eine beträchtliche Summe (nach heutigen Maßstäben ein paar tausend Euro). Ein Talent entsprach jedoch sechs- oder sogar zehntausend Denaren (im vorliegenden Fall wahrscheinlich eher letzteres). Ein Knecht würde demnach mehr als fünfundzwanzig Jahre brauchen, um nur *ein* Talent zu verdienen. Zehntausend Talente waren also eine aberwitzig große Schuld, an der ein Knecht mehr als eine viertel Million Jahre abzuzahlen hätte. Das wäre etwa so, als würde jemand, der einen schlecht bezahlten Job hat, seiner Firma 5 Milliarden Euro schulden. In dieser Geschichte geht es also darum, dass die Rückzahlung der Schuld völlig aussichtslos ist. Die Schuld kann niemals bezahlt werden und der Schuldner wird niemals aus dem Gefängnis frei kommen. Jesu Gleichnis richtet sich auch unmittelbar gegen das weit verbreitete Empfinden, es wäre unverhältnismäßig, jemanden in Ewigkeit in die Hölle zu schicken, da die Strafe dem Verbrechen nicht angemessen wäre. Jesus beschreibt aber die „Schulden", die wir bei Gott haben, als eine astronomisch große Summe. Die Schuld des Knechtes gegenüber seinem Herrn ist *millionen Mal größer* als die bereits beträchtliche Schuld seines Mitknechtes ihm gegenüber. So hält uns Jesus vor Augen, wie ungeheuer groß unsere Sünde in Gottes Augen ist.

Die Bestrafung in der Hölle ist gerecht, nicht rachsüchtig
Damit wir das, was Jesus über die Hölle lehrt, nicht missverstehen: Es ist eine Grundvoraussetzung dieser Lehre, dass jede Strafe, die in der Hölle verhängt wird, gerecht sein wird. Kritiker versuchen den christlichen Glauben oft durch die Bemerkung zu karikieren, demnach würde eine freundliche alte Großmutter, die allerdings nicht gläubig war, die gleiche Strafe erhalten wie Adolf Hitler. Das ist jedoch nicht richtig. Gott ist nicht sadistisch oder irgendwie ungerecht. Sein Zorn ist ein gerechter Zorn. Wie immer die Hölle genau sein wird und wer auch immer am Ende dort landen wird, es wird weder unfair, ungerecht, noch unangemessen sein. Abraham merkte an, dass es nicht dem Charakter Gottes entsprechen würde „den Gerechten wie den Gottlosen" zu behandeln. „Sollte der Richter aller Welt nicht gerecht richten?" (1. Mose 18,25). Das Prinzip der Gerechtigkeit gehört zu den Grundlagen der biblischen Lehre über die Hölle.

Darum lehrte Jesus, dass es in der Hölle verschiedene Grade der Bestrafung geben wird. „Der Knecht aber, der den Willen seines Herrn kennt, hat aber nichts vorbereitet noch nach seinem Willen getan, der wird viel Schläge erleiden müssen. Wer ihn aber nicht kennt und getan hat, was Schläge verdient, wird wenig Schläge erleiden" (Lukas 12,47-48). Unwissenheit über Gottes Willen kann nicht dazu herhalten, einen Sünder völlig zu entlasten, denn bis zu einem gewissen Grad haben alle Menschen ein Empfinden für Gottes Maßstäbe für Gut und Böse (Römer 2,14-16), dennoch wird Unwissenheit hier als strafmildernd herangezogen. In der Hölle werden nicht alle über einen Leisten geschlagen.

Nichtchristen mag vielleicht interessieren, dass für bekennende Christen, die mit ihren Taten ihren Glauben Lügen strafen, die Strafe in der Hölle besonders hart sein wird. Jesu Gleichnis von dem Knecht, der den Willen seines Herrn kannte, ihn jedoch ignorierte und dafür viele Schläge erhielt, soll genau das aufzeigen. Mit der gleichen Intention warnt auch Petrus diejenigen, die Christus gekannt haben, sich dann aber wieder einem Leben in der Welt zuwenden, dass „es mit ihnen am Ende ärger geworden (ist) als vorher. Denn es wäre besser für sie gewesen, sie hätten den Weg der Gerechtigkeit nicht erkannt, als dass sie ihn kennen und sich abkehren von dem heiligen Gebot, das ihnen gegeben ist" (2. Petrus 2,20-21). Ähnlich warnt auch der Hebräerbrief, dass diejenigen, die den Glauben an Christus wieder aufgeben „viel härtere Strafe" verdienen als die Juden, die den mosaischen Bund verletzten (Hebräer 10,28-29).

Die Hölle ist andauernd, nicht zeitlich begrenzt

Aus der vorhin gemachten Feststellung, dass der Sinn der Hölle darin besteht, Sünder für eine Schuld zu bestrafen, die niemals zurückgezahlt werden kann, kann man auf die Dauerhaftigkeit der Hölle schließen. Allerdings sind wir für diese Erkenntnis nicht allein auf abgeleitete Argumente angewiesen.

1.) Das Neue Testament lehrt ausdrücklich, der Teufel und die bösen Engel werden für immer in die Hölle geworfen. Jesus beschreibt die Hölle als einen Ort, an dem ein „ewiges Feuer" für den Teufel und seine Engel brennt (Matthäus 25,41) und einige der bösen Engel werden dort bereits „mit ewigen Banden" festgehalten (Judas 6). Verschiedentlich wurde das Argument in die Diskussion geworfen, dass diese „Bande" nicht wirklich „ewig" sein werden, weil die „Gefangenschaft nur von begrenzter Dauer ist, nämlich bis zum Jüngsten Gericht, wenn sie in das Feuer der Gehenna verlegt werden."[96] So weit richtig, doch soll das sicherlich nicht heißen, dass diese bösen Engel dann von ihren Banden *gelöst* werden. Sie werden nicht befreit, sondern einfach nur in ihr endgültiges Gefängnis in der Hölle „verlegt" (ein passender Ausdruck an dieser Stelle). Ganz gleich, wie man es betrachtet, die Verurteilung zur Hölle ist eindeutig auf ewig. Der Teufel wird (zusammen mit dem Tier und dem falschen Propheten) in den Feuersee geworfen, wo sie „gequält werden Tag und Nacht, von Ewigkeit zu Ewigkeit" (Offenbarung 20,10).

2.) Auch Menschen werden für immer in die Hölle geschickt. Jesus warnt, dass alles besser ist, als in „das ewige Feuer" der Gehenna geworfen zu werden (Matthäus 18,8-9). Die Bösen werden weggehen zur „ewigen Strafe" zusammen mit dem Teufel und seinen Engeln (Matthäus 25,41.46). Paulus bekräftigt, die Bösen werden „Strafe erleiden, das ewige Verderben" (2. Thessalonicher 1,9). Jeder, der sich mit dem Tier gemein macht „wird gequält werden mit Feuer und Schwefel ... und der Rauch von ihrer Qual wird aufsteigen von Ewigkeit zu Ewigkeit; und sie haben keine Ruhe Tag und Nacht" (Offenbarung 14,9-11).

Wir haben in Kapitel 5 bereits erläutert, warum an Stellen wie Matthäus 25,46 korrekterweise mit „ewig" übersetzt werden muss. Allerdings finden sich im Neuen Testament auch noch andere Wörter und Begriffe, wie zum Beispiel „für immer und ewig", um den gleichen Gedanken auszudrükken. Vor diesem Hintergrund ist es wenig überzeugend, wenn man die Hölle als einen vorübergehenden Zustand ansehen will. Was auch immer sie ist, die Hölle ist eine Reise ohne Wiederkehr.

Der Zustand in der Hölle ist Tod und nicht Leben

In populären Erklärungen über die Hölle hört man oft, dass die Menschen ewig leben werden, entweder im Himmel oder in der Hölle. Diese Aussage weist, wie wir zeigen werden, auf etwas Wahres hin, ist jedoch in der Wortwahl nicht sehr gelungen. Biblisch gesprochen werden die Gerechten im Himmel (oder besser im Neuen Himmel und der Neuen Erde) für immer leben, doch die Ungerechten in der Hölle werden nicht für immer „leben".

So sagt zum Beispiel Jesus, dass die Gerechten sich des „ewigen Lebens" erfreuen, während die Ungerechten der „ewigen Strafe" überliefert werden (Matthäus 25,46; vgl. Daniel 12,2). Es ist offensichtlich, dass diese Möglichkeiten sich gegenseitig ausschließen; die Ungerechten werden also *kein* ewiges Leben haben. Die Gerechten werden eine „Auferstehung des Lebens" erfahren, während die Bösen einer „Auferstehung des Gerichts" entgegen sehen (Johannes 5,29). Während der physische Tod nur den Körper tötet, bedeutet die Hölle den Tod von Körper und Seele (Matthäus 10,28).

Diese Perspektive finden wir auch im restlichen Teil des Neuen Testaments, unter anderem in Paulus' berühmtem Ausspruch „Denn der Sünde Sold ist der Tod; die Gabe Gottes aber ist das ewige Leben in Christus Jesus, unserm Herrn" (Römer 6,23). Am deutlichsten jedoch sagt es wohl das Buch der Offenbarung, das im Hinblick auf die Ungerechten vom „zweiten Tod" spricht (Offenbarung 2,11; 20,6.14; 21,8). Dieser Ausdruck entspricht dem, was Jesus von der Hölle sagte, dass sie nicht nur den Tod des Leibes, sondern auch der Seele bedeutet. Während Gläubige von Neuem geboren sind (Johannes 3,3.5) und daher die Verheißung des ewigen Lebens haben, haben die Ungläubigen nur die Aussicht auf den zweiten Tod und das ewige Verderben.

Die Hölle bewirkt ewigen Tod, nicht das Ende der Existenz

Diejenigen, für die der Tod das Erlöschen der Persönlichkeit bedeutet (wie die Zeugen Jehovas), sehen in der Hölle natürlich und logischerweise den endgültigen Übergang in die Nicht-Existenz. (Hierin liegt auch der eigentliche Grund, warum sie den Tod als ein Aufhören der Existenz definieren – damit sie die Hölle in dieser Weise interpretieren können.) Wir haben jedoch bereits gesehen, dass die Vorstellung, der Tod sei ein Übergang in die Nicht-Existenz, von der Bibel nicht unterstützt wird. Menschen existieren auch nach ihrem körperlichen Tod weiter, wenn auch in einem unvollständigen Zustand (siehe Kapitel 4-6). Dabei kann man den Zustand der Verlorenen in der Hölle, wie wir in Kapitel 5 gesagt haben, als *Anti-Leben* bezeichnen.

Leben bedeutet für Menschen Licht, Heilsein (im Sinne des hebräischen *shalom*, „Frieden") und eine Beziehung zu Gott (Johannes 1,4; 17,3; Römer 8,6). Der Tod ist der letzte große Feind, dessen Macht Jesus für diejenigen, die an ihn glauben, gebrochen hat (1. Korinther 15,26.54-57). Für die Unerlösten wird der Tod jedoch Gottes endgültiges Gericht sein. Im „zweiten Tod" werden sie nicht mehr nur ein unvollständiges Dasein führen, sondern völlig vom Leben entblößt sein; sie werden in völliger Dunkelheit existieren, zerschmettert jenseits jeder Möglichkeit zur Wiederherstellung, für immer von der Gegenwart Gottes getrennt, von seiner Güte, seiner Fürsorge und seiner Gnade gänzlich abgeschnitten.

Es erscheint einleuchtend, dass man ein Existieren in Dunkelheit und hoffnungsloser Trennung von Gott, der Liebe, dem Licht und dem Leben kaum mehr als Existenz bezeichnen kann. Verschiedene christliche Denker haben, insbesondere im vergangenen Jahrhundert, versucht, die Hölle als eine Art Negation, eine Art kosmischer Leere, ohne Existenz im umfassenden Sinn zu erklären.

Der vielleicht bekannteste Vertreter dieser Sichtweise war C. S. Lewis. In seinem Buch *Über den Schmerz*, argumentiert Lewis, dass die Bewohner der Hölle weit weniger als menschlich sind: „In den Himmel kommen heißt, menschlicher werden, als es einem je auf Erden gelang; in die Hölle kommen heißt, vom Menschsein ausgeschlossen werden. Was in die Hölle geworfen wird (oder sich selbst hineinstürzt), ist nicht ein Mensch, sondern dessen ‚Überbleibsel'".[97] Obwohl Lewis' Erklärungen über das hinausgehen, was wir aus der Schrift klar belegen können, geben sie doch eine Denkweise wieder, die der Schrift treu bleibt. Unsere Sicht der Hölle muss ohne Abstriche berücksichtigen, dass die Hölle völliger Tod ist und ununterbrochene Qual für alle Zeit bedeutet. Daneben besteht Raum für kreative Vorschläge und unterschiedliche Meinungen darüber, wie die Hölle genau sein wird, so lange wir in den Grenzen dessen bleiben, was die Bibel insgesamt zu diesem Thema zu sagen hat.

Diejenigen, für die der Tod Auslöschung oder Nichtexistenz bedeutet, sehen in erster Linie das biblische Motiv des Verderbens und der Zerstörung, wenn sie über die Natur der Hölle nachdenken. Die wichtigsten Wörter, die aus dem biblischen Griechisch mit „verderben" bzw. „Verderben" übersetzt werden, sind Formen von *apollymi*. Dabei hat es jedoch keinen Sinn, andere Motive, wie Trennung und Qual, die wir ebenfalls im Zusammenhang mit der Hölle finden, gegen das Motiv des Verderbens ausspielen zu wollen. All diese Ansätze, die Hölle zu beschreiben sind biblisch und müssen zusammen berücksichtigt werden.

Im griechischen Alten Testament wird *apollymi* auf verschiedene Weise gebraucht. So zum Beispiel für die Zerstörung von Sodom und Gomorra, wo es die völlige Auslöschung der Städte und ihrer Bewohner bedeutete (1. Mose 18,24.28-32; 19,13; vgl. Lukas 17,29). Vertreter der Auslöschungstheorie betrachten diese Stelle als ein Vorbild oder Muster für das „Verderben", das Gottes Gericht auch in der Hölle mit sich bringt. An anderen Stellen, in denen es um Gottes Gericht geht, wird dieses Wort jedoch anders gebraucht. Nehmen wir die Plagen, die dazu führten, dass Ägypten „zugrunde ging" (2. Mose 10,7 ELB). Durch diese hörte Ägypten ja eindeutig nicht auf zu existieren. Ungehorsam gegenüber bestimmten Gesetzen führte dazu, dass der Übertreter aus dem Volk „ausgerottet" (2. Mose 30,38; 3. Mose 7,20-21.25.27; 17,10; 20,3.5-6; 23,30) wurde (in einigen englischen Übersetzungen heißt es hier auch lediglich „cut off", abgeschnitten). Gott droht das Volk Israel wegen seiner Rebellion (je nach Übersetzung) „zu enterben", „auszutilgen" oder „zu vertreiben" (einige englische Übersetzungen haben hier „dispossess", enteignen) (4. Mose 14,12; vgl. 5. Mose 4,26). Die von Korach angeführten Rebellen „fuhren lebendig zu den Toten hinunter ... und sie kamen um, mitten aus der Gemeinde heraus“ (4. Mose 16,33; vgl. Judas 11).

So geht es auch bei verschiedenen Stellen im Neuen Testament, in denen das Wort *apollymi* vorkommt, lediglich um unbrauchbar werden, verlieren, verloren werden oder verderben.[98]

- *Weinschläuche können „unbrauchbar werden“ (Matthäus 9,17; Markus 2,22; Lukas 5,37 SCHL).*
- *Man kann ein Schaf (Lukas 15,2; vgl. Psalm 119,176), eine Münze (Lukas 15,8-9) oder sogar einen Sohn (Lukas 15,24.32) „verlieren“.*
- *Israel kann als die „verlorenen Schafe“ bezeichnet werden (Matthäus 10,6; 15,24).*
- *Ein Mensch kann entweder seine Seele „verlieren“ oder seine Seele finden bzw. bewahren (Matthäus 10,39; 16,25; Markus 8,35; Lukas 9,24-25; 17,33; Johannes 12,25).*
- *Man kann seinen Lohn „verlieren“ (Matthäus 10,42; Markus 9,41).*
- *Speise kann „verderben“ oder „vergehen“ (Johannes 6,27).*
- *Parfüm kann „verschwendet“ werden (Matthäus 26,8; Markus 14,4).*
- *Die Schönheit einer Blume kann „verwelken“ oder „vergehen“ (Jakobus 1,11).*
- *Goldstücke können im Feuer „vergehen“ (1. Petrus 1,7).*
- *Luxusgüter können „verloren“ werden (Offenbarung 18,14).*

Eine nüchterne Bewertung der Bibelstellen, die unter Verwendung einer Form von *apollymi* von der Hölle sprechen, muss die Bandbreite von Bedeutungen, die das Wort in anderen Zusammenhängen hat, berücksichtigen und dann aus dem Kontext schließen, welche der Bedeutungsvarianten im jeweiligen Text zum Tragen kommen soll. Wie wir bereits in

Kapitel 5 argumentiert haben, ist „Verderben" ein sehr relativer Begriff, der alles Mögliche, von unbrauchbar werden bis zu völliger Auslöschung, umfassen kann. In der Hölle verliert der Mensch für immer sein Leben (Matthäus 10,39 u. a.) und wird unbrauchbar (Römer 9,22; 1. Korinther 3,17) und sein Leben wird zerstört (2. Petrus 3,7.9). Es bleibt nichts Gutes übrig, und das, was übrig bleibt, ist nicht viel.

Wahrheit:

Die Ungerechten und Bösen werden in der Hölle für immer bestraft werden.

Mythos:

Die Hölle ist eine Besserungsanstalt für missratene Seelen.

Kapitel 12

Das ewige Feuer

Das Feuer der Hölle steht für eine entsetzliche Realität, die man um jeden Preis vermeiden sollte.

Bis hierher haben wir bereits gesehen, dass diejenigen, die in die Hölle gehen, für immer dort bleiben und niemals mehr herauskommen. Sie werden dort für ihre Sünden bestraft und nicht etwa für den Himmel rehabilitiert. Zwar werden sie weiterhin existieren, doch keine vollständigen Persönlichkeiten mehr sein; ihre Existenz wird ein endloser Tod sein und kein ewiges Leben.

Doch was hat es nun mit dem Feuer auf sich? Werden die Ungerechten in der Hölle buchstäblich brennen? Wenn nicht, wofür steht das Feuer dann? Wir wollen unsere Überlegungen zur Hölle mit einer Klärung dieser Fragen abschließen.

Der Zustand in der Hölle ist schmerzhaft, nicht schmerzfrei

Wir haben schon verschiedentlich angesprochen, dass die Hölle schmerzhaft sein wird. Das Neue Testament beschreibt sie als einen Ort brennender Qualen, der Strafe, der Leiden, des Weinens und Zähneknirschens. Man kann durchaus verstehen, dass es vielen Menschen ein Anliegen ist, irgendeinen Weg zu finden, die Hölle mit anderen Begriffen zu assoziieren. Doch alle Versuche in dieser Richtung müssen scheitern. Auch Edward Fudge betrachtet das Gericht über Sodom und Gomorra als ein Vorbild für die Hölle (zu Recht) und betont dabei, dass die Städte völlig zerstört wurden. Mit Blick auf die Tatsache, dass Rauch aus der Ebene aufstieg, wie von einem Ofen (1. Mose 19,28), erklärt er, „Von da an steht aufsteigender Rauch überall in der Schrift für völlige Vernichtung (Jesaja 34,10; Offenbarung 14,11; 19,3)“[99] Nach Fudge bezeichnet Judas „das Feuer, das vom Himmel fiel und Sodom zerstörte als ‚ewiges Feuer‘“, was bedeutet soll, „dass es ein Feuer ist, das Sünder völlig und für immer vernichtet.“ Wenn die Bibel daher von der Hölle als einem „ewigen Feuer“ spricht, so Fudge, dann bedeute das lediglich, dass die Existenz derjenigen, die in die Hölle gehen, für immer vollständig ausgelöscht wird.[100]

Aber genau genommen sagt Judas 7 gar nicht, dass Sodom mit „ewigem Feuer“ zerstört wurde. Dort steht, dass Sodom und die umliegenden anderen verdorbenen Städte, als Beispiel dienen, indem sie die Strafe des ewigen Feuers erleiden.[101] Judas geht es hier darum, dass das Feuer, das auf diese Städte fiel, ein Beispiel für die Strafe ist, die die Irrlehrer treffen wird, die versuchen Judas’ Leser in die Irre zu führen. Er nennt das Feuer, das auf diese Städte fiel „ewiges Feuer“, weil es ein vorausblickendes Sinnbild auf ein zukünftiges „Feuer“, das dann wirklich ewig brennt, ist.

Obwohl Judas 7 also, je nach dem, wie man die Stelle liest, tatsächlich als ein Beweis dafür angesehen werden kann, dass der Begriff „ewiges Feuer“ für ein Feuer stehen *könnte*, das einfach nur auslöscht, ist dies jedoch noch lange kein Beweis dafür, dass dieser oder ähnliche Begriffe *immer* diese Bedeutung haben. Dazu müssen wir uns diesen Begriff, wo immer er verwendet wird, in seinem Kontext ansehen. Das „ewige Feuer“ von dem Jesus in Matthäus 25,41 spricht, wird als ein Feuer beschrieben, „das bereitet ist dem Teufel und seinen Engeln“, was darauf hindeutet, dass es sich um ein völlig anderes Phänomen als bei Sodom und Gomorra handelt. Wenn Jesus darüber hinaus an dieser Stelle sagt, dass die „Böcke“ zu hören bekommen werden „Geht weg von mir“ und dass sie „zur ewigen Strafe hineingehen“ (Verse 41 und 46), dann erscheint der Schluss sinnvoll, dass das Feuer, so wie die Strafe, wirklich ewig sein wird. Sogar Fudge bestätigt, die Strafe als solche werde ewig sein, wobei er jedoch sorgfältig darauf achtet klarzustellen, dies bedeute keineswegs ewige *Bestrafung*. Wenn jedoch, wie Fudge einräumt, die Strafe ewig sein wird, dann ist es auch das Feuer.

Ein weiteres Problem mit Fudges Argumentation ergibt sich aus den Belegen, die er dafür anführt, dass „aufsteigender Rauch überall in der Schrift für völlige Vernichtung" steht. Zumindest eine der drei Stellen, die er dort zitiert, spricht ohnehin von der Hölle (Offenbarung 14,11),[102] und bei dem alttestamentlichen Text geht es um ein Gericht, das ein Bild der Hölle ist (Jesaja 34,10, siehe auch Verse 2-9). In der Offenbarung heißt es nicht lediglich, dass dieser Rauch für immer aufsteigt. Diese Aussage allein würde vielleicht noch nicht beweisen, dass die Bösen auch für immer in der Hölle weiter existieren. Doch die Beschreibung geht noch weiter und erklärt, dass die bösen Menschen „gequält werden" und dass sie „Tag und Nacht keine Ruhe" haben werden, ja sogar, dass der Teufel, das Tier und der falsche Prophet dort „gequält werden Tag und Nacht, von Ewigkeit zu Ewigkeit" (Offenbarung 14,9-11; vgl. 20,10). Die Beschreibung dessen, was mit den bösen Engeln und Menschen geschehen wird, geht klar über das hinaus, was im Alten Testament beschrieben ist und zeigt deutlich, dass diese bösen Wesen für immer leiden werden.

Ein berechtigter Einwand gegen diese Belege aus der Offenbarung lautet möglicherweise, man könne die Ausdrucksweise dort nicht wörtlich nehmen, da das gesamte Buch offensichtlich voller symbolhafter Bilder ist, was für die „apokalyptische" Literatur des antiken Judentums typisch war. Auch wenn es zutrifft, dass die Ausdrucksweise nicht wörtlich genommen werden kann (wie wir gleich noch zeigen werden), so muss sie doch jedenfalls irgendetwas bedeuten. Darüber hinaus finden wir die Aussage, dass die Bösen in der Hölle leiden werden, nicht nur im Buch der Offenbarung oder in der apokalyptischen Literatur. Jesus selbst spricht davon, dass die Bösen in der Hölle gequält und bestraft werden; er sagt, dass sie in der Hölle heulen und mit den Zähnen knirschen werden, und dass einige größere Strafe erhalten werden als andere.

Auch stammen nicht alle diese Aussagen aus den Gleichnissen von Jesus (wenn das auch auf einige zutrifft); so erwähnt Jesus zum Beispiel die Ungerechten, die in den Feuerofen geworfen werden, wo Heulen und Zähneklappern sein wird, in der Erklärung zu einem seiner Gleichnisse (Matthäus 13,40-42). Ähnliches gilt für Paulus, wenn er schreibt, diejenigen, die die Gläubigen bedrängt haben, würden im Jüngsten Gericht selber bedrängt werden (2. Thessalonicher 1,6). Er sagt dies in einem seiner Briefe und zwar in einem Kontext, der weitgehend frei ist von bildhafter Sprache oder apokalyptischen Bildern (2. Thessalonicher 1,3-12). Es ist schwer vorstellbar, dass all diese Hinweise auf Qualen, Leiden, Bedrängnis, Schläge, Strafe und ähnliche Dinge mit der einfachen Erklärung abgetan werden können, es handele sich um einen stillen Übergang in die Nichtexistenz.

In der Tat sieht auch Fudge das so. Er erwähnt an verschiedenen Stellen, dass die Bösen für eine unbestimmte Zeit leiden werden, und zwar in einem Ausmaß, das von Gott gerecht festgelegt werden wird, bevor sie dann ausgelöscht werden. Im Hinblick auf das Heulen und Zähneknirschen merkt er an: „Diese Worte weisen auf ein bewusstes Leiden hin, das der endgültigen Vernichtung vorausgeht; die Bösen werden nicht einfach still und glücklich verscheiden."[103] Bezüglich des Leidens der Bösen in Offenbarung 14,9-11 schreibt Fudge, „Guillebaud hat daher Recht, wenn er schreibt, dass diese Worte (‚Tag und Nacht' in Offb. 14,11) gewiss bedeuten, dass es keine Pause oder Unterbrechung im Leiden derer geben wird, die dem Tier gefolgt sind, *so lange es andauert*; doch besagen diese Worte nicht, dass das Leiden selbst unendlich andauern wird.'"[104] So versteht Fudge also zumindest einen Teil der Darstellungen der Leiden der Ungerechten im Neuen Testament so, dass die Ungerechten tatsächlich leiden werden. Der einzige Unterschied (der nichtsdestotrotz erheblich ist) besteht in der Frage, ob dieses Leiden in irgendeinem Sinn immerwährend oder ewig ist.

Indem Fudge einräumt, die Hölle sei in irgendeiner Weise mit Leiden verbunden, entsteht für seine Argumentation das Problem, dass er damit die Tür zur ewigen Bestrafung in der Hölle aufstößt. ***Jesus sagte nicht, dass die Ungerechten in Erwartung der Hölle oder auf ihrem Weg dorthin heulen und mit den Zähnen knirschen werden. Er sagte, sie werden in der***

Hölle (bzw. im „Feuerofen" oder der „äußeren Finsternis") heulen und mit den Zähnen knirschen (Matthäus 8,12; 13,42; 22,13-14; 24,51; 25,30; Lukas 13,28). Johannes sagt außerdem, dass das Tier, der falsche Prophet und der Teufel *im* Feuersee gequält werden (Offenbarung 20,10) nachdem sie dort hineingeworfen wurden und dass diese Qual für immer andauern wird.

In dieser Hinsicht liegt Guillebaud, den Fudge zitiert, genau richtig. Die Aussage, die Leidenden würden „Tag und Nacht" keine Ruhe haben, beweist noch nicht, dass das Leiden ewig sein wird, denn „diese Worte besagen nicht, dass das Leiden selbst unendlich andauern wird." Doch selbst dort, wo die Worte „Tag und Nacht" direkt mit dem Ausdruck „für immer und ewig" verbunden werden, wie in Offenbarung 20,10, weigern sich die Vertreter der Auslöschungslehre, anzuerkennen, dass die Qual für immer andauern wird oder dass auch nur irgendetwas existieren wird, das noch „gequält" werden kann (sei es nun wörtlich *oder* bildlich gemeint).

Häufig wird gegen die Annahme, dass Offenbarung 20,10 von unendlicher Qual spricht, das Argument vorgebracht, das Tier und der falsche Prophet seien entweder „Institutionen" oder „personifizierte Mächte des Bösen" und keine Personen, und wenn es sich nicht um Personen handelt, dann können sie auch nicht wirklich gequält werden.[105] Was aber soll dieser Text dann bedeuten, in dem doch steht, dass sie gequält werden? Dafür wird keine Erklärung gegeben. Fudge zum Beispiel macht nicht einmal den Versuch zu erklären, wofür die Qual stehen könnte und gibt sich damit zufrieden, seinen Lesern zu versichern, der Feuersee stehe für die Auslöschung.

Zudem ist die Annahme selbst, das Tier und der falsche Prophet stünden nicht für Personen, durchaus fragwürdig. Nehmen wir nur einmal an, dass die Begriffe wirklich Institutionen bezeichnen, so bestünden diese Institutionen immer noch aus *Menschen*, die in diesen Institutionen zusammen gewirkt haben. In diesem Fall würde es bedeuten, wenn das Tier und der falsche Prophet in den Feuersee geworfen werden, dass die gesamte Gruppe der Menschen, die diese Institutionen vertraten der ewigen Strafe übergeben würden. ‚Wollen wir uns dagegen das Tier und den falschen Propheten lieber als Personifikationen des Bösen vorstellen, dann hat sich dieses Böse jedenfalls in echten Menschen „inkarniert", die dann die anti-göttlichen Werte des Tieres „verkörpern". Auch in diesem Fall würde diese Stelle also davon sprechen, dass wirkliche Menschen bestraft werden.

Natürlich *ist* der Teufel (wie ja auch Fudge und andere einräumen) eine Person. Wird er also in der Hölle gequält werden? Fudge schweigt sich über diesen Aspekt der Stelle aus und bemerkt nur lapidar, „Hier gibt es keine einfache Lösung." Dann wechselt er schnell das Thema und erklärt, „Jedenfalls sind bis zum heutigen Tag weder irgendwelche Menschen im Feuersee gelandet noch sagt diese Stelle, dass irgendjemand aus Adams Rasse für immer und ewig gequält werden wird."[106] Ähnlich argumentiert auch David Powys, „eine fortgesetzte Qual im „Feuersee" sei nicht für irgendein menschliches Wesen bestimmt (es sei denn, das Tier und der falsche Prophet wären menschlich) ... Nach gegenwärtigem Stand der Erkenntnis führt eine kritische Prüfung zu dem Schluss, dass, falls der Feuersee überhaupt für irgendjemand buchstäbliche Qualen bedeutet, dies nur für das Tier, den falschen Propheten und Satan gelten kann."[107]

Dieser Einwand ist im Grunde ein Argument aufgrund von Schweigen und geht weit an der Wahrheit vorbei (und wirft zugleich die Frage auf, ob es für Gott moralisch einwandfrei wäre, den Teufel zu ewiger Qual zu verurteilen, die Menschen jedoch nicht). Johannes sagt jedoch, dass böse Menschen zusammen mit dem Teufel und seinen Verbündeten in den Feuersee geworfen werden, und bestätigt damit nur das, was Jesus lehrte, nämlich dass böse Menschen dem gleichen Schicksal überliefert werden, das bereits für den Teufel und seine Engel bestimmt ist (Matthäus 25,41).

Es geht bei all diesen Aussagen darum, die Menschen zu warnen, dass sie das Schicksal des Teufels teilen werden, wenn sie ihm folgen. Es hat keinen Sinn, zu versuchen, in diese Stellen hineinzuinterpretieren, dass Menschen zwar in dasselbe ewige Feuer, denselben Feuersee, gehen werden, in dem auch der Teufel Tag und Nacht für immer und ewig gequält werden wird, dass sie jedoch irgendwie nicht das gleiche Schicksal erleiden werden wie der Teufel (trotz der klaren Aussage in Offenbarung 14,9-11, dass diejenigen, die dem Tier folgen, gequält werden). Zwar wird ihr Leiden zweifellos weniger intensiv sein als das des Teufels (vgl. Lukas 12,46-48), doch sie *werden* offensichtlich leiden.

G. K. Beale

Dass es sich um ein wirkliches, andauerndes Leiden derjenigen, die mit den Bildern „Tier und falscher Prophet" gemeint sind, handelt, erkennen wir daran, dass der gleiche Ausdruck ewiger Strafe im selben Vers auf **die Person** Teufel angewendet wird und in Offenbarung 14,10-11 praktisch die gleiche Formulierung für **Personen,** die Anhänger des Tieres sind, gebraucht wird.[108]

Unserer Erfahrung nach kann nichts, was die Bibel sagt oder sagen könnte, einen überzeugten Verfechter der Auslöschungstheorie überzeugen. Alle Hinweise der Bibel auf das ewige Feuer, ewige Strafe und eine Qual, die Tag und Nacht für immer und ewig währt, überzeugen sie nicht. Was könnte die Bibel noch sagen, das ihnen als Beweis gelten würde, dass es eine ewige Qual gibt? Der Ausdruck „ewige Qual" in genau dieser Form findet sich nicht in der Bibel (allerdings ist „Qual ... für immer und ewig" damit gleichbedeutend); und selbst wenn es so wäre, würden die Verfechter der Auslöschungstheorie versuchen, ihn auf die gleiche Weise hinwegzuerklären, wie sie es auch mit den Ausdrücken machen, die sich tatsächlich in der Bibel finden.

Das Leiden in der Hölle ist geistig, nicht körperlich

Wir sind der Ansicht, dass das Leiden oder der Schmerz derer, die in die Hölle kommen, geistiger Art sein wird und kein körperlicher Schmerz. Der Beweis für diese Auffassung ist entwaffnend einfach. Nach Jesu Aussage werden die bösen Menschen „in das ewige Feuer, das bereitet ist dem Teufel und seinen Engeln" geschickt werden (Matthäus 25,41). Da der Teufel und seine Engel geistige Wesen sind und nicht körperliche, kann dies nur bedeuten, dass das „ewige Feuer" eine Form der Strafe ist, die für geistige Wesen geschaffen wurde. Daraus kann man schließen, dass das Leiden der Verdammten in der Hölle auch eine geistige Form des Leidens sein wird. Es wird aus einem schmerzhaften Empfinden im Geist oder im Bewusstsein bestehen - vielleicht eine Art der Reue - einem bleibenden Gefühl des Verlustes und der niederschmetternden Erfahrung einer andauernden Trennung von Gott, der Welt und allem, was gut, schön, heil und bedeutungsvoll ist.

Nur wenn man unter dem „Feuer" der Hölle ein physisches Feuer im buchstäblichen Sinn versteht, kann man auch die Leiden in der Hölle für körperliche Qualen halten. Wie aber könnten nichtkörperliche Wesen, wie der Teufel und seine Engel, irgendwie von physischem Feuer berührt werden? Doch bedeutet es nicht zugleich die Realität der Hölle überhaupt zu leugnen, wenn wir behaupten, dass das Feuer dort nicht physischer Natur sein wird. Diese Frage führt uns zu unserer letzten These.

Das Feuer der Hölle ist symbolisch gemeint, und nicht wörtlich

Leider haben in diesem Streit über die Hölle Verfechter beider Seiten zur Verwirrung beigetragen, indem sie fälschlicherweise davon ausgegangen sind, dass die Behauptung, das Feuer der Hölle sei nicht wörtlich zu verstehen, gleichbedeutend damit wäre, die Existenz der Hölle insgesamt zu leugnen. Die Hölle wird real genug sein und ihr „Feuer" wird zerstörerisch, schmerzhaft und schrecklich sein. Sagt man daher, das Feuer sei nicht „wörtlich" zu verstehen, heißt das doch nicht, dass die Hölle ein ruhiges Nichts sein wird.

Tatsächlich haben einige der konservativsten Theologen des Christentums lange erkannt, dass die biblische Beschreibung der Hölle bildlichen Charakter hat, ohne damit deren Schrecken in Frage zu stellen (siehe die folgenden Zitate). Augustinus, der selbst eher der Ansicht zuneigte, das Feuer der Hölle beträfe den Körper, erkannte andererseits an, dass auch manche seiner eigenen Zeitgenossen das Feuer als Beschreibung der geistlichen Leiden derer, die in der Hölle sind, ansahen.[109] Wir denken, aus biblischer Sicht sprechen die besseren Argumente für diese Auffassung.

Eine Vielzahl anerkannter Bibelkenner haben im Laufe der Jahrhunderte die Feuer der Hölle als bildhafte Beschreibung verstanden.

> *Und es werden der Teufel und seine Dämonen und sein Mensch, d. h. der Antichrist, und die Gottlosen und die Sünder dem ewigen Feuer übergeben werden, nicht einem materiellen, wie es das unsrige ist, sondern einem, dessen Beschaffenheit nur Gott kennt. (Johannes von Damaskus, 8. Jahrhundert)*[110]
>
> *Weil nun weiter keine Beschreibung der Schwere göttlicher Rache gegen die Verworfenen gleichzukommen vermag, darum werden uns ihre Leiden und Qualen unter dem Bilde leiblicher Dinge abgebildet, wie Finsternis, Heulen und Zähneklappern (Matthäus 8,12; 22,13), unauslöschliches Feuer (Matthäus 3,12; Markus 9,43), oder auch unter dem Bilde eines Wurms, der ohne Ende am Herzen nagt (Jesaja 66,24). (Johannes Calvin, 16. Jahrhundert)*[111]
>
> *Es werden passende Bilder verwendet, um das Elend der Hölle, wie auch den Segen des Himmels zu beschreiben. Aus dem Gebrauch dieser Metaphern in beiden Fällen kann man jedoch nicht schließen, dass die Dauer von einem von beiden begrenzt sein wird. (William Shedd, 19. Jahrhundert)*[112]
>
> *Feuer ist in der Schrift ein Symbol für die schmerzhaften Qualen der Hölle... Auch wenn die*

> *Beschreibung (von Himmel und Hölle) in hohem Grade bildhaft ist, so beschreiben diese Bilder doch jedenfalls zwei grundsätzlich verschiedene Situationen von bewusster Freude und bewusster Qual nach dem Tod. (Gordon Lewis und Bruce Demarest, 20. Jahrhundert)*[113]
>
> *Der „Feuersee" in Offenbarung 20,10 ist nicht im Wortsinn zu verstehen, da Satan (zusammen mit seinen Engeln) ein geistiges Wesen ist. Das „Feuer" ist eine Strafe, die nicht physischer, sondern geistiger Natur ist. (Greg Beale, 20. Jahrhundert)*[114]

An der folgenden populären physikalischen Erklärung für die Hölle lässt sich gut anschaulich machen, warum es so problematisch ist, die biblischen Beschreibungen, in denen die Hölle als Feuer dargestellt wird, wörtlich zu nehmen. J. Dwight Pentecost folgt in seinem einflussreichen Buch *Things to Come* einem gewissen C. T. Schwartze in der Spekulation, dass der Feuersee buchstäblich aus Feuer besteht. Pentecost zitiert Schwartze wie folgt:

> *Das Wort See muss sich auf eine Ansammlung von Materie in flüssiger Form beziehen. Wenn die Schrift also Recht hat, dann muss dieses ewige Feuer in flüssiger Form vorliegen ... der sehr einfache Beweis für die Schriftstellen, die wir uns angesehen haben,* ***besteht in einem einzigartigen Himmelsphänomen, das man Weißer Zwerg nennt!*** *... Der Weiße Zwerg kann praktisch* ***niemals ausbrennen*** *... Auch wenn wir nicht mit Sicherheit sagen können, dass Gott genau diese Feuerseen gebrauchen wird, um sein Wort zu erfüllen, so kann man dem Skeptiker doch antworten, dass die Antwort auf seine Einwände am Himmel zu finden ist, wo es echte Feuerseen* ***gibt.***[115]

Betrachtet man diese Weißer-Zwerg-Hypothese wissenschaftlich, kommt man schnell in Schwierigkeiten, da keine Rede davon sein kann, dass Weiße Zwerge von flüssiger Konsistenz sind. Weiße Zwerge sind die Überreste von Sternen, die ausgebrannt sind und den größten Teil ihrer Materie verbraucht haben. Alles was zurückbleibt ist ein heißer Kern, der extrem dicht und kompakt ist und damit nicht flüssig.

Die Theorie, der Feuersee würde ein Stern sein, wurde in zurückhaltender Weise auch von Henry Morris, dem bekannten Verfechter einer Schöpfungstheorie der jungen Erde, formuliert: „Alles in allem ist ein Stern genau das, ein See aus Feuer." Morris regt dann jedoch an, dass sich der Feuersee am Ende womöglich als „Schwarzes Loch herausstellen wird, falls einmal erwiesen sein sollte, dass derartige Objekte wirklich existieren."[116] Morris veröffentlichte sein Buch 1983, als die Beweise für die Existenz Schwarzer Löcher noch nicht so zahlreich waren wie heute.

Allerdings war auch 1983 bereits bekannt, dass es in einem Schwarzen Loch keinerlei Feuer gibt. Tatsächlich besagte die allgemeine Lehrmeinung damals wie heute, dass ein Schwarzes Loch entsteht, wenn ein großer Stern, der völlig ausgebrannt ist, in sich selbst zusammenfällt. Schließlich könnte auch weder die Weißer-Zwerg-Hypothese noch die Schwarzes-Loch-Hypothese erklären, wie es sein kann, dass im Feuersee Schwefel vorhanden ist, was aber der Fall sein müsste, wenn man diese Texte wortwörtlich nehmen will (Offenbarung 14,10; 19,20; 20,10; 21,8). Schwefel ist ein relativ schweres Element, das man unter keinen Umständen in irgendeinem kollabierten Stern, Weißen Zwerg oder Schwarzen Loch finden wird.

John Walvoord schreibt in seinem Beitrag zu dem Buch *Four Views on Hell* eine kurze Verteidigung der Ansicht, dass das Feuer der Hölle Feuer im buchstäblichen Sinn sein wird und sagt: „Die Schrift stellt an keiner Stelle infrage, dass die ewige Strafe durch wirkliches Feuer erfolgen wird."[117] Wie inzwischen von den verschiedensten Theologen festgestellt wurde, ist es jedoch eine Tatsache, dass die Bibel die Hölle mit einer Vielzahl von Bildern oder Vorstellungen beschreibt, die zusammengenommen niemals wörtlich verstanden werden können. Wenn die Bibel die Hölle zum Beispiel als einen Ort der Finsternis beschreibt (z. B. Matthäus 8,12; 22,13; 25,30; 2. Petrus 2,17; Judas 6.13), dann passt das nicht mit der Vorstellung zusammen, dass es dort Feuer im buchstäblichen Sinn gibt. Ebenso wenig ist wirkliches Feuer mit dem Bild vereinbar, dass die Leiber dort von Würmern zerfressen werden (Jesaja 66,24; Markus 9,48). Und natürlich lässt sich die Vorstellung von wirklichem Feuer auch nicht damit vereinbaren, dass die Menschen dort für immer unter Qualen weiter existieren, da wirkliches, physisches Feuer den physischen Körper der Menschen sehr schnell zu Asche verbrennen würde (und darüber hinaus keinerlei Wirkung auf die immaterielle Seele oder den Geist des Menschen hätte).

Wir wollen damit keineswegs sagen, dass die Aussagen der Bibel über die Hölle widersprüchlich wären. Es ist sogar problemlos möglich, die verschiedenen Beschreibungen der Hölle in der Bibel miteinander zu vereinbaren, *wenn* man sie als symbolische Bilder für die höllische Realität auffasst.

In seiner Erwiderung auf William Crocketts „Metaphorische Sicht“ behauptet Walvoord, es bedeute einen Angriff auf die „Irrtumslosigkeit“ und „Zuverlässigkeit“ der Schrift, wenn man das Feuer der Hölle als metaphorisch interpretieren wollte. Er beklagt weiter, dass diejenigen, die die Beschreibungen der Hölle nicht wortwörtlich interpretieren, „nicht akzeptieren wollen, was die Bibel lehrt“, und dass ihr Hauptargument gegen ein wirkliches Feuer in der Hölle darin bestünde, diese Vorstellung sei „abstoßend“.[118] Diese Kritik ist ebenso falsch wie weit verbreitet. Gerade weil wir alles, was die Bibel über die Hölle lehrt, akzeptieren wollen, stellen wir uns auf den Standpunkt, dass es in der Hölle endlose Qualen geben wird, dass diese jedoch geistiger Natur sein werden und nicht physischer.

Im Übrigen ziehen Walvoords Vorwürfe die Demarkationslinie bei diesem Thema an der falschen Stelle. Diejenigen, die im Feuer der Hölle ein physisches Feuer sehen und diejenigen, die darin eine Metapher für geistige Qualen sehen, sind sich jedenfalls in dem Punkt einig, dass die Bösen in der

Hölle existieren und dort für immer bestraft werden. Diese Wahrheit ist für viele Menschen in unserer Gesellschaft schwer genug zu akzeptieren.

WAHRHEIT:

Die biblische Beschreibung der Hölle kann nicht wortwörtlich genommen werden.

MYTHOS:

Wenn die Hölle nicht im buchstäblichen Sinn so ist, dann wird sie auch nicht schmerzhaft sein.

Kapitel 13

Ein Weg, eine Wahrheit

Jesus ist der einzige, der vor der Hölle rettet
und der einzige Weg in den Himmel.

So unberuhigend viele Menschen die Vorstellung der Hölle auch finden, was sie wirklich beschäftigt, ist die Frage, wer dort hinkommen wird. Wie wir bereits am Anfang von Kapitel 9 erwähnt haben, räumen etwa zwei Fünftel der Nichtchristen in Amerika die Existenz einer Hölle ein, wobei die meisten jedoch nicht erwarten, selbst dort zu enden. Wahrscheinlich können sie mit dem Gedanken, dass brutale Diktatoren, Massenmörder und Terroristen in die Hölle kommen, ganz gut leben. Was die Menschen wirklich stört, ist, wenn wir ehrlich sind, die Vorstellung, durchweg alle Nichtchristen würden in die Hölle kommen. Ganz oben auf der Liste der Einwände gegen einen biblischen, evangelikalen christlichen Glauben steht der Vorwurf, dass er in unfairer Weise den größeren Teil der Menschheit, einschließlich derer, die nie von Christus gehört haben, in die Hölle verdammt.

Hierbei stellen sich im Grunde zwei verschiedene Fragen. Die erste lautet, ob Jesus der einzige Weg zur Errettung ist. Die zweite Frage ist, ob irgendjemand gerettet werden kann, der in diesem Leben die Botschaft von Jesus Christus nicht gehört und daher auch nicht bewusst an ihn geglaubt hat. In diesem Kapitel soll es zunächst um die erste Frage gehen. Die zweite Frage behandeln wir dann in den folgenden beiden Kapiteln.

Das Wichtigste zuerst

Für die Beschäftigung mit diesem Thema fehlt uns jedoch jede vernünftige Grundlage, ehe wir nicht einige andere, grundlegendere Fragen beantwortet haben. Zunächst müssen wir für uns geklärt haben, dass *der christliche Glaube wahr ist*, dass Gott existiert, dass er die Welt geschaffen hat, dass wir seiner Herrschaft unterstehen, dass die menschliche Rasse in Sünde, Verfall und Tod geraten ist und dass Jesus Christus am Kreuz gestorben und von den Toten auferstanden ist, um Sünder zu erlösen. Für jeden, der noch gar nicht überzeugt ist, dass der Glaube an Christus wahr und richtig ist, ist die Frage, ob irgendjemand ohne Christus gerettet werden kann, doch völlig irrelevant. Wenn Sie daher die Frage, ob Sie an Christus glauben sollen, für sich noch nicht geklärt haben, dann möchten wir Ihnen vorschlagen, dass Sie das zu Ihrer obersten Priorität machen.[119]

Natürlich benutzen manche Nichtchristen, wie wir bereits erwähnt haben, die Frage nach dem Schicksal derer, die das Evangelium nicht gehört haben, um das Evangelium infrage zu stellen. Doch auch wenn das kalt klingen mag: Solch ein Einwand ist vollkommen irrelevant. Hat denn die Frage, was mit denen geschieht, die das Evangelium nicht gehört haben, irgendetwas mit der Frage zu tun, ob es gute Gründe gibt, an Gott zu glauben? Nur einmal angenommen, die Bibel gäbe auf die Frage nach denen, die das Evangelium nicht gehört haben, eine Antwort, die uns nicht gefällt. Würde das irgendwie beweisen, dass Jesus nicht von den Toten auferstanden ist? Absolut nicht.

Damit wollen wir nicht sagen, irgendetwas sei falsch daran, wenn Nichtchristen diese oder irgendeine andere Frage stellen. Nur zu, sagen wir! Wir versuchen jedoch deutlich zu machen, dass unsere Antwort nur dann einen Sinn ergeben kann, wenn bestimmte andere, grundlegendere Fragen zuvor beantwortet worden sind. Wir wären unter den Ersten, die sagen würden, dass es völlig sinnlos ist, sich Gedanken darüber zu machen, ob irgendjemand das Evangelium gehört hat, wenn Jesus nicht von den Toten auferstanden wäre, denn dann wäre das Evangelium insgesamt nicht wahr. Wenn Jesus jedoch von den Toten auferstanden ist, dann ist das Evangelium wahr, auch wenn es stimmt, dass manche Christen das Evangelium vielleicht nicht ganz richtig verstehen.

Wenn man die Vielfalt von Ansichten sieht, die es unter Christen zu der Frage, was mit denen geschieht, die das Evangelium nicht gehört haben, gibt, dann liegt auf der Hand, dass manches davon falsch sein muss. Das ist im Übrigen ein weiterer Grund, warum man den Wahrheitsgehalt der christlichen Botschaft nicht daran messen sollte, wie die Frage beantwortet wird, was mit denen geschieht, die diese Botschaft nicht gehört haben.

Darüber hinaus müssen wir uns auch darüber einig sein, dass *die Bibel die entscheidende Autorität ist*, wenn es um die Frage geht, was mit denen geschieht, die das Evangelium nicht gehört haben. Denn wenn die Bibel in dieser Frage nicht vertrauenswürdig ist, dann ist es auch keine andere Quelle und wir hätten keine Möglichkeit, die Frage irgendwie zuverlässig zu beantworten. Auch hier möchten wir die, die vom Wahrheitsgehalt und der Inspiration der Bibel nicht überzeugt sind, ermutigen, dieser Frage nachzugehen und sie für sich persönlich zu klären.

Und schließlich müssen wir uns darüber einig sein, dass *zumindest einige Menschen nicht gerettet werden*. In den vorangegangenen vier Kapiteln haben wir dargelegt, wie wir zu dieser Überzeugung gekommen sind. Wenn man davon ausgeht, dass niemand in die Hölle kommt, dann betrifft das natürlich auch keinen von den Menschen, die das Evangelium nicht gehört haben. Wenn jeder gerettet wird, dann gehören natürlich auch die dazu, die das Evangelium nie gehört haben. Bedauerlicherweise wird aber nicht jeder gerettet, wie wir insbesondere in Kapitel 9 bereits erklärt haben. Damit ist jedoch noch keineswegs die Frage geklärt, wer gerettet werden wird und wer nicht.

Im weiteren Verlauf dieses Kapitels wollen wir einen biblischen Rahmen dafür abstecken, wie diese Frage zu beantworten ist. Wir geben zu, dass wir nicht alle Fragen, die Menschen zu diesem Thema stellen, mit Sicherheit beantworten können. Wie wir jedoch glauben, ist es möglich, in dieser Frage so viel Klarheit zu gewinnen, dass damit alles, was wir wissen müssen, abgedeckt ist.

Einige von denen, die behaupten Christen zu sein, werden verloren gehen

Vielleicht sollten wir mit der Feststellung beginnen, dass nicht jeder, der behauptet, Christ zu sein, gerettet werden wird. Mit dieser Auffassung stehen wir auf ziemlich sicherem Boden, denn Jesus Christus selbst hat das gesagt:

> *Es werden nicht alle, die zu mir sagen: Herr, Herr!, in das Himmelreich kommen, sondern die den Willen tun meines Vaters im Himmel. Es werden viele zu mir sagen an jenem Tage: Herr, Herr, haben wir nicht in deinem Namen geweissagt? Haben wir nicht in deinem Namen böse Geister ausgetrieben? Haben wir nicht in deinem Namen viele Wunder getan? Dann werde ich ihnen bekennen: Ich habe euch noch nie gekannt; weicht von mir, ihr Übeltäter! (Matthäus 7,21-23)*

Man kann die biblische Position nicht einfach auf die Behauptung reduzieren, dass „jeder, der zu unserer Religion gehört, gerettet ist und alle anderen verloren gehen". (Ersetzen Sie „Religion" durch „Denomination", „Kirche" oder „Vereinigung", die Aussage stimmt jedenfalls.) Wir leben nicht mit der Vorstellung, die Zugehörigkeit zu unserer Religion oder die Mitgliedschaft in einer unserer Gemeinden beinhalte einen Freifahrtschein in den Himmel. Wie wir weiter oben dargelegt haben, erwarten wir vielmehr sogar, dass einige Mitglieder unserer Gemeinden in der Hölle eine besonders harte Strafe erwartet! Das hängt damit zusammen, dass Gott *die Menschen nach dem richtet, was sie wissen.*

Jakobus warnt seine Leser davor, allzu sehr danach zu streben, Lehrer zu werden, „denn ihr wisst, dass wir als Lehrer von Gott besonders streng beurteilt werden" (Jakobus 3,1 NLÜ). In einem von Jesu Gleichnissen (Lukas 12,42-48) erwartete den Diener, der den Willen seines Herrn kannte, ihn aber nicht tat, eine schwere Strafe; dagegen erhielt der Diener, der diesen Willen nicht kannte, ein relativ mildes Urteil, obwohl auch er für sein Tun Strafe verdient hatte. Das Prinzip, das Jesus am Ende dieses Gleichnisses zum Ausdruck bringt, ist deutlich: „Denn wem viel gegeben ist, bei dem wird man viel suchen“ (Lukas 12,48).

Jesus ist die einzige Quelle der Rettung

Wie aus dem Neuen Testament sonnenklar hervorgeht, wird jeder, der zu irgendeinem Zeitpunkt in der Geschichte der Menschheit gerettet wird, durch das erlösende Leiden, den Tod und die Auferstehung von Jesus Christus gerettet. Zu diesem Thema gibt es zwei Schlüsselaussagen, die ebenso bekannt wie eindeutig sind. Eine stammt aus dem Mund von Jesus, die andere von Petrus:

> *Ich bin der Weg und die Wahrheit und das Leben; niemand kommt zum Vater denn durch mich. (Johannes 14,6)*
>
> *Und in keinem anderen ist das Heil zu finden. Denn es ist uns Menschen kein anderer Name unter dem Himmel gegeben, durch den wir gerettet werden sollen. (Apostelgeschichte 4,12)*

Woran aber liegt es, dass Menschen ausschließlich durch Jesus gerettet werden können?

1.) Zu allererst daran, dass *Menschen sich nicht selber retten können*. Menschen können niemals durch das, was sie selber tun oder leisten können, gut genug für Gott werden oder ihre Beziehung zu Gott in Ordnung bringen. Dies lesen wir zum Beispiel ganz eindeutig bei Paulus: „Denn durch Werke des Gesetzes wird niemand vor ihm gerecht werden; durch das Gesetz kommt es vielmehr zur Erkenntnis der Sünde (Römer 3,20 EÜ). Mit anderen Worten, das Gesetz des Mose bietet uns keinen Weg zur Rechtfertigung oder dazu, in Gottes Augen in Ordnung zu sein; stattdessen sagt es uns einfach nur, was Sünde ist und dass wir Sünder sind.“[120]

Wenn es möglich wäre, dass ein Mensch mit Gott ins Reine kommt, indem er genügend gute Werke tut, dann könnte es womöglich für einige Menschen durchaus Hoffnung geben, ohne die Hilfe von Christus gerettet zu werden. Unglücklicherweise ist dazu jedoch keiner von uns in der Lage, „denn alle haben gesündigt und erlangen nicht die Herrlichkeit Gottes und werden umsonst gerechtfertigt durch seine Gnade, durch die Erlösung, die in Christus Jesus ist (Römer 3,23-24 ELB). Das heißt nicht, dass Christen keine guten Werke tun – falls sie keine guten Werke tun, muss man sogar infrage stellen, ob sie überhaupt Christen sind – es heißt aber, dass ihre Beziehung zu Gott nicht auf ihren Werken beruht, sondern auf der Tatsache, dass Gott sie aufgrund dessen, was Jesus für sie getan hat, angenommen hat:

> *Denn aus Gnade seid ihr selig geworden durch Glauben, und das nicht aus euch: Gottes Gabe ist es, nicht aus Werken, damit sich nicht jemand rühme. Denn wir sind sein Werk, geschaffen in Christus Jesus zu guten Werken, die Gott zuvor bereitet hat, dass wir darin wandeln sollen. (Epheser 2,8-10)*

Wenn die Rettung für Christen nicht durch ihre Werke erfolgt, ja wenn dies ausdrücklich ausgeschlossen ist, dann steht folglich dieser Weg auch keinem anderen offen. Paulus sagt ausdrücklich, dass „kein Fleisch" auf diese Weise gerettet wird.

2.) *Gott hat sich entschlossen, Menschen überall in der Welt durch seinen Sohn Jesus Christus zu retten.* Hier kommen die Bibelstellen ins Spiel, die von Anhängern der Allversöhnungslehre dahingehend missverstanden werden, dass alle Menschen gerettet werden (siehe Kapitel 9). „Denn also hat Gott die Welt geliebt, dass er seinen eingeborenen Sohn gab, damit alle, die an ihn glauben, nicht verloren werden, sondern das ewige Leben haben" (Johannes 3,16). Jesus ist der Retter der Welt, er starb als Sühneopfer für Menschen überall in der Welt, brachte der Welt Versöhnung und Rechtfertigung für die Menschen (Johannes 1,29; 4,42; 1. Johannes 2,2; 4,14; Römer 5,18; 2. Korinther 5,19; Kolosser 1,19-20; 1. Timotheus 2,6). Wir könnten den ganzen Tag darüber spekulieren, ob Gott auch einen anderen Weg hätte wählen können, um die Menschen zu retten. Tatsache ist jedoch, dass wir keine Möglichkeit haben, das herauszufinden und die Schrift sagt nun einmal, dass er diesen Weg gewählt hat und keinen anderen.

Wir sagen dies mit allem aufrichtigen Respekt für die Lehren anderer Religionen.

C. S. Lewis

Die Menschen, die immer wieder fragen, ob sie nicht auch ohne Christus ein anständiges Leben führen können, wissen gar nicht, worum es im Leben eigentlich geht.[121]

Zum Erbe des Judentums, aus dem das Christentum hervorgegangen ist, gehört Gottes Offenbarung im Alten Testament. Der Islam hat sowohl im Judentum als auch im Christentum große Anleihen gemacht, glaubt an einen einzigen Schöpfer und Vertritt ein Wertesystem, dass, auch wenn es in einigen wichtigen Fragen vom Christentum abweicht, dennoch in vielerlei Hinsicht von edlem Charakter und biblisch begründet ist. Im Buddhismus ist anerkennenswert, dass er die umfassende Bedeutung des Leidens im menschlichen Dasein erkennt und nach Frieden und innerer Ausgeglichenheit strebt.

Von unserem Standpunkt als Christen ist es weder notwendig noch wünschenswert, das, was in anderen Religionen gut und wahr ist, herabzuwürdigen. Wir stellen nur ganz nüchtern fest, dass keine dieser Religionen einen von Gott offenbarten und autorisierten Weg aufzeigt, wie die von Gott getrennten Menschen Vergebung erlangen können. Der Buddhismus erkennt in den meisten seiner Ausformungen nicht einmal an, dass es einen persönlichen Schöpfergott gibt, dem gegenüber wir Rechenschaft ablegen müssen. Der Islam tut dies zwar erfreulicherweise, lehrt jedoch, die Menschen müssten sich selbst als würdig erweisen, indem sie sich dem unterwerfen, wovon man glaubt, es sei der Wille Gottes. Traurigerweise lehnt der Islam als Religion die Lehre ab, dass Jesus für unsere Sünden starb und von den Toten auferstand. Das Judentum ist, auch wenn es seine Wurzeln im Alten Testament hat, nicht länger die Religion des Alten Testaments, da es keine Opfer für Sünden mehr hat. Und tragischerweise erkennt das Judentum den Messias nicht, der zu den Juden gesandt wurde.

Der christliche Anspruch, dass Jesus der einzige Retter ist, ist keineswegs ein beschränkter, engstirniger Standpunkt. Es ist schlicht die Wahrheit. Unter den großen Religionen dieser Welt hat das Christentum mit Jesus in der Tat den einzigen Retter im Angebot.[122] Diese Tatsache kann bedeuten, dass Anhänger nichtchristlicher Religionen zwangsläufig verloren sind, sie muss es aber nicht bedeuten. Sie bedeutet aber in jedem Fall, dass alle diese anderen Religionen keine Wege zur Errettung sind. Mit anderen Worten, falls Anhänger anderer Religionen gerettet werden, dann nicht deshalb, weil sie ihrer Religion gefolgt sind. Vielmehr wird Gott solche Menschen unabhängig von ihrer Religion, in manchen Fällen sogar *trotz* ihrer Religion retten.

Menschen werden für ihre Sünden gerichtet, nicht weil sie etwas nicht wissen.

Wer auch immer gerichtet und in die Hölle verdammt wird, wird nicht behaupten können, sein Urteil sei ungerecht. Es *wäre* allerdings ungerecht, wenn Menschen dafür verdammt würden, dass sie nicht an Jesus Christus glaubten, obwohl sie nie von ihm gehört haben. Das wird jedoch nicht der Fall sein. Die Verlorenen werden nicht verdammt werden, weil sie nicht an Jesus glaubten, sondern wegen ihrer Sünden. Gott wird „alle Menschen nach ihrem Tun richten" (Römer 2,6 NLÜ; siehe auch Psalm 62,13, Sprüche 24,12; Matthäus 16,27; Offenbarung 2,23). Wenn Gott die Toten auferweckt, werden sie „nach ihren Taten gerichtet" (Offenbarung 20,13 NLÜ).

An diesem Punkt herrscht selbst unter anerkannten Theologen große Verwirrung. Tiessen zum Beispiel vertritt die Ansicht: „Ich denke, es gibt eine grundlegende Wahrheit, die dazu führt, dass Christen die Vorstellung intuitiv ablehnen, Gott könnte Menschen verdammen, weil sie nicht an jemanden glauben, von dem sie nie gehört haben, wobei nur dieser Glaube sie retten könnte."[123] Doch Menschen, die nie von Christus gehört haben, werden keineswegs verdammt, weil sie nicht an ihn glauben. Alle Menschen, die verdammt werden, werden aufgrund ihrer Sünden verdammt - ganz gleich, ob sie von Christus gehört haben oder nicht. Auch wenn diese Menschen von Christus gehört haben und sich dann entscheiden, nicht an ihn zu glauben, ist das zwar eine besonders schwere Sünde, aber keineswegs der alleinige Grund ihrer Verurteilung. Tiessen räumt später ein, dass dies die Position der Theologen ist, die er kritisiert; sie „verteidigen Gottes Gerechtigkeit, indem sie argumentieren, diejenigen, die das Evangelium nicht gehört haben, würden nicht dafür verdammt werden, dass sie nicht an einen Jesus glaubten, von dem sie gar nichts wussten, sondern für die Sünden, die sie bewusst begangen haben."[124] Damit bringt seine vorherige Kritik jedoch nur Verwirrung in den Sachverhalt.

Im Gegensatz dazu werden die, die von Christus gehört und ihr Vertrauen in ihn gesetzt haben, einzig und allein aufgrund von Gottes Gnade durch den Glauben gerettet (Epheser 2,8-9). Während also die Tatsache, dass jemand Christus ablehnt nicht der alleinige Grund dafür ist, dass er verdammt wird (und die, die nie von Christus gehört haben, in jedem Fall für ihre Sünden verdammt werden können), ist für diejenigen, die Christus annehmen dies der einzige Grund, warum sie gerettet werden.

Diejenigen, die das Evangelium ablehnen, werden verloren gehen

Was auch immer mit den Menschen geschehen wird, die das Evangelium nie gehört haben; wir stehen jedenfalls auf einer soliden Grundlage, wenn wir behaupten, dass diejenigen, die das Evangelium gehört *haben* und es dennoch ablehnen, verloren gehen. Jesus warnte, „wer aber mich ablehnt, der lehnt den ab, der mich gesandt hat" (Lukas 10,16 EÜ; ähnlich Johannes 12,48). Im Anschluss an den berühmten Vers Johannes 3,16 lesen wir: „Wer an ihn glaubt, der wird nicht gerichtet; wer aber nicht glaubt, der ist schon gerichtet, denn er glaubt nicht an den Namen des eingeborenen Sohnes Gottes" (Johannes 3,18). Wir glauben, dass dieser Text auch etwas über die zu sagen hat, die das Evangelium nicht gehört haben. Zumindest aber zeigt er, dass diejenigen, welche die Botschaft von Jesus, dem Sohn Gottes, gehört und ihr nicht geglaubt haben, unter Gottes Gericht sind. Der Schreiber des Hebräerbriefs warnt, dass jene, welche „mutwillig sündigen, nachdem wir die Erkenntnis der Wahrheit empfangen haben" das Opfer, das Christus für ihre Sünden gebracht hat, verspielt haben, und ihnen dann nur noch „ein schreckliches Warten auf das Gericht" bleibt (Hebräer 10,26-27). Diese Stelle spricht zwar im engeren Sinn von Menschen, die sich zum Glauben an Christus bekannten und ihn dann wieder abgelehnt haben - doch im weiteren Sinn geht es hier auch darum, dass jeder, der Christus bewusst ablehnt, in ernsthaften Schwierigkeiten ist. Auch hier finden wir das Prinzip, wonach Menschen für das verantwortlich sind, was sie wissen.

Aus der Tatsache, dass Jesus der einzige Retter ist, folgt zwangsläufig, dass jeder, der ihn ablehnt, verloren ist. Wenn es stimmt, wenn Jesus sagt, „niemand kommt zum Vater denn durch mich" (Johannes 14,6) und wir uns aber weigern durch Christus zum Vater zu kommen, dann folgt daraus ganz einfach, dass wir gar nicht zum Vater kommen.

Es ist schwer abzuschätzen, wie viele Menschen bereits das Evangelium von Jesus Christus gehört und ihn trotzdem abgelehnt haben. Doch die Zahl wird sicher in die Hunderte Millionen gehen. Somit kann man diese unangenehme Tatsache einfach nicht aus der Welt schaffen: Hunderte Millionen Menschen haben dem einzigen Retter den Rücken zugewandt und sind ohne Christus in die Ewigkeit gegangen.

Doch was ist mit den Milliarden Menschen, die niemals etwas von Christus gehört haben? Wenn sie nicht von ihm gehört haben, haben sie ihn sicherlich auch nicht abgelehnt. Werden solche Menschen verloren gehen? Gibt es vielleicht Ausnahmen? Wir werden diese Frage in den nächsten beiden Kapiteln untersuchen.

Wahrheit:

Jesus Christus ist der einzige Retter.

Mythos:

Christen denken, dass sie gerettet sind, nur weil sie die richtige Religion haben.

Kapitel 14

Wenn ich sterbe, bevor ich davon höre

Werden Kinder und andere Menschen, die nicht in der Lage sind, auf das Evangelium einzugehen, in die Hölle kommen?

Wir kommen nun zu der Frage, ob es für die, die nie das Evangelium gehört haben, möglich ist, gerettet zu werden. Wie wir bisher festgehalten haben, sind diejenigen, die das Evangelium gehört haben, dafür verantwortlich, mit Umkehr und Glauben darauf zu reagieren. Wir haben auch gezeigt, dass jeder, der gerettet wird, durch den erlösenden Tod und die Auferstehung von Jesus Christus gerettet wird, ganz unabhängig davon, unter welchen sonstigen Umständen diese Errettung geschieht. In diesen beiden grundlegenden Punkten sind sich alle evangelikalen Christen einig. Von diesem gemeinsamen Standpunkt ausgehend, gehen die Meinungen darüber, was mit denen geschieht, die das Evangelium von Jesus Christus nicht gehört haben, jedoch weit auseinander.

Varianten von Exklusivismus und Inklusivismus

Es hat sich als zweckmäßig erwiesen, die verschiedenen Ansichten zu dieser Frage in die grundsätzlichen Richtungen *Exklusivismus*, der dafür eintritt, dass nur Menschen, die bewusst eine Entscheidung für Jesus Christus treffen, gerettet werden können, und *Inklusivismus*, der dafür eintritt, dass manche Menschen, die niemals von Jesus Christus gehört haben, dennoch durch ihn gerettet werden können, einzuteilen[125]. Bei genauerem Hinsehen verbirgt sich hinter dieser einfachen Unterscheidung jedoch eine beträchtliche Vielfalt von Standpunkten. Einige glauben, es gebe Menschen, die das Evangelium nicht von anderen Menschen gehört haben, aber von Gott gekannt sind, diese werden das Evangelium annehmen, wenn sie es während des Lebens durch eine Offenbarung, durch Engel, von Jesus selbst oder innerlich durch den Heiligen Geist empfangen. (Wir können diese Sichtweise *prämortale Offenbarung* nennen.)[126] Andere denken, dass alle Menschen im Augenblick ihres Todes eine Begegnung mit Jesus haben, und damit die Gelegenheit erhalten, sich für das Evangelium zu entscheiden (wir nennen diese Sicht die *finale Option*).[127] Eine weitere Sichtweise besagt, diejenigen, die das Evangelium in diesem Leben nicht gehört haben, würden es in jedem Fall während des Zwischenstadiums hören (Theorie der *postmortalen Evangelisation*).[128] Eine sehr ausgefeilte Version dieser Sichtweise finden wir in der Kirche der Mormonen,[129] doch auch Clemens von Alexandrien, Origenes, Athanasius und andere Kirchenväter, sowie in jüngerer Zeit Gabriel Fackre, vertreten Varianten dieser Sichtweise.[130]

In gewissem Sinne können all diese Standpunkte als Varianten des Exklusivismus angesehen werden, da sie alle davon ausgehen, dass ein Mensch, um gerettet zu werden, von Christus hören und bewusst an ihn glauben muss. Doch normalerweise verstehen Theologen unter Exklusivismus die Überzeugung, dass Menschen nur durch einen menschlichen Zeugen, dem sie während ihres Lebens begegnen, an Christus glauben und gerettet werden können. Terrance Tiessen nennt diese Sichtweise *Ekklesiozentrismus*, da nach dieser Auffassung die Errettung im Grunde auf die beschränkt bleibt, die in Kontakt mit der Gemeinde kommen.[131] Wir wollen diese Position jedoch im Folgenden *strengen Exklusivismus* nennen.

Auch der Inklusivismus tritt in verschiedenen Ausformungen auf. Einige vertreten die Auffassung, dass Gott die Menschen rettet, von denen er weiß, sie hätten das Evangelium angenommen, wenn sie es gehört hätten.[132] Wir nennen diese Sichtweise scientia media (Mittelwissen) Inklusivismus. Dabei bezeichnet „scientia media“ ein Wissen um Dinge, die nicht geschehen sind, aber unter anderen Umständen geschehen wären.[133] Andere wiederum glauben, dass Gott unter denen, die niemals von Christus gehört haben, diejenigen rettet, die eine bußfertige und reumütige Haltung demütigen Glaubens aufweisen, auch wenn ihr Wissen von Gott lückenhaft oder sogar falsch sein sollte. Nach dieser Sichtweise rettet Gott alle die, die auf das Licht, das sie haben, glaubensvoll eingehen, selbst wenn dieses Licht keinerlei Wissen über Jesus Christus umfasst. Wir nennen diese Sichtweise *Frömmigkeits-Inklusivismus*, da er jeden Menschen, der eine gewisse Art von Frömmigkeit oder Glauben hat, als gerettet ansieht.[134] Eine weitere Sichtweise ist der *agnostische Inklusivismus.* Dieser vertritt den Standpunkt, dass Gott sehr wohl Menschen retten könne, die niemals von Jesus Christus gehört haben, wir jedoch keine Möglichkeit haben, herauszufinden, ob er dies tatsächlich auch tut.[135]

Wir müssen noch klarstellen, dass keine dieser Varianten des Inklusivismus in der Regel irgendeine Aussage darüber macht, *wie viele* Menschen gerettet werden, ohne von Jesus Christus gehört zu haben. Im Allgemeinen neigen die Vertreter des agnostischen Inklusivismus dazu, hier am pessimistischsten - oder zumindest unspezifischsten - zu sein, doch lässt ihre Sichtweise andererseits auch Raum für jede beliebige Anzahl von Menschen, die Gott außerhalb der Gemeinde rettet. Den Standpunkt des Frömmigkeits-Inklusivismus kann man durchaus teilen, ohne davon auszugehen, dass die Zahl der Menschen, die durch Glauben ohne eine bewusste Kenntnis von Jesus Christus gerettet werden, besonders groß sein wird. Daher ist es grundsätzlich falsch zu behaupten, Inklusivismus bedeute zu glauben, „dass Millionen von erwachsenen Menschen, die das Evangelium nie gehört haben" gerettet werden.[136] Der Inklusivismus eröffnet zwar diese Möglichkeit, doch nur nichtevangelikale Varianten des Inklusivismus vertreten klar den Standpunkt, Millionen von Erwachsenen, die das Evangelium nie gehört haben, würden gerettet werden.

Diejenigen, die nie von Jesus Christus gehört haben

Die Menschen, die während ihres Lebens hier auf der Erde nie von Jesus Christus gehört haben, lassen sich im Allgemeinen in fünf Kategorien einteilen.

1.) *Die Menschen des Alten Testaments.* Die Israeliten im Alten Testament und Menschen, die an Gott glaubten, bevor es Israel gab, kannten Jesus Christus nicht mit Namen. Doch wir wissen, dass viele von ihnen gerettet wurden.

2.) *Kleine Kinder, die gestorben sind.* Ungeborene Kinder, Babys und jüngere Kinder können nicht darauf eingehen, wenn jemand ihnen das Evangelium darlegt, weil sie es entweder nicht hören oder zumindest nicht verstehen können. Heißt das, dass sie, wenn sie sterben, bevor sie das Evangelium verstehen und darauf eingehen können, verloren sind?

3.) *Geistig behinderte Menschen.* Von denjenigen, die aufgrund geistiger Zurückgebliebenheit, Geisteskrankheit oder anderer behindernder Einflüsse auf das Bewusstsein nicht in der Lage sind eine Darstellung des Evangeliums in Worten zu verarbeiten, kann man auch nicht erwarten, dass sie auf eine solche Darstellung eingehen. Sind sie verloren?

4.) *Heiden, die vor Christus gelebt haben.* (Wir verwenden das Wort *Heiden* als wertneutrale Bezeichnung für Menschen, die niemals vom Gott der Juden oder Christen gehört haben - keineswegs in abwertender Weise.) Bevor Christus auf die Erde kam, haben die allermeisten Menschen nie vom Herrn, dem Gott Abrahams, gehört. Wir wollen nur einmal annehmen, dass die Menschen, die irgendwie mit Gottes Handeln an Israel in Berührung kamen, auch Gelegenheit hatten, umzukehren und an Gott zu glauben. Doch was ist mit den Millionen, die diese Gelegenheit nicht hatten? Was ist mit noblen Persönlichkeiten, wie zum Beispiel Sokrates, die vor Christus lebten und keinerlei Berührungspunkte mit Israel oder dem Gott Israels hatten?

5.) *Heiden, die nach Christus gelebt haben.* Seitdem Jesus gestorben und auferstanden ist, haben Milliarden von geistig gesunden Menschen im verantwortungsfähigen Alter gelebt, die niemals das Evangelium von Jesus Christus gehört haben. Sind diese alle verloren?

Menschen aus allen fünf dieser Kategorien könnte man mit einem Wort als „unevangelisiert" bezeichnen, denn ihnen wurde (wie wir annehmen) das Evangelium von Jesus Christus während ihres Lebens hier auf Erden tatsächlich nicht vorgestellt. Bei genauerem Hinsehen stellt sich jedoch heraus, dass die Meinungsverschiedenheiten in der Hauptsache darüber bestehen, ob es für Heiden, die vor oder nach Christus gelebt haben, möglich ist, gerettet zu werden. Die Übersicht auf Seite 178 soll dies verdeutlichen.

Alle sieben Sichtweisen stimmen darin überein, dass von den Menschen im Alten Testament, Kindern, die jung sterben und den geistig Behinderten zumindest einige gerettet werden. Die meisten dieser Sichtweisen (sowohl inklusivistische als auch exklusivistische) sind sich zudem einig, dass aus den Heiden vor und nach Christus einige gerettet werden. Agnostische Inklusivisten gehen davon aus, dass einige der Heiden gerettet werden, es aber keine Möglichkeit gibt, dies mit Sicherheit festzustellen. Strenge Exklusivisten gehen davon aus, dass von den Heiden keiner gerettet wird.

Im weiteren Verlauf dieses Kapitels wollen wir nun herausfinden, was wir aus der Schrift über die Errettung der Gläubigen im Alten Testament, von Kleinkindern und anderen, die in irgendeinem Zeitalter nicht in der Lage waren, das Evangelium zu hören, erfahren können. Im nächsten Kapitel wenden wir uns dann den voll verantwortlichen Menschen zu, denen von keinem Gläubigen das Evangelium gebracht wurde.

Die Gläubigen im Alten Testament werden gerettet

Es gibt Menschen, die vor Jesus gelebt haben, darunter Abel, Henoch, Noah, Abraham, Sarah, Isaak, Jakob, Josef, Mose, Rahab, Samuel, David, Elia und eine unbekannte Anzahl anderer Menschen, die gerettet sind und für immer im Reich Gottes leben werden (Matthäus 8,11; 17,3; 22,32; Lukas 9,30; 13,28; 16,22-25; Römer 4,1-7; Hebräer 11,4-32). Offensichtlich ist es daher für manche Menschen möglich, gerettet zu werden, ohne den Namen „Jesus" oder die Botschaft, dass er am Kreuz für unsere Sünden starb, gehört zu haben. Zumin-

Wer wird gerettet?

	Menschen im Alten Testament	Kleine Kinder	Geistig Behinderte	Heiden vor Christus	Heiden nach Christus
Exklusivismus					
Prämortale Offenbarung	Einige	Einige	Einige	Einige	Einige
Finale Option	Einige	Einige	Einige	Einige	Einige
Postmortale Evangelisation	Einige	Einige	Einige	Einige	Einige
Strenger Exklusivismus	Einige	Einige/Alle	Einige/Alle	Keiner	Keiner
Inklusivismus					
scientia media	Einige	Einige	Einige	Einige	Einige
Frömmigkeit	Einige	Einige	Einige/Alle	Einige	Einige
Agnostisch	Einige	Einige/Alle	Einige/Alle	Unbekannt	Unbekannt

dest kann man mit Sicherheit sagen, dass es möglich *war*; und wenn es damals möglich war, ist es *vielleicht* auch heute noch möglich.

Einige strenge Exklusivisten sind da anderer Auffassung. Ronald Nash erklärt zum Beispiel: „Das Neue Testament berichtet, dass die Heiligen des Alten Testaments einen Mittler erwarteten, der sterben würde (Johannes 5,46; 8,56; 1. Petrus 1,10-12) und sagt, dass Abraham das Evangelium gepredigt wurde (Galater 3,6).“[137]

Dazu muss zuallererst einmal gesagt werden, dass keiner von Nashs Texten aus dem Johannesevangelium davon spricht, dass der Mittler (Jesus) stirbt.

Es ist wahr, dass, wie Petrus sagt, die Propheten des Alten Testaments wissen wollten „auf welche und was für eine Zeit der Geist Christi deutete, der in ihnen war und zuvor bezeugt hat die Leiden, die über Christus kommen sollten, und die Herrlichkeit danach“ (1. Petrus 1,11), doch diese Propheten traten erst gegen Ende der Ära des Alten Testaments auf. Somit stützt diese Aussage nicht die Vorstellung, jeder, der im Alten Testament gerettet wurde hätte an den kommenden Messias geglaubt, der für unsere Sünden sterben würde. Darüber hinaus sagt Petrus, dass diese Propheten „nicht sich selbst, sondern euch dienen sollten“ (1. Petrus 1,12). Daraus wird deutlich, dass die Offenbarungen, die den Propheten über den Messias gegeben waren, keineswegs Wissen darstellten, das die Gläubigen des Alten Testaments kennen mussten, um gerettet zu werden. Sie waren vielmehr vorausschauende Botschaften, die den Weg dafür bereiteten, dass der Messias auch erkannt würde, nachdem er auf die Erde gekommen, gestorben und wieder auferstanden war.

So weit wir das beurteilen konnten, wussten nur sehr wenige Juden, wenn überhaupt einer, vor dem Tod und der Auferstehung von Jesus, dass der Messias für ihre Sünden sterben würde. Die erste Stelle im Alten Testament, von der man im Kontext betrachtet sagen kann, sie zeige, dass der Messias für unsere Sünden sterben würde, ist Jesaja 52,13-53,12, die berühmte Stelle über den leidenden Gottesknecht.[138] Offensichtlich verstanden jedoch nur wenige Juden diese Stelle bevor Jesus kam und natürlich wurde Jesaja 53 erst Hunderte von Jahren, nachdem viele der Heiligen des Alten Testaments gestorben waren, geschrieben (die Patriarchen, Mose, David, Elia usw.). Andere Stellen legen zwar die Grundlage für eine sich langsam entfaltende Offenbarung über den kommenden Messias und sein Opfer, geben jedoch ebenfalls keinen klaren oder konkreten Hinweis darauf, dass der Messias als Sühnopfer für unsere Sünden sterben würde (z. B. 1. Mose 3,15; 22,8; Psalm 22,1-18). Darüber hinaus - und das ist der entscheidende Punkt - *steht in keiner dieser Stellen, dass der Glaube an den zukünftigen erlösenden Tod des Messias die Grundlage der Errettung sein sollte.*

In einem Punkt muss man Nash jedoch zustimmen. Das Evangelium war im Alten Testament bereits angelegt, wenn auch in noch unentwickelter Form. Paulus geht so weit zu sagen: „Die Schrift aber, voraussehend, dass Gott die Nationen aus Glauben rechtfertigen werde, verkündigte dem Abraham die gute Botschaft voraus: ‚In dir werden gesegnet werden alle Nationen'" (Galater 3,8 ELB). Paulus bezieht sich hier auf die Verheißung, die Gott Abraham mehrmals gegeben hat, dass alle Geschlechter oder Nationen der Erde durch ihn gesegnet werden würden (1. Mose 12,3; 18,18; 22,18). Er fährt fort und erklärt, der verheißene Segen für die Völker der Erde werde durch Abrahams „Nachkommen", den Messias, kommen (Galater 3,14.16).

Nirgendwo deutet Paulus auch nur an, Abraham hätte verstanden, dass der Messias für unsere Sünden sterben würde, um diesen Segen zu aller Welt zu bringen. Es reichte, dass „Abraham Gott glaubte und es ihm zur Gerechtigkeit gerechnet wurde" (Galater 3,6 ELB, zitiert 1. Mose 15,6). Was Abraham glaubte, war, dass Gott ihm irgendwie einen Sohn geben würde, durch den sich seine Verheißungen für Land, Nachkommenschaft und Segen für die Welt erfüllen würden (1. Mose 12,1-3; 13,14-17; 15,1-7.18-21; 17,1-8; 18,17-18; 22,17-18).

Demnach wurden Menschen im Alten Testament durchaus gerettet, ohne etwas von Jesus oder seinem erlösenden Tod zu wissen. Dennoch sollten wir vorsichtig sein, in diese

Tatsache zu viel hineinzuinterpretieren. Auf gar keinen Fall behauptet die Bibel, jeder oder auch nur die meisten Menschen, die vor Jesus gelebt haben, wurden gerettet. Sie ermutigt uns noch nicht einmal zu der Annahme, dass die meisten Israeliten gerettet wurden; wir wissen im Gegenteil sogar, dass viele nicht gerettet wurden (z. B. Römer 9,6-8; 1. Korinther 10,5). Und auch die Nichtisraeliten, von deren Errettung wir hören, haben alle an Gott, den Herrn geglaubt und nicht an die Götter und Göttinnen der antiken heidnischen Religionen.

Die wenigen offensichtlichen Beispiele von Individuen, die mit Abraham nicht leiblich verwandt waren und die dennoch in der Ära des Alten Testaments gerettet wurden, standen trotzdem alle irgendwie mit Abraham oder seinen Nachkommen in Verbindung. Das wichtigste Beispiel hierfür ist Melchisedek; obwohl nicht mit Abram (wie er da noch hieß) verwandt, war er „Priester Gottes des Höchsten" (Hebr. *El Elion*) und bekannte, dass der Gott Abrams der wahre Gott war (1. Mose 14,18-20). Wir wissen jedoch nichts darüber, wie Melchisedek dazu kam, denselben Gott anzubeten wie Abram. Bryan Widbin äußert hierzu die Vermutung, dass Melchisedek unabhängig von Abram eine Offenbarung von Gott erhalten hatte:

> *Abram lebte am Rande der kanaanitischen Gesellschaft und hatte eine andere kulturelle Ausrichtung als die Stadtstaaten (1. Mose 13). Sollten wir nicht annehmen können, dass Abram und Melchisedek unabhängig voneinander zu ihrer Kenntnis von El Elion gelangten, womöglich durch ihre jeweiligen persönlichen Offenbarungen von Gott?*[139]

Damit könnte Widbin durchaus Recht haben, aber wir haben einfach nicht genügend Informationen, um dies mit Sicherheit behaupten zu können. Mit Sicherheit können wir jedoch sagen, dass Melchisedek kein Anhänger einer heidnischen Religion war. Er betete denselben Gott an wie Abram.

Manchmal werden Hiob und die Männer, die sich mit ihm unterhielten, als Beispiele für gerettete Nichtisraeliten angeführt. Dazu muss man Folgendes beachten: Hiob lebte in Uz (Hiob 1,1) und Elihu, der junge Mann, der Hiob zur Rede stellte, wird als „Sohn Barachels des Busiters, aus dem Geschlecht Ram" beschrieben (32,2). Bus und Uz waren aber die Namen von Söhnen Nahors, dem Bruder Abrahams (1. Mose 22,20-21). Das bedeutet, dass Elihu und Hiob tatsächlich irgendwie mit Abraham verwandt gewesen sein könnten. In jedem Fall beteten sie jedoch denselben Gott an. Dass das Alte Testament uns kaum etwas über die Errettung von Menschen, die nicht mit Abraham oder seinen Nachkommen in Kontakt standen, sagt, ist nur natürlich. Daher sollten wir auch nicht zu viel aus diesem Mangel an Informationen machen.

Kleinkinder und Behinderte

Die zweite und dritte Kategorie von „unevangelisierten" Menschen sind zum einen Kinder, die sterben, bevor sie die Möglichkeit haben das Evangelium zu hören und darauf zu reagieren, und zum anderen geistig behinderte Menschen, ganz gleich welchen Alters, denen ebenfalls die Fähigkeit fehlt, auf das Evangelium zu hören und darauf zu reagieren. Was ist mit ihnen?

Alle Christen sind sich darin einig, dass *zumindest einige* der Menschen in diesen beiden Kategorien gerettet werden, und viele Christen glauben sogar, dass dies für *alle* gilt. Die entscheidende Frage ist hier jedoch nicht, ob Kleinkinder und Behinderte bewusst an Christus glauben können, um gerettet zu werden, sondern ob sie Sünden begehen können, um verdammt zu werden. Wie viele andere würden auch wir sagen, dass sie keine Sünden begehen können, die eine Verdammung verdienen und dass sie daher alle gerettet werden. Hier stimmen wir, neben anderen, auch mit Ronald Nash überein.[140] Die Argumentation kann man wie folgt zusammenfassen:

- *Gott richtet Menschen und verdammt sie aufgrund ihrer sündigen Taten (Psalm 62,13; Sprüche 24,12; Matthäus 16,27; Römer 2,6; 2. Korinther 5,10; Offenbarung 2,23; 20,13; siehe Kapitel 13).*
- *Ungeborene Kinder, Kleinkinder und geistig Behinderte sind unfähig Gutes oder Böses zu tun (5. Mose 1,39; Jesaja 7,15-16; Römer 9,11) und können daher auch nichts tun, das Verdammung verdient hätte.*
- *Daher wird kein ungeborenes Kind, Kleinkind oder geistig behinderter Mensch verdammt.*

Nicht alle evangelikalen Christen folgen jedoch dieser Überlegung. Wir sind uns daher bewusst, dass es vier mögliche Einwände gegen diese Schlussfolgerung gibt.[141]

1.) Wir finden die Schlussfolgerung aus dieser Argumentation nicht ausdrücklich in der Schrift erwähnt; dort steht zum Beispiel nirgendwo, alle Kleinkinder würden gerettet werden. Dieser Einwand (der im Grunde Schweigen als Argument heranzieht) verliert jedoch seine Kraft, wenn man sich vergegenwärtigt, dass beide Voraussetzungen der Schlussfolgerung biblisch begründet sind und die Schlussfolgerung sich ohne Widerspruch aus diesen Voraussetzungen ableiten lässt.

2.) Die Schrift lehrt, alle Menschen werden in dem gefallenen, sündigen Zustand der Menschheit empfangen und geboren und die Schuld Adams wird der gesamten menschlichen Rasse „angerechnet" oder „zugerechnet" (Römer 5,12-19; Psalm 51,7; vgl. Epheser 2,3). Absolut richtig. Das beweist aber nicht, dass alle (oder einige) Kleinkinder, die sterben, verloren gehen. Vielmehr folgt daraus die Notwendigkeit, dass Kleinkinder, die gerettet werden, vom adamitischen Fluch erlöst werden müssen. Demnach wäre die vernünftige Schlussfolgerung hier, dass Gott diese Menschen irgendwie wiedergeboren und gerettet werden lässt, trotz ihrer Unfähigkeit das Evangelium zu hören und darauf einzugehen.

3.) Die Vorstellung, dass alle kleinen Kinder von Gott zur Rettung erwählt sind, jedoch nicht alle Erwachsenen, wird als Widerspruch zu Gottes Unparteilichkeit angesehen.

Dieser Einwand stellt die Dinge geradezu auf den Kopf. Gerade weil Gott unparteilich ist, wird er jeden einzelnen retten, der persönlich nichts Falsches getan hat.

4.) Es wurde darauf hingewiesen, der Gedanke, dass Gott irgendjemanden auf der Grundlage seiner Werke rettet, sei von der Schrift her nicht zulässig. Die Entscheidung, kleine Kinder und Behinderte zu retten, weil sie nichts Falsches getan haben, wäre jedoch eine Art von Errettung durch Werke.

John MacArthur

Das Register, das den Sündern vorgehalten wird und aufgrund dessen sie das Verdammungsurteil vom Thron Gottes trifft, besteht aus den Sünden, die sie begangen haben. Kleine Kinder haben dieses Register nicht.[142]

Dieser Einwand trifft aus den gleichen Gründen nicht, wie der vorherige: Für Menschen im Vollbesitz ihrer Verstandeskräfte ist Errettung durch Werke unmöglich, weil jeder von ihnen sündige Taten begangen hat. Außerdem geschieht es allein aus Gottes Gnade, wenn Kleinkinder und andere nicht Befähigte vom adamitischen Fluch erlöst werden und ewiges Leben erhalten, denn diese Menschen könnten ebenso wenig etwas Gutes tun, um ihre Erlösung zu erlangen (vgl. Römer 9,11). Daher werden die Unfähigen nicht durch Werke gerettet, da sie überhaupt keine Werke beizutragen haben.

Auch wenn wir in dieser Frage nicht dogmatisch sein wollen, so denken wir doch, es gibt gute Argumente dafür, dass Gott alle Menschen, die aufgrund ihres Mangels an mentalen Fähigkeiten auch nicht in der Lage sind zu sündigen, erretten wird (die Ungeborenen, kleinen Kinder und Behinderten). Ironischerweise sind einige der führenden evangelikalen Kritiker dieser Schlussfolgerung Inklusivisten. Sowohl John Sanders als auch Terrance Tiessen erheben den Vorwurf, dass Evangelikale, die behaupten, alle kleinen Kinder und andere Unfähige würden gerettet werden, dies auf Grundlage „außerbiblischer Überzeugungen“ und aus „sentimentalen Gründen“ tun.[143] Allerdings äußern strenge Exklusivisten die gleiche Kritik auch gegenüber dem Inklusivismus im Allgemeinen.

Wenn es stimmt, dass alle Kinder, die noch im Mutterleib oder in der frühen Kindheit sterben, und all jene Menschen mit geistigen Behinderungen gerettet werden, dann lässt das erstaunliche Schlüsse auf die Bevölkerung des Himmels zu. Wenn wir an all die Fehlgeburten, Totgeburten und die hohe Kindersterblichkeit im größten Teil der menschlichen Geschichte (und auch heute noch) denken, dann wird die Zahl der Kinder, von denen wir erwarten können, dass sie für immer in Gottes Reich leben werden, auch bei vorsichtiger Schätzung in die Milliarden gehen. Ihre Zahl mag am Ende sogar größer sein als die Zahl der verantwortungsfähigen älteren Kinder und Erwachsenen, die durch den Glauben gerettet wurden.

Wahrheit:

Gott wird alle retten, die in der frühen Kindheit sterben und auch alle anderen, die zu moralischem Fehlverhalten nicht in der Lage sind.

Mythos:

Ausschließlich Menschen, die ausdrücklich an Jesus glauben, werden gerettet.

Kapitel 15

Kein Himmel für die Heiden?

Für Menschen, die nie von Christus gehört haben, ist Errettung die Ausnahme und nicht die Regel.

Ganz gleich, ob von den Kindern, die im Mutterleib bzw. im Kleinkindalter sterben, und von den geistig behinderten Menschen nur einige oder alle gerettet werden - die Annahme, dass auch nur ein einziger von diesen Menschen gerettet werden kann, wirft in jedem Fall eine wichtige Frage auf. Wenn Gott solche Menschen retten kann, ohne dass sie bewusst und klar das Evangelium oder auch nur irgendeine Wahrheit über Gott kennen und darauf eingehen, widerlegt das dann nicht die Position des strengen Exklusivismus? Mit anderen Worten, beweist die Errettung dieser Menschen nicht, dass manche Menschen in der Tat gerettet werden, ohne irgendeine Offenbarung über Gottes erlösende Absichten in Christus zu haben und sie anzunehmen?

Indem wir diese Frage aufwerfen, wollen wir jedoch *keineswegs* eine Gleichsetzung von Heiden und Kindern bzw. geistig Behinderten vornehmen, was ihre jeweilige Unfähigkeit, auf das Evangelium einzugehen angeht. Verantwortungsfähige Erwachsene (und ältere Kinder), die nie das Evangelium gehört haben, sind dennoch eingefleischte Sünder und schuldig aufgrund ihrer sündigen Taten, weshalb es absolut gerecht wäre, würde Gott jeden einzelnen von ihnen dafür in Ewigkeit zur Rechenschaft ziehen. Somit wäre es völlig gerecht, wenn Gott sie alle in die Hölle schicken würde. Genauso wäre es völlig gerecht, jeden von *uns* in die Hölle zu schicken. Dass Gott sich entschließt uns Gnade zu erweisen ist wundervoll; doch niemand hat irgendeinen Grund, sich zu beschweren, wenn er diese Gnade nicht auf jeden Sünder in der Geschichte der Menschheit ausdehnt (Römer 9,14-22). Nein, es geht nicht darum, ob Gott die Heiden retten *muss*. Er ist absolut nicht dazu verpflichtet. Die Frage ist vielmehr, ob Gott *einige* der Heiden retten *könnte*, auch wenn ihnen während ihres Lebens hier auf Erden niemals von einem Menschen das Evangelium bezeugt wird. Wenn er kleine Kinder und geistig Behinderte wiedergeboren werden lassen kann, ohne dass sie das Evangelium kennen, könnte er das Gleiche dann nicht auch für manche Heiden tun?

Um diese Frage zu beantworten, wollen wir uns die verschiedenen Erklärungen, wie Gott die Unevangelisierten retten könnte, einmal genauer ansehen und prüfen, ob sie biblisch nachvollziehbar sind.

Die größte Offenbarung des Lebens

Die Position der Vertreter der prämortalen Offenbarung geht davon aus, dass Gott einzelnen Personen, die zum Zeugnis der Kirche keinen Zugang haben, gelegentlich durch Engel, das innere Wirken des Heiligen Geistes oder vielleicht sogar eine Vision von Jesus selbst, eine besondere Offenbarung zukommen lässt. Wir sehen nicht, was dieser Behauptung von der Bibel her entgegenstehen sollte, so lange solche besonderen Offenbarungen nicht als verbindlich für die Gemeinde angesehen werden. Es scheint jedoch andererseits auch keine biblische Grundlage für diese Annahme zu geben, die sich offenbar ausschließlich auf Berichte und Überlieferungen gründet.[144] Gelegentlich werden die Weisen, die nach Jerusalem gereist sind, um den König der Juden zu sehen, als Beispiel für eine solche Offenbarung angeführt (Matthäus 2,1-2). Doch die Tatsache, dass die Weisen von den Juden und ihrer Hoffnung auf einen König wussten, lässt sich besser damit erklären, dass sie zumindest in gewissem Maße Zugang zum Wissen der Bibel hatten (wenn vielleicht auch nur aus zweiter Hand).

Die Tatsache, dass Jesus seinen Jüngern auftrug, das Evangelium persönlich zu allen Völkern zu bringen (Matthäus 24,14; 28,19; Lukas 24,47; Apostelgeschichte 1,8), ist zumindest ein sicherer Hinweis darauf, dass das menschliche Zeugnis der normale, übliche und hauptsächliche Weg war, wie nicht jüdische (ebenso wie jüdische)[145] Menschen das Evangelium hören sollten. Das Neue Testament schreibt durchweg, dass die nichtjüdischen Völker in Finsternis gehüllt und unsinnigen Vorstellungen verfallen sind (Apostelgeschichte 26,18; Römer 1,21-23; Epheser 4,17-18). Paulus sagt über sie „ihr hattet keine Hoffnung und wart ohne Gott in der Welt“ (Epheser 2,12 ELB). Diese Charakterisierung zwingt auch uns dazu, jede prämortale Offenbarung gegenüber einzelnen Personen aus den Heiden zumindest als Ausnahme anzusehen und nicht als Regelfall oder häufiges Ereignis.

Begegnung mit Jesus im Augenblick des Todes

Die Annahme, alle Menschen würden im Augenblick ihres Todes Jesus begegnen und eine Gelegenheit erhalten, auf das Evangelium einzugehen, scheint keinerlei biblische Grundlage zu haben. Tiessen, der eine Form dieser Sichtweise vertritt, räumt ein, „die Anregung, dass wir alle nach dem Tod Christus begegnen, führt uns über das hinaus, was die Bibel ausdrücklich lehrt und hinein ins Spekulative.“ Faktisch liefert er auch keinerlei biblischen Rückhalt, weder explizit noch implizit, für diese Vorstellung.[146]

Obwohl Tiessen behauptet, dass diese Vorstellung mit der Schrift vereinbar ist (was vielleicht auch zutreffen mag), trägt sie jedoch nichts dazu bei, dass Problem der Errettung der Unevangelisierten zu lösen. Warum nicht? Weil nach Tiessens Ansicht die Unevangelisierten durch diese Begegnung mit Jesus im Zeitpunkt des Todes nicht etwa bekehrt oder von der Verdammnis zur Errettung gebracht werden. Vielmehr ist ihre Beziehung zu Gott durch die Entscheidungen, die sie während ihres Lebens getroffen haben, und anhand derer sie entweder glauben, Gott vertrauen und ihre Hoffnung auf seine Gnade setzen oder einen anderen Weg einschlagen, *bereits vorher* festgelegt. Jene Heiden, die gerettet werden, obwohl sie nie einen menschlichen Zeugen für Christus gehört haben, werden demnach dennoch durch den Glauben gerettet, den sie bereits *vor* ihrer Todesbegegnung mit Jesus hatten.[147] Was soll dann also die Begegnung mit Jesus im Zeitpunkt des Todes? Offenbar soll sie nur dazu dienen, auch strenge Exklusivisten zufriedenzustellen, die darauf beharren, dass jeder Heide, der möglicherweise gerettet wird, ausdrücklich seinen Glauben an Jesus bekannt haben muss, bevor er stirbt. Mit anderen Worten hat die finale Option, zumindest in der Weise, wie Tiessen sie darstellt, als Erklärung dafür, wie die Unevangelisierten gerettet werden können, lediglich rhetorischen, aber keinen theologischen Wert.

Gerettet durch eine glaubensvolle Reaktion auf das vorhandene Licht

Tiessens Version der finalen Option setzt die Frömmigkeitsvariante des Inklusivismus bereits voraus, nach der Gott diejenigen rettet, die nie von Christus gehört haben, aber eine bußfertige und reumütige Haltung demütigen Glaubens an Gott zeigen. Die Theorie dabei ist, dass Gott Menschen lediglich dafür verantwortlich macht, wie sie auf das Licht reagieren, das sie haben. Daher wird jeder gerettet, der auf das Licht von Gottes Offenbarung in der Natur, im Gewissen oder durch die gelegentlichen außerordentlichen Mittel, im Glauben eingeht. Dies ist wahrscheinlich die unter Evangelikalen beliebteste Alternative zum strengen Exklusivismus.

Was wir schon zuvor gesagt haben, dass sich nämlich die nichtjüdischen Völker nach Aussage des Neuen Testaments in geistlicher Finsternis befinden, trifft auch hier zu. ***Diese Völker waren in Finsternis, weil deren Angehörige im Allgemeinen, wenn nicht sogar ausnahmslos, eben nicht im Glauben auf das Licht eingegangen waren, das sie hatten.*** Bestenfalls bietet die Theorie der Errettung durch das verfügbare Licht einen außergewöhnlichen Weg, abseits aller Norm, wie Gott einige Menschen, die nie von Christus gehört haben, retten könnte. Wir reden dann über ein paar Kerzen hier und da in einem weiten dunklen Land – und das ist noch der beste anzunehmende Fall.

Strenge Exklusivisten gehen noch weiter und schließen sogar die Möglichkeit, eine relativ kleine Anzahl von Menschen könnte auf diese Weise gerettet werden, völlig aus. Uns ist jedoch nicht klar, auf welcher biblischen Grundlage man solche Errettung dogmatisch für unmöglich erklären wollte. Natürlich ist es wahr, dass keiner der Heiden nach dem *ganzen* Licht lebt, das sie haben: „denn alle haben gesündigt" (Römer 3,23 ELB), ganz gleich, ob sie nun über Gottes Offenbarung in der Schrift verfügen oder nicht (vgl. 2,12-16). Es ist also ausgeschlossen, dass auch Heiden mit edlem Charakter irgendwie aufgrund ihrer Werke gerettet werden könnten.[148] Man muss jedoch wiederum feststellen, dass auch Christen nicht nach dem Licht leben, das sie haben.

Wir müssen die Frage einmal aus einem anderen Blickwinkel betrachten. Wäre es möglich, dass Menschen, die das Evangelium nie gehört haben, zu der Erkenntnis gelangen, dass Gott ihr Schöpfer ist, dass sie gegen ihn gesündigt haben, und dass sie sich seiner Gnade anvertrauen sollten? Wir halten das für denkbar.

Gottes Selbstoffenbarung in der Natur zeigt nicht nur, dass er mächtig, weise, herrlich und gut ist, sondern auch, dass er barmherzig und freundlich ist und Segen auf gute wie böse Menschen herabsendet (Psalm 19,1-6; Matthäus 5,45; Apostelgeschichte 14,15-17; Römer 1,20). Natürlich müsste der Heilige Geist ihr Bewusstsein erhellen, um diese Wahrheiten über Gott zu erkennen, doch das muss er genauso auch mit uns tun, um uns zu retten.

Gott weiß, dass sie geglaubt hätten

Auch die scientia media (Mittelwissen) Erklärung für die Errettung der Unevangelisierten kann man aus der Bibel nicht klar belegen. Dass Gott auch Dinge weiß, die hätten geschehen können, sei um der Argumentation willen einmal zugegeben. Dass er jedoch auf Grundlage dieses Mittelwissens beschließt Menschen zu retten, die das Evangelium nie gehört haben, weil er erkennt, dass sie umgekehrt wären und geglaubt hätten, wenn sie das Evangelium gehört hätten, ist pure Spekulation.

Die scientia media Variante des Inklusivismus leidet zudem unter einem Problem, dem wir in ähnlicher Form bereits bei der Theorie der finalen Option begegnet sind. Nehmen wir einmal an, Gott weiß, dass eine bestimmte unevangelisierte Person geglaubt hätte, wenn sie das Evangelium gehört hätte. Hier müsste man vernünftigerweise fragen, ob die Art und Weise, wie diese Person lebte, das, was Gottes Mittelwissen besagt, auch widerspiegelte. Es ist doch nicht plausibel, wenn man sagt, eine Person, die geglaubt hätte, wäre ihr nur die Gelegenheit dazu gegeben worden, würde genauso leben wie eine Person unter identischen Umständen, die nicht geglaubt hätte, wäre ihr die Gelegenheit dazu gegeben worden. Gehen wir einmal davon aus, dass die Art und Weise, wie diese Person lebte, in gewisser Weise die Tatsache widerspiegelte, dass sie an Christus geglaubt hätte, hätte sie nur von ihm gehört. Da Errettung eine Gnadengabe Gottes ist und keine Frage der Werke, läge der Unterschied offenbar in einer Art von Haltung oder Einstellung - vermutlich etwas, dass einem Glauben in demütiger Abhängigkeit von Gott und seiner Gnade sehr nahe käme.

Zusammengefasst: Die Erklärung der scientia media scheint die Frömmigkeits-Erklärung, nach der jene Menschen gerettet werden, die auf das Licht, das sie haben, reagieren - indem sie Gott und seiner Gnade so gut vertrauen, wie sie es verstehen - vorauszusetzen. Mit Sicherheit würde doch jemand, der an Christus geglaubt hätte, wenn er die Gelegenheit dazu erhalten hätte, sich auch für alles aufgeschlossen zeigen, das ihm mehr Licht über Gottes Gnade vermittelt.

Daher kann die scientia media Version des Inklusivismus, wie auch die finale Option, nicht für sich alleine als Begründung für die Errettung der Unevangelisierten stehen, sondern setzt bereits die Frömmigkeitsvariante des Inklusivismus voraus.

Das Evangelium nach dem Tod hören

Am wenigsten populär unter Evangelikalen ist wahrscheinlich die Ansicht, dass die Unevangelisierten das Evangelium hören werden, nachdem sie gestorben sind, und dann noch die Gelegenheit erhalten umzukehren und zu glauben. Gabriel Fackre, den wir früher schon zitiert haben, ist einer der wenigen Evangelikalen, die diese Sichtweise favorisieren. Für die Mormonen ist dies allerdings offizielle Lehre und eine ganz zentrale Vorstellung ihrer Religion. Daher praktizieren Mormonen auch die Taufe für die Toten, weil sie glauben, dass die Toten für die sie sich taufen lassen, dadurch die Gelegenheit erhalten, das Evangelium der Mormonen anzunehmen und damit schließlich in das celestiale Königreich (der höchsten Stufe der Ewigkeit nach mormonischer Theologie) erhoben zu werden. Ob nun in der speziell mormonischen Variante oder nicht, bei dieser Theorie steht mehr auf dem Spiel als bei irgendeiner der anderen, die wir uns bereits angesehen haben, denn wäre sie wahr, würde daraus folgen, dass die meisten Menschen, die sich zum Glauben an Christus bekehren, dies erst nach ihrem Tod tun werden. Darum müssen wir uns diese Lehre unbedingt genauer ansehen.

Während bei den anderen Theorien, die wir betrachtet haben, im Allgemeinen nicht der Anspruch erhoben wird, dass sie sich direkt aus der Schrift belegen lassen, behaupten die Verfechter der postmortalen Evangelisation ironischerweise genau dies. Dabei stützen sie ihre Begründung fast ausschließlich auf zwei Aussagen der Bibel, die in 1. Petrus stehen. Wir werden hier zwar einen großen Teil dieses Abschnitts zitieren, doch empfehlen wir Ihnen, den Text auch noch einmal in seinem Gesamtzusammenhang zu lesen (und wenn möglich in mehr als einer Übersetzung):

> *Denn Christus starb auch ein für alle mal für unsere Sünden, gerecht für ungerechte Menschen, damit er uns zu Gott bringe, im Fleisch dem Tod übergeben, doch lebendig gemacht im Geist,* ***worin er auch hinging und den Geistern im Gefängnis Bekanntmachung brachte,*** *die vormals ungehorsam waren, als die Geduld Gottes in den Tagen Noahs wartete, während des Baus der Arche, in welcher einige wenige, das sind acht See-*

len, sicher durch das Wasser gebracht wurden. (1. Petrus 3,18-20, eigene Übersetzung der Verfasser)

Denn es ist bereits genug Zeit vergangen, in der der Wille der Heiden getan wurde ... doch sie werden dem Rechenschaft ablegen, der bereit ist, die Lebenden und die Toten zu richten. ***Zu diesem Zweck wurde das Evangelium sogar den Toten gepredigt,*** *damit, obwohl sie gemäß der Menschen dem Fleische nach verurteilt wurden, sie gemäß Gott im Geist leben mögen. (1. Petrus 4,3-6, eigene Übersetzung der Verfasser)*[149]

Verständlicherweise ist Petrus' Aussage, dass „das Evangelium sogar den Toten gepredigt wurde" (4,6) vielfach so verstanden worden, dass damit Menschen nach dem Tod noch eine Gelegenheit erhalten, das Evangelium zu hören und dann gerettet zu werden. Auch das „den Geistern im Gefängnis Bekanntmachung bringen" (3,19) wurde häufig so verstanden. Eine sorgfältige Untersuchung dieser Abschnitte in ihrem Kontext zeigt jedoch, dass es Petrus dabei um etwas anderes ging.

In dem ganzen Brief macht Petrus deutlich, dass sich die ewige Zukunft eines Menschen bereits im Leben entscheidet. Er ermutigt die Christen aus den nichtjüdischen Völkern angesichts verschiedenster Prüfungen im Glauben fest zu bleiben, da das Ergebnis davon ihre Errettung sein würde (1. Petrus 1,6-9). Weil Gott die Menschen nach ihren Werken richtet, sollen sie ihr Leben im Hier und Jetzt in „Gottesfurcht" führen (1,17). Und er weist darauf hin, dass man leider damit rechnen muss, dass Nichtchristen die Christen als Übeltäter verleumden und unfreundlich behandeln werden, obwohl sie nichts Falsches tun (2,12.19-20).

Gläubige sollen dem Vorbild von Christus folgen und auch im Leiden weiter Gott vertrauen (1. Petrus 2,21-23). Wenn sie um der Gerechtigkeit willen leiden, sollen sie sich als Gesegnete betrachten und weiterhin ein gutes Gewissen bewahren (3,14-17). Schließlich erlitt Christus durch die Hände seiner Verfolger den Tod im Fleisch, doch Gott hat ihn erhöht (3,18-22); darum sollten auch Christen bereit sein, den Tod durch die Hände ihrer Verfolger zu erleiden (4,1). Sie sollen angesichts solcher Verfolgung nicht überrascht sein, sondern sich freuen, dass sie als Christen an den Leiden von Christus Anteil haben, und sich ganz Gottes Willen anvertrauen (4,12-16). Wenn sie sich unter Gottes Hand demütigen, dürfen sie erwarten, dass Gott sie erhöhen wird, wenn die Zeit dafür gekommen ist (5,6-10). Es wäre schon sonderbar, wenn Petrus derart nachdrücklich lehren würde, wie notwendig es ist, im Glauben durchzuhalten und auch durch Prüfungen und Leiden hindurch ein heiliges Leben zu führen, und dann ganz nebenbei anmerkte, dass diejenigen, die das Evangelium nie gehört haben, nach dem Tod noch eine Chance bekommen, gerettet zu werden. Hätte Petrus das wirklich gesagt, wäre für die Menschen, an die sich sein Brief richtete, doch die erste Frage gewesen, warum ihnen nicht so ein gutes Geschäft angeboten wurde!

Die Theorie, Petrus hätte davon gesprochen, dass den verstorbenen Geistern das Evangelium verkündet und sie damit zur Errettung eingeladen wurden, setzt voraus, es habe sich bei den „Geistern im Gefängnis“ (1. Petrus 3,19) um einen Teil oder die Gesamtheit „der Toten“ (4,6) gehandelt. Diese Annahme ist jedoch mit an Sicherheit grenzender Wahrscheinlichkeit falsch, wie ein Vergleich dieser beiden Teile des Briefes zeigt.

Es gibt zwischen diesen beiden Abschnitten des Briefes durchaus eine enge Parallele, doch besteht sie zwischen Christus und jenen, denen das Evangelium gepredigt wurde: Beide wurden im Fleisch ungerechterweise umgebracht, leben aber im Geist. Die Parallele besteht *nicht* zwischen den „Geistern im Gefängnis“ von 3,19 und „den Toten“ von 4,6. Diese werden auf verschiedene Weise beschrieben und was sie zu hören bekommen, wird ebenfalls unterschiedlich ausgedrückt (Bekanntmachung in 3,19; Predigen in 4,6). Derjenige, der die Bekanntmachung in 3,19 macht ist eindeutig Christus, doch in 4,6 wird nicht gesagt, wer das Evangelium predigt. Die Geister in 3,19 sind aus der Zeit Noahs, doch die Toten in 4,6 anscheinend nicht, auch werden die Geister als ungehorsam charakterisiert, die Toten in 4,6 jedoch nicht (vielmehr werden sie sogar „gemäß Gott"... „leben").[150]

1. Petrus 3,18-22	1. Petrus 4,1-6
Christus … im Fleisch dem Tod übergeben, doch lebendig gemacht im Geist	Die Toten … dem Fleische nach verurteilt … mögen gemäß Gott leben
Christus machte die Bekanntmachung (ekeruxen)	Nicht namentlich genannte Person(en) predigten das Evangelium (euengelisthe)
Bekanntmachung gegenüber „den Geistern im Gefängnis … die ungehorsam waren"	Predigt des Evangeliums gegenüber „den Toten" (die „gemäß Gott … leben" werden)
Die Geister waren „in den Tagen Noahs" ungehorsam	Kein Zusammenhang mit der Zeit des Alten Testaments erkennbar

Aus diesen (und anderen) Gründen glauben heute nur wenige Fachleute für Neues Testament, dass aus 1. Petrus 3-4 eine Gelegenheit zur Errettung nach dem Tod hervorgeht. Petrus' Aussage in 4,6 bedeutet nicht, Menschen würde das Evangelium gepredigt werden, nachdem sie gestorben sind. Wir können uns deshalb ziemlich sicher sein, dass Petrus das nicht sagen wollte, weil er nicht schreibt „das Evangelium *wird* gepredigt", sondern „das Evangelium *wurde* gepredigt". Petrus meint hier vielmehr, das Evangelium wurde Menschen gepredigt, die seitdem aufgrund der Verfolgung um Christi willen gestorben waren.[151] Die Menschen, die von den weltlichen Autoritäten zum physischen Tod verurteilt wurden, leben nichtsdestotrotz geistlich weiter in Gottes Obhut.

Solch eine Versicherung passt auch ausgesprochen gut in den Kontext. Petrus lässt seine christlichen Leser wissen, dass ihre verstorbenen Mitgläubigen nicht verloren sind und dass, was immer auch geschieht, Gott auch ihnen ein Leben im Geist verspricht. Die Christen gegen Ende der apostolischen Generation machten sich Sorgen um das Schicksal ihrer Brüder und Schwestern, die gestorben waren (vgl. 1. Thessalonicher 4,13-18) und in diesem Kontext erscheinen die Anmerkungen von Petrus äußerst angemessen.

Was aber ist nun mit den „Geistern im Gefängnis"? Die Interpretation von 1. Petrus 3,19 bleibt eine heftig umstrittene Frage. Obwohl es inzwischen eine Fülle von Interpretationsansätzen gegeben hat, sind wohl insbesondere zwei Sichtweisen als ernstzunehmende Optionen hervorzuheben:

Die ältere Sicht, zum ersten Mal zurückhaltend vom Kirchenvater Augustinus angedeutet, besagt, Christus habe in seiner Präexistenz als göttlicher Geist noch vor der Flut durch Noah eine Botschaft von Umkehr und Gericht bekannt gemacht. Mit anderen Worten bedeuteten demnach die Worte „den Geistern im Gefängnis Bekanntmachung brachte", dass er diese Bekanntmachung durch Noah zu den Menschen brachte, die nun (von Petrus' Standpunkt aus) Geister im Gefängnis sind. Weiter vorne im selben Brief sagt Petrus, dass „der Geist Christi" durch die alttestamentlichen Propheten sprach (1. Petrus 1,11), was zeigt, dass diese Art sich auszudrücken für Petrus durchaus nicht unüblich war.[152]

Obwohl das was Augustinus formulierte eine ernstzunehmende Möglichkeit bleibt und fähige Fürsprecher hat, bestimmt eine andere Sichtweise den derzeitigen Stand der Forschung. Sie besagt, Christus habe nach seinem Tod (womöglich sogar nach seiner Auferstehung) den Sieg über die gefallenen Engel verkündet, die in den Tagen Noahs gesündigt hatten. Diese Bekanntmachung wäre dann eine Bekräftigung der Tatsache, dass Christus über alle geistigen Mächte erhoben ist, worauf ja im unmittelbaren Kontext auch hingewiesen wird (1. Petrus 3,22). Dieses Thema der bösen Engelgeister taucht zudem auch in 2. Petrus 2,4-5 und Judas 6 wieder auf.[153]

Jede dieser Sichtweisen fügt sich jedenfalls in das allgemeine Thema des Ersten Petrusbriefs ein und ist vereinbar mit dem Rest des Neuen Testaments. Die Ansicht, dass Christus in der geistigen Welt das Evangelium gepredigt hat, um toten Menschen die Gelegenheit zu geben umzukehren und gerettet zu werden, passt jedoch weder in den Kontext des Ersten Petrusbriefs, noch wird sie den Details dieses Abschnitts gerecht. Sie steht zudem im Widerspruch zur Lehre des Neuen Testaments, wonach die ewige Zukunft eines

Menschen in diesem Leben entschieden wird: „wie den Menschen bestimmt ist, ‚einmal' zu sterben, danach aber das Gericht" (Hebräer 9,27). Im Hinblick auf die Möglichkeit zur Umkehr ist der Tod eine Sackgasse. Aus diesem Grund sollten Christen die Theorie der postmortalen Evangelisation zurückweisen.

Ein Balanceakt

Eine christliche Sicht des Schicksals der unevangelisierten Massen von Menschen, die gelebt haben und gestorben sind, ohne das Evangelium gehört zu haben, muss mehrere biblische Wahrheiten gegeneinander abwägen.

1.) Zuallererst müssen wir beachten, dass der Missionsauftrag - Jesu Befehl an sein Volk, der nach wie vor bis zu seiner herrlichen Wiederkunft gültig ist - davon ausgeht, dass „die Nationen" aus denen wir Menschen „zu Jüngern machen" sollen (Matthäus 28,19) zumindest *im Allgemeinen* in geistlicher Dunkelheit verloren sind und Rettung brauchen. Die Botschaft, die gepredigt werden soll, handelt von „Buße und Vergebung der Sünden" und soll „in seinem Namen unter allen Völkern verkündigt" werden (Lukas 24,47 SCHL).

Als die Gläubigen in Jerusalem den Bericht des Petrus von seinem Besuch im Haus des römischen Hauptmanns Kornelius hörten, reagierten sie mit den Worten: „So hat Gott auch den Heiden die Umkehr gegeben, die zum Leben führt" (Apostelgeschichte 11,18). Paulus verstand seinen Missionsauftrag gegenüber den Nichtjuden genauso: „ihre Augen zu öffnen, dass sie sich bekehren von der Finsternis zum Licht und von der Macht des Satans zu Gott, damit sie Vergebung der Sünden empfangen und ein Erbe unter denen, die durch den Glauben an mich geheiligt sind" (26,18 ELB). Diese Aussage geht davon aus, dass die Heiden in Finsternis leben, unter der Macht Satans sind, durch ihre Sünden von Gott entfremdet und vom Erbe der Kinder Gottes ausgeschlossen (siehe auch Epheser 2,12; Kolosser 1,12-13). So ist das Evangelium nach Paulus auch „Gottes Kraft zur Errettung für jeden, der glaubt, zuerst für den Juden, dann auch für den Griechen" (Römer 1,16 SCHL).

2.) Wir haben dennoch gute Gründe anzunehmen, dass Gott viele Menschen durch Jesus Christus erlösen will, auch wenn diese nie von ihm oder seinem Opfertod am Kreuz, der zu ihrer Rettung geschah, gehört haben. Wie wir gesehen haben, ist es äußerst wahrscheinlich, dass die Milliarden von Kindern, die vor der Geburt oder im Kleinkindalter sterben, gerettet werden. Das Gleiche erwarten wir im Hinblick auf die unbekannte aber vermutlich beträchtliche Anzahl von Menschen, deren Verstandesfähigkeiten so wenig ausgeprägt sind, dass sie nicht in der Lage sind, Gutes oder Böses zu tun.

Hinzu kommen die Gläubigen im Alten Testament, die nur in sehr unterschiedlichem Maß verstanden, was Gottes erlösende Pläne und Absichten waren. Nur wenige von ihnen, wenn überhaupt jemand, wussten, dass der Messias für ihre Sünden sterben würde und doch errettete Gott sie durch diesen erlösenden Tod aufgrund ihres demütigen Vertrauens auf seine Gnade und Liebe. Zweifellos leuchtete die Offenbarung Gottes für diese Heiligen des Alten Testaments weit heller als irgendwo anders zu irgendeinem Zeitpunkt bevor Christus in die Welt kam; und doch war es, verglichen mit Jesus Christus, dem „Licht der Welt" (Johannes 8,12), nur ein relativ schwaches und trübes Licht. Dennoch rettete Gott diese Gläubigen durch jenes schwache Licht, bevor das eigentliche Licht kam. Es scheint nicht undenkbar, dass er das Gleiche auch für manche Menschen tun könnte, die keinen Kontakt zu Abraham oder seinen Nachkommen hatten.

3.) Es gibt keine eindeutige biblische Lehre, kein auf die Bibel gegründetes Argument, anhand dessen man mit Sicherheit sagen könnte, wie Gott möglicherweise Menschen rettet, die keine Kleinkinder sind, und die niemals mit dem Evangelium oder wenigstens seiner vorweggenommenen Offenbarung im Alten Testament in Kontakt kamen. Die Lehre, dass Menschen, die das Evangelium während ihres Lebens nie gehört haben, es dann im Jenseits hören werden, ist jedenfalls unbiblisch. Die Annahme, Jesus, Engel oder der Heilige Geist würden das Evangelium einzelnen Menschen aus den nicht evangelisierten Völkern offenbaren, lässt sich aus der Bibel kaum belegen und beruht allein auf Überlieferung; es ist zwar durchaus möglich, geschieht jedoch wahrscheinlich eher selten. Die Theorie, Jesus würde jedem Menschen im Zeitpunkt seines Todes begegnen, ist als Erklärung dafür, wie irgendjemand gerettet werden soll, untauglich. Die Theorie, dass Gott die Menschen rettet, von denen er (durch seine scientia media, d. h. sein „Mittelwissen") weiß, dass sie umgekehrt wären und geglaubt hätten, wäre ihnen das Evangelium verkündigt worden, scheint als umfassende Erklärung ebenfalls nicht hinreichend. Beide Theorien gehen davon aus, dass Gott Menschen rettet, die zumindest bereits über einen unausgesprochenen oder rudimentären Glauben verfügen, wenn auch ohne jede Kenntnis der biblischen Offenbarungen oder des Evangeliums. Auch wenn diese Theorie noch die vielversprechendste zu sein scheint, kann sie doch bestenfalls ein Hinweis darauf sein, dass in den unevangelisierten Völkern eine kleine Minderheit von Menschen möglicherweise gerettet wird. Hinsichtlich der Möglichkeit, dass solche Menschen gerettet werden hat J. I. Packer folgende unserer Ansicht nach ausgewogene Sicht formuliert:

> *Im Himmel werden alle diese Büßer erfahren, dass sie durch den Tod von Christus gerettet und durch den Heiligen Geist erneuert wurden, und dem entsprechend werden sie Gott anbeten. Seit dem zweiten Jahrhundert haben Christen der Hoffnung Ausdruck gegeben, dass es solche Menschen geben könnte und die gleiche Hoffnung dürfen auch wir heute mit gutem Grund teilen. Aber – und auch das gilt es zu beachten – wir haben keine Zusage aus der Schrift, anhand derer wir erwarten dürften, dass Gott, dort wo das Evangelium noch nicht bekannt ist, auch nur in einem einzigen Fall so handeln wird. Dass wir diese Hoffnung hegen, darf daher nicht im Geringsten unsere dringende und niemals endende Verpflichtung zur Mission beeinträchtigen, und ebenso wenig darf es uns in die Arme der Allversöhnung als Grundlage für unser Leben als Einzelne und in*

> *Gemeinschaft treiben. Nach der Bibel zu leben bedeutet, davon auszugehen, dass niemand ohne den Glauben an Christus gerettet wird und dementsprechend zu handeln.*[154]

Wie wir also schlussfolgern können, geht die christliche Position, die den Fakten am ehesten gerecht wird, dahin, dass die Menschen in den nicht mit dem Evangelium erreichten Völkern (mit Ausnahme der Kleinkinder) in Vergangenheit und Gegenwart *zum größten Teil* verloren sind und unter dem göttlichen Verdammungsurteil stehen. Wir sollten daher stets von der Voraussetzung ausgehen, dass Gott will, dass die Menschen in allen Völkern *in erster Linie* durch das evangelistische Zeugnis der Gemeinde zur Rettung gelangen. Kurz gesagt, wir sollten davon ausgehen, dass Menschen, die das Evangelium nie gehört haben, es hören müssen, um gerettet zu werden, während wir zugleich nicht von der Hand weisen, dass Gott möglicherweise einen Weg gefunden hat, einige Menschen zu erretten, ohne dass ihnen von anderen Menschen das Evangelium gepredigt wurde.

Wahrheit:

Wir sollen allen Menschen das Evangelium bringen, als ob ihr Leben davon abhinge.

Mythos:

Wir wissen, dass von denen, die wir nicht erreichen, keiner gerettet werden kann.

Kapitel 16

Aufsteigen!

In mehr als einer Religion geht man davon aus, dass die Menschen in der Ewigkeit in verschiedene Daseinsbereiche aufgeteilt werden.

Der traditionelle Glaube, jeder Mensch werde die Ewigkeit entweder im Himmel oder in der Hölle zubringen, stellt nicht jedermann zufrieden. So sind vor dem Hintergrund des Christentums in den vergangenen Jahrhunderten verschiedene religiöse Gruppierungen entstanden, die komplexere Sichtweisen des ewigen Zustands der Erlösten entwickelt haben. Wir wollen uns nun im Besonderen ansehen, was zwei dieser Gruppierungen, die Zeugen Jehovas und die Mormonen, über den Himmel glauben.

Die Heiligen der Letzten Tage: Drei himmlische Reiche
Die Religion, die am ehesten dafür bekannt ist, dass sie von mehreren Himmeln ausgeht, ist die Kirche Jesu Christi der Heiligen der Letzten Tage (auch HLT oder Mormonen genannt). Wie die HLT Kirche lehrt, gibt es drei himmlische „Königreiche", auf die die meisten Menschen nach dem Jüngsten Gericht verteilt werden. Das „celestiale Königreich" ist der höchste Himmel, in dem Gott und Jesus leben und in den die guten Mormonen zu kommen hoffen. Das „terrestriale Königreich" ist die himmlische Daseinssphäre für anständige Leute, die keine guten Mormonen waren. Das „telestiale Königreich" wird das himmlische Zuhause des geistlichen Gesindels sein, die das Evangelium der Mormonen selbst dann nicht annehmen würden, wenn es ihnen im Jenseits vorgestellt wird.[155]

Joseph Smith, der Gründer des Mormonentums, versuchte seine Lehre von den drei verschiedenen himmlischen „Königreichen" mit Hilfe der Bibel zu begründen. Allerdings verwendete er dazu in der Regel nicht die Bibel, wie sie uns überliefert ist. Vergleichen Sie zum Beispiel 1. Korinther 15,40 in der Luther-Übersetzung und in der so genannten Joseph-Smith-Übersetzung.

1. Korinther 15,40 – Luther-Übersetzung
Und es **gibt** himmlische Körper
und irdische Körper;
aber eine andere Herrlichkeit
haben die himmlischen
und eine andere die irdischen.

1. Korinther 15,40 – Joseph-Smith-Übersetzung
Auch celestiale Körper
und terrestriale Körper
und telestiale Körper;
aber die Herrlichkeit der celestialen
ist eine und die der terrestrialen
eine andere
und die der telestialen
eine andere.

Smith hat die Wörter, die wir in dem Zitat aus der Luther-Übersetzung kursiv gesetzt haben, ausgelassen, was durchaus in Ordnung ist, da sie hinzugefügt wurden, um den Sinn im Deutschen besser verständlich zu machen. Doch dann hat er zwei Aussagen einfach hinzugefügt, um in dieser Stelle das dritte seiner drei ewigen Königreiche, das so genannte „telestiale" Königreich unterzubringen. Es scheint, dass Smith das Wort *telestial* selbst geprägt hat, indem er die Wörter *terrestrial* (vom lateinischen *terra* = Erde) und *celestial* (vom lateinischen *caelum* = Himmel) miteinander kombiniert hat. Es ist nicht nur vom Text her unzulässig, diese Formulierungen hinzuzufügen, denn es gibt natürlich kein einziges erhaltenes griechisches oder sonstiges antikes Manuskript, in dem diese Aussagen enthalten sind, sondern es verändert auch die Gesamtaussage des ganzen Abschnitts.

Paulus vergleich hier die „Herrlichkeit" von himmlischen und irdischen Körpern (die aus dem Englischen übernommen Wörter „celestial" und „terrestrial" bedeuten himmlisch bzw. irdisch und entsprechen den griechischen Wörter *epiouranios* und *epigeios*). Damit meint er zum einen ganz konkret Körper hier auf der Erde und zum anderen Körper oben am

Himmel. Wir können das mit Gewissheit sagen, weil er gleich darauf drei Arten von Himmelskörpern, die Sonne, den Mond und die Sterne, aufführt (1. Korinther 15,41). All dies dient lediglich dazu, aus der Verschiedenartigkeit der Objekte im natürlichen Bereich eine Analogie zu entwickeln, die das Prinzip veranschaulicht, dass der menschliche Körper in der Auferstehung anders und herrlicher sein wird als in seinem sterblichen Zustand. Nachdem er seine Erklärungen über die unterschiedliche Herrlichkeit von irdischen und himmlischen Körpern beendet hat, schließt Paulus: „So auch die Auferstehung der Toten" (V. 42).

In 2. Korinther 12,2 beschreibt Paulus eine Erfahrung, bei der er „bis in den dritten Himmel entrückt wurde" (ELB), den er auch als „Paradies" bezeichnet (Vers 4). Es überrascht nicht, dass Mormonen diese Stelle als Beleg für die Existenz von drei geistigen Himmeln anführen. Einige gute Gründe sprechen jedoch dafür, ihrer Interpretation an dieser Stelle nicht zu folgen.

1.) Paulus liefert keinerlei Erklärung, in welchem Sinne das Paradies ein „dritter Himmel" ist. Gemäß einer plausiblen Interpretation wäre „der ‚erste Himmel' der atmosphärische Himmel (die Lufthülle), der ‚zweite Himmel' der Weltraum mit den Sternen und Planeten und der ‚dritte Himmel' würde sich demnach auf den Wohnort Gottes beziehen."[156] Dies ist eine mögliche Erklärung und sie versucht jedenfalls keine zusätzlichen geistigen Himmel in die Bibel hineinzuinterpretieren, für die es keinerlei Belege gibt.

2.) Paulus widerspricht der Sicht des Jenseits, wie sie die HLT pflegen, geradewegs, wenn er den dritten Himmel mit dem Paradies gleichsetzt: „Ich weiß von einem Menschen in Christus, dass er vor vierzehn Jahren ... bis in den dritten Himmel entrückt wurde. Und ich weiß von dem betreffenden Menschen - ob im Leib oder außer dem Leib, weiß ich nicht; Gott weiß es -, dass er in das Paradies entrückt wurde ..." (2. Korinther 12,2b-4a ELB). In der Theologie der HLT bezeichnet das Paradies jedoch einen Zwischenbereich der geistigen Welt, in dem die Gerechten auf ihre Erhebung warten, und damit etwas völlig anderes als das celestiale Königreich oder den „dritten Himmel“ als dem endgültigen Aufenthaltsort der Erhobenen.

3.) Wir finden in der Bibel keinen einzigen Beleg für den Glauben, es gäbe drei verschiedene himmlische Königreiche und dazu noch als viertes Königreich die Hölle. Die Schrift lehrt durchweg, dass es für den Menschen zwei mögliche Bestimmungsorte gibt und nicht vier. Jesus teilte die Menschheit in die Gerechten und die Ungerechten ein und bestimmte ihnen zwei verschiedene zukünftige Schicksale: ewige Strafe und ewiges Leben (Matthäus 5,45; 25,46). Im Buch der Offenbarung heißen diese beiden Bestimmungsorte „der Feuersee“ (Offenbarung 19,20; 20,10.14-15) und „ein neuer Himmel und eine neue Erde“ (Offenbarung 21,1). Die Bibel teilt die Auferstandenen ein in diejenigen, die zu ewiger Strafe verurteilt werden und diejenigen, denen ewiges Leben verheißen ist (Daniel 12,2; Johannes 5,28-29; Apostelgeschichte 24,15).

Die Zahl der biblischen Aussagen, in denen die Menschheit in zwei Kategorien eingeteilt wird - die Gerechten und die Ungerechten, die Gläubigen und die Ungläubigen, diejenigen, die gerettet werden und diejenigen, die verloren gehen - ist zu groß, als dass man sie alle aufzählen könnte (zusätzlich zu denen, die bereits genannt wurden als Auswahl: Psalm 1,5-6; Sprüche 3,33; 10,16; Johannes 20,27; 1. Korinther 1,18; 2. Korinther 6,15). Man ist entweder ein Bürger von Satans Reich der Finsternis oder Bürger des Königreichs Gottes, das von seinem Sohn, Jesus Christus regiert wird (Apostelgeschichte 26,18; Kolosser 1,13).

Die Zeugen Jehovas: 144.000 im Himmel herrschen über das Paradies auf Erden

Auch die Zeugen Jehovas teilen die Ewigkeit in mehr als eine Daseinssphäre ein. Nach ihrer Lehre werden die Erlösten für immer in zwei verschiedenen Welten leben: Himmel und Erde. Die überwiegende Mehrheit der geretteten Menschheit, die „die anderen Schafe“ genannt werden (Johannes 10,16) wird für immer als Menschen auf der Erde leben, die während des Tausendjährigen Reiches wieder in ein Paradies verwandelt wird. Zu dieser Gruppe der „anderen Schafe" wird eine „große Volksmenge" (Offenbarung 7,9 NWÜ) gehören, die aus Menschen besteht, die niemals sterben, weil sie unter den Lebenden sein werden, wenn die Neue Welt beginnt.

Gemäß der Lehre der Zeugen Jehovas gehören „Millionen" von Menschen, die heute leben zu dieser „großen Volksmenge". Die restlichen „anderen Schafe" werden während des Tausendjährigen Reiches zu einem Leben auf der Erde auferstehen. All diese anderen Schafe werden sich während des Tausendjährigen Reiches als treu und würdig erweisen müssen, um sich das ewige Leben zu sichern. Eine vergleichsweise kleine Gruppe geretteter Menschen, die die „gesalbte Klasse" oder die „kleine Herde" (vgl. Lukas 12,32) genannt werden, genau 144.000 an der Zahl (Offenbarung 7,4-8; 14,1-5), wird für immer als Geister im Himmel leben. Die Zeugen argumentieren, dass diese Zahl, 144.000, wörtlich gemeint sein muss, da sie im Gegensatz zu der „großen Volksmenge" steht, die niemand zählen konnte (7,4.9)[157]

Vieles von dem, was im Neuen Testament steht, betrifft nach der Lehre der Zeugen Jehovas ausschließlich diese 144.000. So ist es auch nur Mitgliedern der „gesalbten Klasse" erlaubt, während des Memorials, der einmal jährlich stattfindenden Feier des Abendmahls bei den Zeugen Jehovas, an den Elementen teilzuhaben.[158] Nur die Gesalbten werden als „Beteiligte" an dem neuen Bund angesehen; Mitglieder der großen Volksmenge oder der anderen Schafe sind lediglich „Nutznießer" und nicht Beteiligte an dem neuen Bund.[159] Nur die 144.000 sind „wiedergeboren" (Johannes 3,3.5; 1. Petrus 1,3). Sie allein sind die „Heiligen" (z. B. 1. Korinther 1,2); nur sie sind Christi „Brüder" (z. B. Römer 8,29) und Mitglieder der „Christenversammlung" (der Begriff, den die Zeugen Jehovas für die Gemeinde geprägt haben).

Natürlich erklären die Schreiber des Neuen Testaments ausnahmslos, dass alle, die an Christus glauben, Mitglieder der Gemeinde sind, am neuen Bund teilhaben usw.; das jedoch erklären die Zeugen damit, dass im 1. Jahrhundert eben alle, die an Christus glaubten, zur gesalbten Klasse gehörten. Die Zeugen Jehovas glauben, dass Mitte der 1930er Jahre praktisch alle, die zu den 144.000 gehören, bereits ausgewählt waren, sodass heute nur noch einige Tausend von ihnen leben.[160]

Die Aufteilung der Gläubigen in eine „kleine Herde" und eine größere Gruppe von „anderen Schafen" beruht auf einer Fehlinterpretation von zwei Stellen in den Evangelien. Bei einer Gelegenheit sagte Jesus seinen Jüngern „Fürchte dich nicht, du kleine Herde! Denn es hat eurem Vater wohlgefallen, euch das Reich zu geben" (Lukas 12,32). Die Zeugen Jehovas verstehen den Ausdruck „kleine Herde" hier als Gegensatz zu einer größeren Herde, eine Interpretation, für die es im Kontext dieser Aussage jedoch keinerlei Anhaltspunkt gibt. Die Jünger von Jesus waren zu diesem Zeitpunkt in der Tat eine „kleine Herde", eine kleine Gruppe von Jüngern, die nur eine kleine Minderheit der Juden, die zu jener Zeit lebten, repräsentierten. Aus dem unmittelbar vorausgehenden Vers wird deutlich, dass es die Jünger Jesu, die dieses Königreich suchen, sind, denen der Vater das Königreich geben will (Vers 31).

Der andere falsch verstandene Text ist die Aussage von Jesus, „Und ich habe noch andere Schafe, die sind nicht aus diesem Stall; auch sie muss ich herführen, und sie werden meine Stimme hören, und es wird ‚eine' Herde und ‚ein' Hirte werden" (Johannes 10,16). Bei diesen „anderen Schafen" handelt es sich jedoch keineswegs um eine irdische Klasse von Gläubigen, die von einer himmlischen Klasse abzugrenzen wäre. Vielmehr sind diese „anderen Schafe" vor dem historischen Hintergrund, in dem der Dienst von Jesus erfolgte, die Nichtjuden, die ebenfalls an Jesus glauben werden, und die zusammen mit seinen jüdischen Anhängern eine einzige „Herde" bilden werden.

Zusätzlich werden zur Unterstützung der Lehre, wonach es zwei Klassen von Christen gibt, auch häufig Zitate aus dem Buch der Offenbarung herangezogen, dem einzigen Buch in der Bibel, in dem die Zahl 144.000 vorkommt (Offenbarung 7,4; 14,1.3). Nun werden in der Offenbarung Zahlen häufig symbolisch verwendet (z. B. die sieben Geister vor dem Thron; die sieben Hörner und sieben Augen des Lammes). Am deutlichsten wird dies an den symbolisch gemeinten Abmessungen des Neuen Jerusalem, 12.000 Stadien in der Länge, Höhe und Breite, mit einer Mauer, die 144 Ellen hoch ist (21,16-17). Wie wir im folgenden Kapitel noch genauer erklären werden, können wir mit Sicherheit sagen, dass diese Abmessungen symbolisch zu verstehen sind, weil auch die Stadt nicht im buchstäblichen Sinn eine würfelförmige Stadt ist, sondern eine apokalyptische Vision der Gemeinde, „der Braut des Lammes" (siehe Offenbarung 21,2.9).

Der Umstand, dass die Zahlen 12.000 und 144 in Offenbarung 21 in symbolischer Weise gebraucht werden, drängt den Gedanken geradezu auf, dass die ähnlichen Zahlen 12.000 und 144.000 in Offenbarung 7 ebenfalls symbolisch zu verstehen sind. Dies ergibt insbesondere dann einen Sinn, wenn man die 144.000 als symbolisches Bild für die Gemeinde versteht, denn dann würden in beiden Visionen ähnliche Zahlen für die Gemeinde verwendet. Und in der Tat sehen die Zeugen Jehovas in der Vision von den 144.000 ja auch ein Sinnbild für die Gemeinde (die Christenversammlung). So sollte man doch annehmen können, dass sie auch die Zahl 144.000 als solche symbolisch verstehen.

Doch das tun sie keineswegs. Zeugen Jehovas bestehen darauf, dass diese eine Zahl 144.000 in Offenbarung 7,4 wörtlich zu verstehen ist. Dabei nehmen sie jedoch die zwölf mal 12.000, die zusammen 144.000 ergeben, in Offenbarung 7,5-8 keineswegs wörtlich. Es ist exegetisch und hermeneutisch völlig sinnlos und widersprüchlich, nur diese eine Zahl wörtlich zu nehmen, jedoch nicht die anderen zwölf Zahlen, die sich zu dieser einen Zahl summieren. Ebenso wenig nehmen die Zeugen Jehovas den Hinweis auf die Stämme Israels wörtlich. Oder die Siegel. Auch in Offenbarung 14,1-5 verstehen sie weder das Lamm auf dem Berg Zion noch die vier lebendigen Wesen noch die Jungfräulichkeit der 144.000 wörtlich. Doch diese eine Zahl 144.000 wollen sie wörtlich verstanden wissen und gründen darauf eine Lehre, für die es im gesamten Neuen Testament keinerlei Anhaltspunkt gibt.

Angesichts der geltenden Lehre der Zeugen Jehovas, dass die erwähnten zwölf mal 12.000 (die zusammen 144.000 ergeben) symbolisch zu verstehen sind, und deren Eingeständnis, dass es in den beiden Visionen, in denen die Zahl 144.000 erwähnt wird, auch zahlreiche andere symbolische Elemente gibt, hätten wir offenbar allen Grund davon auszugehen, dass die Zeugen Jehovas, wenn sie sich nicht in Widersprüche verstricken wollen, auch die Zahl 144.000 symbolisch verstehen müssten.

Es sei am Rande erwähnt, dass auch einige evangelikale Christen die Zahl 144.000 wörtlich interpretieren. Diese Evangelikalen nehmen dann allerdings auch die zwölf Vorkommen der Zahl 12.000 und den Text, in dem es heißt, dass die 144.000 Menschen aus den zwölf Stämmen Israels sein werden, wörtlich. Wir halten dies zwar keineswegs für die bestmögliche Auslegung von Offenbarung 7, doch ist sie jedenfalls in sich weit stimmiger und plausibler als die Sichtweise der Zeugen Jehovas.

Das wichtigste exegetische Argument, das die Zeugen Jehovas anführen, um ihre Interpretation, die 144.000 seien wörtlich zu verstehen, zu untermauern, besteht darin, dass sie in der Zahl 144.000 einen Gegensatz zu der „großen Volksmenge, die niemand zählen konnte" aus der nächsten Vision sehen (Offenbarung 7,9 ELB). Sie argumentieren, die Zahl 144.000 müsse wörtlich gemeint sein, weil man sie zählen kann. Dabei handelt es sich hier um zwei sich ergänzende Visionen über die gleichen Menschen. In Offenbarung 7,9 heißt es, die große Volksmenge „stand vor dem Thron und vor dem Lamm, bekleidet mit weißen Gewändern". Daraus können wir schließen, dass sich die „große Volksmenge" offenbar im Himmel befindet! Der gleiche Ausdruck „vor dem Thron" wird auch in der späteren Vision (14,3) im Zusammenhang mit den 144.000 gebraucht und steht immer für einen Ort, der sich im Himmel befindet (1,4; 4,5.6.10; 7,9.11.15; 8,3; 14,3; 20,12).

In diesem Licht betrachtet ergänzen sich die beiden zahlenmäßigen Angaben: Die Zahl 144.000 steht symbolisch für Vollzähligkeit und den Status der Gemeinde als einer Art von geistigem Israel; die Beschreibung einer Menge, die so groß ist, dass Menschen sie nicht zählen können, unterstreicht hingegen, wie groß die Gemeinschaft der Erlösten ist. Daher ergibt sich aus der Gegenüberstellung dieser beiden quantitativen Beschreibungen keineswegs, dass wir gehalten wären, die anderen substantiellen Hinweise auf den symbolischen Charakter der Zahl 144.000 zu ignorieren.

Die Hoffnung, die die Bibel vermittelt, verteilt die Erlösten nicht auf drei verschiedene himmlische Königreiche oder teilt sie in eine irdische und eine himmlische Klasse auf. Es gibt nur „einen Leib" mit „einer Hoffnung" (Epheser 4,4). Alle, die an Christus glauben, haben durch den Heiligen Geist, der in ihnen lebt, Gott zu ihrem Vater und Jesus zu ihrem Bruder (Römer 8,9-30; vgl. Galater 3,27-4,7). Eine falsche Vorstellung vom Himmel führt zu einer falschen Vorstellung von der Gemeinde und dies wiederum führt zu einer falschen Vorstellung vom Leben als Christ.[161]

Der unter theologischen Gesichtspunkten problematischste Aspekt der Lehre der Zeugen Jehovas von den beiden Klassen christlicher Gläubiger besteht allerdings in der Annahme, dass die eine Klasse für immer als geistige Wesen im Himmel leben wird, während die Menschen der anderen Klasse für immer (sofern sie sich dafür würdig erweisen) als Menschen auf der Erde leben werden. Auch wenn es sich hierbei um eine völlig verdrehte Lehre handelt, wirft sie dennoch eine wichtige Frage auf: Wo genau werden Gottes erlöste Menschen denn nun für immer leben? Und wie wir es dort sein? Darum soll es in unserem letzten Kapitel gehen.

Wahrheit:

Alle, die Christus nachfolgen, haben denselben Glauben und dieselbe Hoffnung.

Mythos:

Die Erlösten werden für immer auf verschiedene Daseinssphären verteilt werden.

Kapitel 17

Wenn Himmel und Erde eins werden

Gott wird mit uns zusammen in einem neuen Himmel und einer neuen Erde leben.

Es gehört offenbar zu unserer Befindlichkeit als Menschen, dass wir zu Extremen neigen. Das Pendel schwingt nicht aus sich selbst von einer Seite zur anderen, wir *schaukeln* es hin und her. Allerdings besteht die Lösung bei einander entgegengesetzten extremen Standpunkten leider nicht immer darin, dass man sich in der Mitte trifft oder eine vermittelnde Position findet. Manchmal kann Vermittlung auch nur ein verhüllender Ausdruck für einen Kompromiss auf Kosten der Wahrheit sein.

In der Theologie gibt es eine Menge Extremismus und eine Menge Kompromisse, auch wenn es um Himmel und Hölle geht. Wir haben bereits einige Kostproben davon gesehen. Entweder ist die menschliche Seele von Natur aus unsterblich und unzerstörbar *oder* sie hört auf zu existieren, wenn der Körper stirbt. Entweder ist die Hölle ein physischer Ort des endlosen Feuers im wortwörtlichen Sinn - womöglich eine Art Stern - *oder* sie ist nur eine Metapher für die völlige Auslöschung. Entweder gehen die Scharen unevangelisierter Menschen in der Geschichte der Menschheit alle in die Hölle *oder* die überwiegende Mehrheit von ihnen wird am Ende irgendwie gerettet werden.

Die Wahrheit lässt sich jedoch nicht dadurch finden, dass man hier einfach nach einer vermittelnden Position zwischen den Extremen sucht. Die Seele *wird* für immer existieren, doch wenn sie verdammt wird, dann kann man ihre Existenz nicht mehr als Leben bezeichnen. Die Hölle wird *ewige* Strafe sein (und nicht, sagen wir einmal, eine sehr lange Zeit der Züchtigung und Besserung) und das Feuer, auch wenn es sinnbildlich gemeint ist, steht für eine Strafe, die nicht weniger schrecklich ist. Die *meisten* Menschen, die das Evangelium nicht gehört haben, sind offenbar auf dem Weg in die Hölle (genau wie die, die das Evangelium gehört *haben* und es dann nicht annahmen) und doch wird es wahrscheinlich Milliarden von Menschen von außerhalb der Gemeinde geben, die Gott retten wird (insbesondere jene, die noch im Mutterleib oder im Kleinkindalter sterben) und er kann durchaus Wege finden, Menschen zu retten, von denen wir denken, dass wir sie nicht erreichen können.

Extremismus und Kompromiss im Hinblick auf den Himmel offenbaren sich in einer ganzen Reihe konkreter Fragen. In diesem abschließenden Kapitel wollen wir jedoch nur eine dieser Fragen herausgreifen und uns auf das Verhältnis vom Himmel zur Erde konzentrieren. Es gab eine Zeit, da man mit Überzeugung sagen konnte, dass es hierzu in der westlichen Kultur *die* traditionelle oder allgemein gültige Sicht gab: Die Erde ist das Trainingsfeld, die Vorbereitung auf den Himmel, der unser eigentliches Zuhause ist. Wenn Menschen sterben, dann gehen sie direkt in den Himmel oder direkt in die Hölle. Dabei ist der Himmel mehr oder weniger alles das, was die Erde nicht ist: eine himmlische Daseinssphäre der Geister in ewiger Ruhe oder auch ein Chor, der für alle Zeit unablässig singt.

Diese Sichtweise wird heute jedoch ebenso oft parodiert wie gepredigt. Wie wir bereits in Kapitel 1 gesehen haben, stehen wir heute vor einem verwirrenden Spektrum unterschiedlicher Meinungen. Dabei kann man die verschiedenen Überzeugungen in ein Schema mit zwei Achsen einordnen, deren Extrempunkte zum einen ein rein theozentrischer und ein rein anthropozentrischer Himmel und zum anderen ein rein physischer und ein rein geistiger Himmel sind. Doch all diese Extrempunkte entstehen nach unserer Überzeugung aus Unklarheit über das Verhältnis vom Himmel zur Erde.

Von der Erde zum Himmel und wieder zurück

Die ewige Heimat von Gottes Volk wird weder allein diese Erde noch allein der Himmel sein. Auch werden nicht manche Menschen in den Himmel gehen und andere auf der Erde leben. Es wird etwas geben, das die Bibel „den neuen Himmel und die neue Erde" nennt (Jesaja 65,17; 66,22; 2. Petrus 3,13; Offenbarung 21,1). Der Ausdruck „die Himmel und die Erde" bezeichnet in der Bibel normalerweise (vielleicht sogar immer) die Gesamtheit des physischen Universums (1. Mose 1,1). Somit bedeutet dieser Ausdruck, dass wir in einem neuen Universum leben werden.

Viele Menschen sind an diesem Punkt verwirrt, weil sie nicht verstehen, wie die Vorstellung von einem zukünftigen neuen Universum mit der Vorstellung zusammenpasst, dass wir in den Himmel kommen, wenn wir sterben. Es stellt sich jedoch heraus, dass *beides* richtig ist. Wenn wir sterben, werden wir - sofern wir Christen sind - bei Christus sein (2. Korinther 5,1-8; Philipper 1,21-23; vgl. Lukas 23,43). Da Christus im Himmel ist, werden Gläubige offensichtlich in den Himmel kommen, wenn sie sterben. Dies ist jedoch nicht ihr „letztendlicher Bestimmungsort". Im Himmel haben die Gläubigen nach ihrem Tod keine physischen Körper (2. Korinther 5,6-8), vielmehr warten sie dort auf ihre Auferstehung am Ende der Zeiten (1. Korinther 15,51-52; 1. Thessalonicher 4,13-17).

Vor einigen Jahren erschien ein Buch von Randy Alcorn über den Himmel, das eine andere Sicht vermittelt. Alcorn ist der Auffassung, es sei möglich, dass die Menschen in diesem „Zwischenhimmel" auch „eine vorübergehende Gestalt bekommen",[162] das heißt einen Körper, der noch nicht völlig verherrlicht ist, der es uns jedoch gestattet, vollständige Menschen zu sein, während wir auf die endgültige Herrlichkeit warten. Unter anderem interpretiert er auch die „himmlische Behausung" aus 2. Korinther 5,1-4 auf diese Weise.[163] Das kann jedoch nicht stimmen, denn Paulus sagt:

> *Denn wir wissen: wenn unser irdisches Haus, diese Hütte, abgebrochen wird, so haben wir einen*

> *Bau, von Gott erbaut, ein Haus, nicht mit Händen gemacht, das ewig ist im Himmel. Denn darum seufzen wir auch und sehnen uns danach, dass wir mit unserer Behausung, die vom Himmel ist, überkleidet werden, weil wir dann bekleidet und nicht nackt befunden werden. Denn solange wir in dieser Hütte sind, seufzen wir und sind beschwert, weil wir lieber nicht entkleidet, sondern überkleidet werden wollen, damit das Sterbliche verschlungen werde von dem Leben.* (2. Korinther 5,1-4)

Was immer diese „Behausung, die vom Himmel ist" (Alcorns Ausdruck „himmlische Behausung" ist eine Umschreibung) am Ende sein wird und wann immer wir sie bekommen werden, Paulus erklärt jedenfalls ausdrücklich, dass sie „*ewig* ist im Himmel". Sie kann jedoch nicht beides sein: ewig und vorübergehend.

Paulus sagt hier, dass Gott für uns einen ewigen Körper vorgesehen hat, der aus dem Himmel stammt und unsterblich sein wird. Darin liegt unsere letztendliche Hoffnung und Zukunft. Ein Leben ohne Körper erschien Paulus nicht sehr reizvoll und ist kein Zustand, der der menschlichen Natur entspricht. Doch „solange wir im Leibe wohnen, weilen wir fern von dem Herrn" und bei dem Herrn zu sein ist das, was wir am meisten erstreben. So sagt Paulus, wir haben „vielmehr Lust, den Leib zu verlassen und daheim zu sein bei dem Herrn" (2. Korinther 5,6-8). Doch auch diese Situation wird nur vorübergehend sein. Paulus geht es darum, dass wir am Ende der Zeiten von den Toten auferstanden sein werden. Dann werden wir im Leib, unserem neuen, ewigen, unsterblichen Körper, zu Hause sein *und* wir werden bei dem Herrn sein.

Die biblische Sicht deckt sich nicht mit der Sicht, die in der westlichen Kultur vorherrschend ist, und die etwa folgendermaßen aussieht:

Sterbliches Leben > Unsterbliches, körperloses Leben im Himmel

Auch ist es nicht die Sichtweise, die von Adventisten und Zeugen Jehovas gelehrt wird:

Sterbliches Leben > Nichtexistenz > Auferstehung zu einem unsterblichen, körperlichen Leben

Die Sichtweise von Alcorn trifft es ebenfalls nicht, wenn sie dem auch schon näher kommt:

Sterbliches Leben > Körperliches Leben im Himmel > Auferstehung zu einem unsterblichen, körperlichen Leben

Die biblische Sicht sieht vielmehr so aus:

Sterbliches Leben > Körperloses Leben im Himmel > Auferstehung zu einem unsterblichen, körperlichen Leben

Manche Menschen fragen sich, warum irgendjemand, der bereits mit dem Herrn im Himmel lebt, überhaupt noch den Wunsch oder das Bedürfnis haben sollte, aus den Toten auferweckt zu werden. Die Antwort ist, dass es nicht unserer Bestimmung entspricht, in einem entkörperlichten Zustand in einem rein geistigen Himmel zu leben. Gott hat die Menschen geschaffen, um als körperhafte Wesen auf der Erde zu leben. Unser geistiger Zwischenzustand der Ruhe im Himmel wird zwar besser sein als das sorgenvolle sterbliche Leben, das wir jetzt führen, doch wird er nicht annähernd so wunderbar sein, wie unser auferstandener, verherrlichter, körperlicher Zustand auf der zukünftigen Neuen Erde.

Jesu eigene Geschichte von dem Zeitpunkt an, da er Mensch wurde, zeigt hier das Grundmuster auf. Er wurde ein sterblicher Mensch, starb und stand wieder auf, stieg in den Himmel auf und wird in körperlicher Gestalt zur Erde zurückkehren, um sein Reich aufzurichten:

Jesus ist auferstanden und geht in den Himmel

⬀ ⬉

Jesus lebt als ein sterblicher Mensch auf der Erde — Jesus kommt zurück auf die Erde

Der Unterschied besteht darin, dass Gläubige, anders als Jesus, nicht in ihrem erhöhten, auferstandenen Zustand in den Himmel gehen. Wie Paulus sagt, „zuerst werden die Toten, die in Christus gestorben sind, auferstehen", wenn der Herr aus dem Himmel herabkommt, und dann werden diejenigen, die auf der Erde leben, wenn der Herr kommt, „zugleich mit ihnen entrückt werden" (1. Thessalonicher 4,16-17).[164] Somit erfolgt die Auferstehung am Ende des Zeitalters für die Gläubigen. Christus ist als „Erstlingsfrucht" der Auferstehung bereits von den Toten auferstanden. „Danach, wenn er kommen wird, (werden) die, die Christus angehören", von den Toten auferweckt (1. Korinther 15,23).[165]

Gläubige werden in den Himmel aufgenommen

⬀ ⬉

Gläubige leben als Sterbliche auf der Erde — Gläubige werden zu einem unsterblichen Leben auf der Erde auferweckt

Die Offenbarung neu lesen

Alcorn - dessen Buch in vielerlei Hinsicht empfehlenswert ist - wählt einen streng wörtlichen Zugang zu vielen biblischen Texten über den Himmel, insbesondere jenen in der Offenbarung. So argumentiert er zum Beispiel, dass die Toten auch in der Zeit, in der sie auf die Auferstehung warten, Körper haben, denn „es wird beschrieben, dass die Märtyrer im Himmel Kleider tragen (Offenbarung 6,9-11)".[166] Doch sollen wir es dann auch wörtlich nehmen, wenn die Toten sich im gleichen Text „unten am Altar" befinden (Vers 9)? Die meisten Ausleger der Offenbarung gehen zu Recht davon aus, dass kein Schwert im buchstäblichen Sinn aus dem Mund von Jesus hervorgeht (1,16); dass Jesus „laue“ Menschen nicht im wortwörtlichen Sinn ausspuckt (3,16) und dass Jesus kein Lamm mit sieben Hörnern und sieben Augen ist (5,6). Alcorn räumt auch durchaus ein, dass diese Aussagen nicht wörtlich zu verstehen sind, regt jedoch andererseits dazu an, alle Aussagen in der Offenbarung wörtlich zu nehmen, solange diese nicht „bekannten Tatsachen widersprechen“:

> *Wo Jesus als Lamm mit sieben Augen beschrieben wird, würde es bekannten Tatsachen widersprechen, wenn man das wörtlich nehmen wollte. Aber würde es bekannten Tatsachen widersprechen, wenn wir glaubten, dass es auf der Neuen Erde eine große Stadt mit Straßen aus Gold und Toren, die aus Perlen gemacht sind (Offenbarung 21,21), dazu auch Bäume und einen Fluss geben wird (22,1-2)?*[167]

Dieser Ansatz, alles wörtlich zu nehmen, solange es nicht „bekannten Tatsachen widerspricht“ birgt jedoch die Gefahr, dass man anfängt Spekulationen in eine falsche Richtung anzustellen. Bibelausleger, die auf diese Weise an die Offenbarung herangehen, versuchen sich dann oft an wörtlichen Erklärungen für eine symbolische Sprache, die niemals dazu gedacht war, wörtlich genommen zu werden und die Ergebnisse sind nicht selten ziemlich abstrus und sonderbar.

Eine übermäßig wörtliche Herangehensweise berücksichtigt zudem nicht, wie häufig in diesem Buch offensichtlich symbolische Bilder verwendet werden. Nehmen wir nur einmal an, wir akzeptieren Alcorns Vorschlag, dass die weißen Kleider, die die Märtyrer in Offenbarung 6,11 bekommen, tatsächlich Kleider sind. Im nächsten Kapitel lesen wir jedoch, dass die Heiligen, die aus der Großen Trübsal kamen, weiße Kleider trugen und sie „haben ihre Kleider gewaschen und haben ihre Kleider hell gemacht im Blut des Lammes“ (7,9.13-14). Nun scheint es keine vernünftige Begründung zu geben, warum wir, wenn wir die weißen Kleider wörtlich verstehen, das Waschen der Kleider im Blut des Lammes nicht auch wörtlich verstehen sollten. Doch hier sträubt sich unser gesundes Empfinden, zu Recht. Auch wenn es nicht „bekannten Tatsachen widersprechen" würde, dieses Bild wörtlich zu nehmen, scheint es doch bei weitem die bessere Interpretation zu sein, die weißen Kleider als nicht wörtlich gemeinte, symbolische Elemente von Johannes' Vision aufzufassen.

Wir sollten uns der bildhaften Sprache der Offenbarung immer auch unter dem Gesichtspunkt nähern, dass es insgesamt ein Buch von Visionen ist. Aufgrund dieser Tatsache, die durch eine Vielzahl von apokalyptischen Symbolen im gesamten Buch bestätigt wird, und nicht zuletzt auch, weil diese Visionen sich im Himmel abspielen, sind viele Ausleger davon ausgegangen, dass die Kleidung der Seelen unter dem Altar ein nicht wörtlich zu nehmendes, symbolisches Bild ist.

Ein vernünftiger Vorschlag, wie man sich mit der Offenbarung auseinandersetzen könnte[168] stammt von dem Fachmann für Neues Testament Vern S. Poythress. Er unterscheidet in den Visionen des Buches „vier Ebenen der Kommunikation". Dabei handelt es sich nicht um vier unterschiedliche Bedeutungen (wie man es häufig in den älteren allegorischen Zugängen zur Bibel findet), sondern um vier verschiedene Facetten der Art und Weise, wie die Bedeutung an diesen Stellen übermittelt wird. Einfach ausgedrückt sind diese vier Ebenen 1. die Worte, die Johannes in der betreffenden Stelle verwendet, 2. das was Johannes in der Vision sieht, 3. die Personen, Objekte oder Ereignisse, auf die sich bestimmte Elemente der Visionen beziehen, und 4. die symbolische Bedeutung der Bilder in der Vision. Poythress nennt dies die linguistische, visionäre, referenzielle und symbolische Ebene,[169] doch wir wollen uns hier mit den einfacheren Begriffen Wort-, Visions-, Objekt- und Symbolebene behelfen.

Ein einfaches Beispiel hierfür findet sich in Offenbarung 5,6, wo Johannes sagt, „ich sah ... ein Lamm stehen, wie geschlachtet; es hatte sieben Hörner und sieben Augen, das sind die sieben Geister Gottes, gesandt in alle Lande." Johannes gebraucht hier zunächst verschiedene *Wörter* wie „Lamm", „geschlachtet", „Hörner" und „Augen" um seine Botschaft zu vermitteln. Diese Wörter bilden eine Beschreibung von Johannes' reichlich bizarrer *Vision* (ein Lamm mit sieben Hörnern und sieben Augen!). Das *Objekt*, das in dieser Vision durch das Lamm repräsentiert wird, ist Jesus Christus, der am Kreuz gestorben ist, von den Toten auferstand und der den Heiligen Geist gesandt hat. Die gewählten Bilder erinnern den Leser an die alttestamentliche Praxis, ein Lamm als Opfer zu schlachten und zugleich an den leidenden Knecht, der starb „wie ein Lamm, das zur Schlachtbank geführt wird" (Jesaja 53,7).

Die Beschreibung *symbolisiert* daher den Opfertod und die Auferstehung von Christus. Dabei stehen die Hörner und Augen zugleich symbolisch für die große Macht und das große Wissen, über die der erhöhte Christus verfügt.

Die Stadt am Rande der Ewigkeit

Wir sind der Ansicht, dass diese Unterscheidung zwischen dem, was Johannes in seinen Visionen *sieht* und dem, was diese Visionen symbolisch *darstellen* sollen hilfreich ist, wenn man jene Visionen in der Offenbarung verstehen will, die den Höhepunkt seiner Gesamtoffenbarung bilden - nämlich die vom Neuen Jerusalem und dem Neuen Himmel und der Neuen Erde. Viele evangelikale Christen stehen auf dem Standpunkt, dass man die Beschreibungen des Neuen Jerusalem im wortwörtlichen Sinn als eine physisch präsente Stadt interpretieren sollte. Einige Evangelikale gehen dabei sogar so weit zu behaupten, dass jeder, der die Beschreibungen des Neuen Jerusalem nicht wörtlich nimmt, damit die Zuverlässigkeit der gesamten Bibel infrage stellt.

So beschwerte sich William R. Newell, ein Autor der 1930er Jahre: „Wenn Gold nicht Gold bedeutet und Perlen nicht Perlen, wenn kostbare Steine keine Steine sind und genaue Maßgaben sich nicht auf wirkliche Abmessungen beziehen, dann finden wir in der gesamten Bibel nichts Genaues oder Verlässliches."[170] Randy Alcorn argumentiert in diesem Zusammenhang, die wiederholte Verwendung des Wortes „Stadt" in Offenbarung 21-22 und die detaillierten Beschreibungen in diesem Abschnitt „legen nahe, dass der Ausdruck

„Stadt“ nicht als Redensart zu verstehen ist, sondern als konkrete Beschreibung eines geografischen Ortes.“[171] Nach seiner Auffassung geraten wir, wenn wir abstreiten, dass die Straßen aus Gold und andere physische Beschreibungen, wie zum Beispiel die Abmessungen der Stadt, wörtlich zu verstehen sind, gedanklich auf abschüssiges Gelände, das uns schließlich dahin führen könnte, die Hoffnung der Auferstehung vollends zu leugnen:

> *Wenn wir davon ausgehen, dass die Abmessungen der Stadt nicht real sein können, dann werden die Menschen wahrscheinlich auch annehmen, dass die ganze Stadt nicht real ist. Hat sie nicht die angegebenen Abmessungen, dann ist es nur noch ein kleiner Schritt bis zu der Überzeugung, dass sie überhaupt keine Abmessungen hat. Dann stellen wir uns die Neue Erde nicht mehr als eine auferstandene Daseinssphäre für auferstandene Menschen vor.*[172]

Die Bedenken bezüglich des abschüssigen Geländes halten wir für überzogen. Es ist absolut möglich, die Auffassung zu vertreten, dass die Neue Erde als Lebensraum für auferstandene Menschen eine materielle Realität sein wird und gleichzeitig die Beschreibung des Neuen Jerusalem nicht wörtlich zu nehmen. Der Schlüssel liegt darin, herauszufinden, *was* das Neue Jerusalem eigentlich ist. Johannes sagt, er sah das Neue Jerusalem „aus dem Himmel herabkommen, bereitet wie eine geschmückte Braut für ihren Mann“ (Offenbarung 21,2). In Vers 9 sagt ein Engel zu Johannes „Komm, ich will dir die Frau zeigen, die Braut des Lammes.“ Wie bereits erwähnt ist das Lamm Jesus Christus (5,6) und wie die meisten von uns ebenfalls wissen, ist die Gemeinde (oder wie es in der Offenbarung heißt, „die Heiligen“) die Braut oder die Frau des Lammes (19,7-8; vgl. 2. Korinther 11,2; Epheser 5,25-27). Daher ist das Neue Jerusalem ein Symbol für die Erlösten in ihrer zukünftigen Herrlichkeit und nicht die Beschreibung eines konkreten Ortes.[173]

Es wird als eine würfelförmige Stadt aus durchsichtigem Gold mit zwölf großen Perlentoren, bewacht von zwölf Engeln, mit zwölf Grundsteinen aus zwölf verschiedenen Arten von Edelsteinen, mit einer Abmessung von 12.000 Stadien in jeder Richtung, mit Mauern, die 144 (d. h. 12 x 12) Ellen hoch sind (Offenbarung 21,10-21) beschrieben. Diese Beschreibung ist ein Symbol für die Rolle der Gemeinde als eine Art geistliches Israel (man beachte Vers 12) und ihrer Fundierung auf der Lehre der zwölf Apostel (Vers 14). So wenig wie wir aus der Beschreibung in der Offenbarung, dass Jesus ein Lamm mit sieben Hörnern und sieben Augen sei, schließen, dass Jesus tatsächlich so aussieht, so wenig sollten wir es im selben Buch wörtlich nehmen, wenn die Erlösten in Herrlichkeit als eine würfelförmige Stadt mit einer Kantenlänge von 2.200 Kilometern, die aus dem Himmel herabkommt, und auf der Erde landet, beschrieben werden.

C. S. Lewis

Die Bilder in der Heiligen Schrift, Harfen, Kronen, Gold usw., sollen doch nur dazu dienen, das Unsagbare auszusagen... Wer diese Symbolsprache wörtlich nimmt, könnte ebenso gut Christus selbst beim Wort nehmen. Und wenn Christus sagt, wir sollen sein wie die Tauben, meint er damit etwa, wir sollen gurren?[174]

Dass die Stadt aus dem Himmel herabkommt (21,2.10) steht für die Tatsache, dass das erlöste Volk Gottes sein Leben von Gott hat. Und in der Tat werden ja am Ende dieses Zeitalters fast alle Erlösten im Himmel auf ihre Auferstehung und Verherrlichung warten.

Alle Dinge neu machen

Um es noch einmal zu sagen, wir bestreiten nicht, dass die zukünftige Heimat der Erlösten eine Neue Erde sein wird. Im Gegenteil, wir sind sogar davon überzeugt, dass es so sein wird. In diesem Punkt hat Alcorn durchaus Recht: die Hoffnung des Volkes Gottes ist nicht ein immaterieller Himmel sondern ein neues Universum, in dem erlöste Menschen leben werden. In welchem Sinne aber werden der Neue Himmel und die Neue Erde „neu" sein? Hier diskutieren Kommentatoren und Theologen im Allgemeinen zwei Möglichkeiten. Einige argumentieren dabei für ein Modell der „Erneuerung", ich welchem dieses bestehende Universum erneuert, wiederhergestellt und vollkommen gemacht wird. Nach diesem Erneuerungsmodell werden der Neue Himmel und die Neue Erde unser gegenwärtiges Universum sein, das von allem Bösen, aller Sünde, allem Leid und dem Tod gereinigt wurde. Dem gegenüber steht eine Sichtweise, die man als „Ersatzmodell" bezeichnen könnte. Demnach wird dieses gegenwärtige Universum vollkommen ausgelöscht und durch ein brandneues, zweites Universum ersetzt, das *ex nihilo* (aus dem Nichts) geschaffen wurde.[175]

Beide Positionen nehmen für sich in Anspruch biblisch zu sein. Die Verfechter des *Erneuerungsmodells* führen in der Regel die folgenden drei Argumente an.

1.) Das Wort für „neu" an dieser Stelle (*kainos*) deutet auf Neuheit von Qualität und Natur hin, im Gegensatz zu den griechischen Wörtern *neos* und *neoteros*, die Neuheit nach Zeit und Ursprung bezeichnen. Dieses linguistische Argument erscheint jedoch nicht tragfähig genug für die Schlussfolgerung. So ist zum Beispiel der „neue (*kainon*) Name" in Offenbarung 2,17 sowohl seiner Natur als auch seinem Ursprung nach neu. Und bei dem „neuen (*kainen*) Jerusalem" (21,2) kann es sich wohl kaum um eine verwandelte Ausgabe der irdischen Stadt Jerusalem handeln, oder? Somit erscheint es doch angebrachter, die Bedeutung von *kainos* jeweils aus dem Zusammenhang zu erschließen.

2.) Im unmittelbaren Kontext sagt Gott „ich mache alles neu" (21,5) was ein klarer Hinweis auf eine Erneuerung zu sein scheint und nicht auf einen Ersatz. Dieses Argument ist bedeutend schlagkräftiger, jedoch sollte auch hier der Hinweis genügen, dass im unmittelbaren Umfeld dieser Aussage auch vom „neuen Jerusalem" die Rede ist (Vers 2).

3.) Der alttestamentliche Hintergrund legt es nahe, die Neuheit hier als Wiederherstellung zu verstehen (z. B. Jesaja 65,18-25; Hesekiel 28,25-26; 34,25-30).[176]

Zugunsten des *Ersatzmodells* lassen sich ebenfalls drei Punkte hervorheben.

1.) In Offenbarung 21,1 heißt es, dass das Meer nicht mehr sein wird, was auf ein Universum hindeutet, das sich von dem, in dem wir gegenwärtig leben, klar unterscheidet. Wir müssen jedoch beachten, dass es sich hier um Johannes visionäre Erfahrung handelt, und darin ist diese Aussage eindeutig ein Symbol dafür, dass es keine Quelle des Bösen mehr geben wird (vgl. Daniel 7,3; Offenbarung 13,1.6-7). Wir sollten uns besser davor hüten, aus den Aussagen von Johannes irgendwelche Rückschlüsse darauf zu ziehen, wie genau die Neue Erde aussehen wird.

2.) Die Aussagen, „der erste Himmel und die erste Erde sind vergangen" sowie „das Erste ist vergangen" (21,1.4) deuten auf eine völlige Auslöschung des ersten Himmels und der ersten Erde hin und legen die Vorstellung nahe, dass es sich bei dem neuen Himmel und der neuen Erde um ein *zweites* Universum handeln wird. Allerdings war diese Ausdrucksweise den Christen zur Zeit des Neuen Testaments auch von Jesaja und anderen apokalyptischen Beschreibungen der radikalen Erneuerung, die kommen würde, vertraut. So beschreibt Paulus Christen *bereits jetzt* als Teil solch einer „neuen Schöpfung", in der „das Alte vergangen ist" (2. Korinther 5,17).

3.) An anderer Stelle schreibt Petrus, dass der gegenwärtige Himmel und die gegenwärtige Erde durch Feuer zerstört und seine Elemente aufgelöst werden (2. Petrus 3,10-13). Hierin liegt das wahrscheinlich stärkste Argument für die Sichtweise des Ersatzmodells (auch wenn diese Ausdrucksweise gelegentlich ebenfalls als „apokalyptisch" charakterisiert wurde).

Wir kommen nicht umhin anzumerken, dass eine ähnliche Debatte auch um die Auferstehung der Toten entbrannt ist. Bedeutet Auferstehung nun eine Erneuerung des Körpers (Wiederbelebung und Vervollkommnung) oder die Neuschöpfung eines zweiten Körpers (Ersatz)? Bei Jesus selbst wurde jedenfalls sein toter Körper wieder zum Leben erweckt (wiederbelebt) und als unsterblicher, unverweslicher Körper verherrlicht (siehe Kapitel 8). Für fast alle Gläubigen wird die Auferstehung jedoch nicht bedeuten, dass ein vorhandener Leichnam wiederbelebt wird, da die meisten ihrer Körper längst zu Staub zerfallen sein werden.

Ben Witherington III

Der endgültige Zustand wird als Durchdringung dargestellt, jedoch nicht derart, dass die Gläubigen hinauf in den Himmel gehen, sondern dass Gott und der Himmel dauerhaft herabkommen.[177]

Doch das wird für Gott kein Problem darstellen! Er wird durchaus in der Lage sein, für diese Gläubigen einen neuen Körper zu erschaffen - einen, der ganz sie selbst ist, und doch zugleich in herrlicher Weise neu. (Allerdings dürfen wir wohl annehmen, dass für die Gläubigen, deren Körper bei der Auferstehung noch intakt sein werden, dieser ebenso wiederbelebt werden wird, wie das bei Jesus der Fall war.) Jene Gläubigen, die noch leben, wenn Christus wiederkommt um die Toten aufzuerwecken, werden verwandelt oder transformiert werden, wobei ihre vorhandenen Körper Unsterblichkeit und Unverweslichkeit anziehen werden (1. Korinther 15,51-54). Mit anderen Worten: In der Auferstehung *werden einige Körper „erneuert" und andere „ersetzt" werden, doch das Endergebnis wird für beide gleich sein.* Alle Erlösten werden vollkommene, verherrlichte, unsterbliche, unverwesliche, mit geistiger Kraft erfüllte menschliche Körper haben, die dazu geeignet sind, in Gottes ewigem, himmlischem Reich in dem Neuen Himmel und der Neuen Erde zu leben.

Wir sind der Ansicht, dass wir, wenn wir die Auferstehung aus diesem Blickwinkel betrachten, damit auch die Debatte über Erneuerung oder Ersatz im Hinblick auf den Neuen Himmel und die Neue Erde hinter uns lassen können. Wenn wir dabei eher dem Erneuerungsmodell zuneigen, dann sollten wir uns dennoch darüber im Klaren sein, dass das neue Universum nicht einfach nur eine aufgeräumte Variante des jetzigen sein wird, sondern eine völlig veränderte Welt, passend für unsterbliche Wesen. Übernehmen wir das Ersatzmodell, dann müssen wir dennoch sehen, dass auch das neue Universum in vielen wichtigen Punkten Ähnlichkeit mit dem jetzigen haben wird, weil es immer noch eine Welt für Menschen sein wird. Vielleicht kann man sogar so weit gehen, von einem „auferstandenen Universum" zu sprechen.[178] Die Welt selber „wird vergehen" (Matthäus 24,35) um als eine für eine auferstandene Menschheit passende ewige Heimat neu gemacht zu werden.

Wenn wir uns den ewigen Zustand der Gesegneten als einen auferstandenen Neuen Himmel und eine auferstandene Neue Erde vorstellen, dann liegt darin auch eine Möglichkeit, die Debatte zwischen jenen, die eine „theozentrische" Sicht des Himmels als eine ewige Anschauung der göttlichen Herrlichkeit (auch die „glückselige Vision" genannt) vertreten und jenen, die eine „anthropozentrische" Sicht des Himmels als eines nicht endenden Paradieses menschlicher Aktivität bevorzugen, beizulegen (siehe Kapitel 1). Für Jesus Christus bedeutete die Auferstehung sowohl eine Rückkehr zu einem Leben als Mensch (mit der Fähigkeit, mit anderen Menschen in Kontakt zu treten und solche profanen Tätigkeiten wie Essen auszuführen) als auch eine Erhöhung in die unmittelbare Gegenwart Gottes. Und genau das wird es auch für uns bedeuten. Die Extreme einer rein auf Gott zentrierten Sicht des Himmels als endlose Betrachtung des Göttlichen und einer rein auf den Menschen zentrierten Sicht des Himmels als eines niemals endenden Abenteuers im Freizeitpark mit unserer irdischen Familie und unseren Freunden sind beide nicht haltbar. Stattdessen müssen wir eine auf Christus zentrierte Sicht des ewigen Lebens in einem Neuen Himmel und auf einer Neuen Erde entwickeln, in der Gott bei der erlösten Menschheit wohnt und in der sich eine erweiterte „Familie" Gottes für immer an Gott und aneinander erfreut. Jesus hat verheißen, dass seine Nachfolger „das Erdreich erben“ *und* „Gott sehen“ werden (Matthäus 5,5.8) und genau das werden sie auch, wenn Gott zu uns herabkommt, um mit uns zusammen für immer auf der Neuen Erde zu leben. Das Haupt dieser „Familie“ wird Jesus Christus sein, der Mensch gewordene Sohn und unter seiner Leitung als Oberhaupt werden sowohl „Söhne Gottes“ aus den Engeln als auch „Söhne Gottes“ aus den Menschen vereint sein. Wir nennen diese auf Christus zentrierte Sicht auf das ewige Leben ein Inkarnationelles Modell.

Auf Gott zentriertes Modell	**Auf den Menschen zentriertes Modell**	**Auf Christus zentriertes Modell**
Nur der Himmel	Nur die Erde oder nur ein Himmel, der der Erde ähnlich ist	Neuer Himmel und Neue Erde
Glückselige Vision	Unbegrenzte menschliche Freuden	Die erweiterte „Familie" Gottes
Auferstehung als Erhebung der Seele zur Unsterblichkeit	Auferstehung als Wiederbelebung des Körpers	Auferstehung als Verherrlichung des ganzen Menschen mit Seele und Körper
Auflösung aller menschlichen Beziehungen	Wiederherstellung aller menschlichen Beziehungen	Transformation aller menschlichen Beziehungen

Diese auf Christus zentrierte Sicht wird auch auf dem Höhepunkt von Johannes’ Vision auf herrliche Weise zum Ausdruck gebracht:

> *Und ich hörte eine laute Stimme vom Thron her sagen: Siehe, das Zelt Gottes bei den Menschen! Und er wird bei ihnen wohnen, und sie werden sein Volk sein, und Gott selbst wird bei ihnen sein, ihr Gott. Und er wird jede Träne von ihren Augen abwischen, und der Tod wird nicht mehr sein, noch Trauer noch Geschrei noch Schmerz wird mehr sein; denn das Erste ist vergangen.*

Und der, welcher auf dem Thron saß, sprach: Siehe, ich mache alles neu. Und er spricht: Schreibe! Denn diese Worte sind gewiss und wahrhaftig. Und er sprach zu mir: Es ist geschehen. Ich bin das Alpha und das Omega, der Anfang und das Ende. Ich will dem Dürstenden aus der Quelle des Wassers des Lebens geben umsonst. Wer überwindet, wird dies erben, und ich werde ihm Gott sein, und er wird mir Sohn sein. (Offenbarung 21,3-7 ELB)

WAHRHEIT:

Wir werden für immer in einem neuen Universum leben, das für unsterbliche Wesen geschaffen ist.

MYTHOS:

Das Buch der Offenbarung beschreibt dieses Universum wortwörtlich.

Literaturempfehlungen

Die meisten Menschen brauchen kaum Dutzende von Büchern über Himmel und Hölle zu lesen. Wenn dieses Buch Ihnen jedoch Appetit auf mehr gemacht hat, dann finden Sie hier zehn Bücher, von denen wir glauben, dass sie es wert sind, ihnen etwas Zeit zu widmen.

Cooper, John W. **Body, Soul, and Life Everlasting: Biblical Anthropology and the Monism-Dualism Debate.** Grand Rapids, Eerdmans, 1989. Ausführliche Untersuchung über das Thema Seele und Körper, in der auch die Existenz der Seele nach dem Tod behandelt wird.

Cullmann, Oscar. **Unsterblichkeit der Seele oder Auferstehung der Toten? Antwort des Neuen Testaments.** Stuttgart, Kreuz-Verlag, 1962. Dieses kurze, ältere Buch erklärt, warum die Auferstehung von solch zentraler Bedeutung für die biblische Sicht vom Leben nach dem Tod ist. In englischer Sprache ist es online einsehbar unter www.religion-online.org/showbook.asp?title=1115.

Fudge, Edward William und Robert A. Peterson. **Two Views of** McGrath, Allister E. **A Brief History of Heaven,** Oxford, UK, Blackwell, 2003. Eine ansprechende Geschichte der (überwiegend christlichen) Vorstellungen vom Himmel.

Milne, Bruce, **The Message of Heaven and Hell,** The Bible Speaks Today, Reihe, Hrsg. Derek Tidball, Downers Grove, IL, InterVarsity Press, 2002. Solide Auslegung von Schlüsselstellen im Alten und Neuen Testament.

Morgan, Christopher W. und Robert A. Peterson, Hrsg. **Hell under Fire: Modern Scholarship Reinvents Eternal Punishment,** Grand Rapids, Zondervan, 2004. Aufsatzsammlung, von denen einige ganz ausgezeichnet sind.

Okholm, Dennis L. und Timothy R. Phillips, Hrsg. **Four Views on Salvation in a Pluralistic World,** Counterpoint Series, Hrsg. Stanley N. Gundry, Grand Rapids, Zondervan, 1996. Präsentiert die gesamte Bandbreite der Ansichten: dass alle Religionen zu Gott führen (John Hick), dass Christus viele auch außerhalb des Christentums rettet (Clark Pinnock), dass Christus womöglich einige außerhalb des Christentums retten könnte (Alister McGrath) und dass, „außer vielleicht unter ganz besonderen Umständen", nur diejenigen gerettet werden, die ausdrücklich an Christus glauben (Douglas Geivett und Gary Phillips).

Tiessen, Terrance L., **Who Can Be Saved? Reassessing Salvation in Christ and World Religions,** Downers Grove, IL, InterVarsity Press, 2004. Obwohl wir Tiessens Sichtweise nicht teilen, ist dieses Buch dennoch eine interessante, informative Untersuchung der Fragen zum Thema Errettung außerhalb der christlichen Gemeinde.

FUSSNOTEN

1 Die Belege für die Existenz Gottes besprechen wir in dem Buch *Macht es Sinn, an Gott zu glauben – Argumente für die Existenz Gottes*, Hamburg, Fliß, 2007.

2 Blaise Pascal, *Pensées*, Nr. 194, übertragen und herausgegeben von Ewald Wasmuth, 3. Aufl., 1946, Heidelberg, Lambert Schneider, S. 101.

3 Emanuel Swedenborg, Himmel und Hölle - Beschrieben nach Gehörtem und Gesehenem von Emanuel Swedenborg, Aus der lateinischen Urschrift übersetzt von Dr. J. F. J. Tafel, Buchverlag der Neuen Kirche, Zürich, Fünfte Auflage, um 1910, online einsehbar unter: http://www.wlb-stuttgart.de/referate/theologie/swedvotx.html

4 Betty J. Eadie, *Licht am Ende des Lebens*, München, Droemer Knaur, 1994

5 Mary Baker Eddy, *Wissenschaft und Gesundheit mit Schlüssel zur Heiligen Schrift*, Hrsg. The First Church of Christ, Scientist, Boston, 1997, S. 291 bzw. 587

6 Anthony DeStefano, *Reiseführer zum Himmel*, München, Goldmann, 2004, S. 12f

7 Für eine wissenschaftliche Kritik des UFO-Glaubens im Allgemeinen aus christlicher Sicht siehe Hugh Ross, Kenneth R. Samples und Mark Clark, *Lights in the Sky and Little Green Men: A Rational Christian Look at UFOs and Extraterrestrials*, Colorado Springs, CO, NavPress, 2002.

8 Colleen McDannell und Bernhard Lang, *Heaven: A History*, 2. Aufl. New Haven, CT, Yale University Press, 2001, xiii-xiv, xviii (zitiert) (diese veränderte 2. Auflage ist bisher nicht in Deutsch erschienen – Anm. d. Übers.)

9 Bernhard Lang und Colleen McDannell, *Der Himmel: Eine Kulturgeschichte des ewigen Lebens*, Frankfurt a. M., Suhrkamp, 1990, S. 245

10 ebda.

11 John Wesley, *Works*, Nashville, Abingdon, 1985, Band 1, Seite 104-105, zitiert in Jerry L. Walls, *Heaven: The Logic of Eternal Joy*, Oxford, Oxford University Press, 2002, Seite 5

12 Der gleiche Punkt wird, wenn auch mit etwas anderer Argumentation, hervorgehoben von Adrio König, *The Eclipse of Christ in Eschatology: Toward a Christ-Centered Approach*, Grand Rapids, Eerdmans/London, Marshall, Morgan & Scott, 1989.

13 Kenneth D. Boa und Robert M. Bowman Jr., *Mythos und Wahrheit: Engel und Dämonen*, Haiterbach, cap-books, 2010, Kapitel 8

14 Das griechische Wort *mõre*, normalerweise mit „Narr" übersetzt, war ein Schimpfwort, das einen völligen Dummkopf oder Idioten bezeichnete.

15 Das Wort, das hier mit „Hölle" übersetzt wird, ist *Gehenna*; siehe Kapitel 4.

16 Eingehend behandeln wir diese Frage in Kapitel 15.

17 Siehe Boa und Bowman, *Engel und Dämonen: Mythos und Wahrheit*, a. a. O. Kapitel 21

18 Zu der Frage, ob Engel körperlose Wesen sind, siehe Boa und Bowman, *Engel und Dämonen: Mythos und Wahrheit*, a. a. O. Kapitel 6

19 Mortimer J. Adler, *The Angels and Us*, New York, Macmillan, 1982, S. 37

20 Homer, *Odyssee*, 11. Gesang, Zeile 489/90, nach der Übersetzung von Johann Heinrich Voss, 1781/93.

21 Samuele Bacchiocchi, *Immortality or Resurrection? A Biblical Study on Human Nature and Destiny*, Berrien Springs, MI, Biblical Perspectives, 1997, S. 170. Wir widmen diesem Buch einige Aufmerksamkeit, weil Bacchiocchi einer der fähigsten und anspruchsvollsten biblischen Gelehrten ist, die für die adventistische Position eintreten.

22 Manche Christen argumentieren, dass Lukas 16,19-31 kein Gleichnis sein kann, da Jesus einige Person namentlich erwähnt (Lazarus, Abraham), was er in anderen Gleichnissen nicht tut. Wir sehen jedoch keinen

hermeneutischen Grund, warum die Verwendung von Eigennamen darauf hindeuten soll, dass eine Geschichte kein Gleichnis ist. Bei sorgfältiger Analyse ist die Tatsache, dass diese Geschichte mit den gleichen Worten beginnt wie das vorausgehende Gleichnis vom ungerechten Verwalter („Es war ein reicher Mann" - *anthrōpos tis en plousios*, Lukas 16,1.19), ein deutlicher Hinweis darauf, dass es sich auch hier um ein Gleichnis handelt. Diese Gleichnisse sind Nummer zwei und drei in einer Reihe von Gleichnissen über den Missbrauch von Wohlstand, die mit dem Gleichnis vom verlorenen Sohn beginnt (Lukas 15,11-32).

23 Bacchiocchi, a. a. O., S. 172-176. Er zitiert hier ein Werk mit dem Titel *Discourse to the Greeks Concerning Hades* (zu Deutsch: *Diskurs an die Griechen über den Hades*, liegt nicht in deutscher Übersetzung vor - Anm. d. Übers.), das er Josephus, dem jüdischen Historiker des späten 1. Jahrhunderts zuschreibt und als Beispiel dafür anführt, wie verbreitet der Glaube an den Hades und an Abrahams Schoß unter den Juden jener Zeit war. Dieses Werk wurde jedoch nicht von Josephus verfasst, sondern mit größter Wahrscheinlichkeit von Hippolyt, einem christlichen Autor des frühen 3. Jahrhunderts.

24 a. a. O., S. 171

25 a. a. O., S. 172

26 Philip S. Johnston, *Shades of Sheol: Death and Afterlife in the Old Testament*, Downers Grove, IL, InterVarsity Press, 2002, S. 74, zitiert R. Laid Harris, „The Meaning of the Word Sheol as Shown by Parallels in Poetic Texts", *Bulletin of the Evangelical Theological Society* 4, 1961, S. 129-135; „Why She'ol Was Translated ‚Grave'" in *The Making of a Contemporary Translation*, Hrsg. Kenneth L. Barker, Grand Rapids, Zondervan, 1987, S. 75-92.

27 Siehe Johnston, *Shades of Sheol*, S. 80 - 83

28 Gary A. Lee, „Gehenna" in *The International Standard Bible Encyclopedia rev. ed.*, Hrsg. Geoffrey W. Bromiley, Grand Rapids, Eerdmans, 1982, Band 2, S. 423

29 Henri Blocher, „Everlasting Punishment and the Problem of Evil“ in *Universalism and the Doctrine of Hell*, Aufsätze der Vierten Edinburgher Konferenz über Christliche Dogmatik, 1991, Hrsg. Nigel M. de S. Cameron, Carlisle, UK, Paternoster/Grand Rapids, Baker, 1992, S. 306; Peter Head, „The Duration of Divine Judgment in the New Testament“ in *Eschatology in the Bible and Theology: Evangelical Essays at the Dawn of the Millennium*, Hrsg. Kent E. Brower und Mark W. Elliott, Downers Grove, IL, InterVarsity Press, 1997, S. 223. Derselbe Punkt wurde auch von einem Gegner der traditionellen Sicht der Hölle anerkannt in William Edward Fudge, *The Fire That Consumes: A Biblical and Historical Study of Final Punishment*, Houston, Providential, 1982, S. 161.

30 Johnston, *Shades of Sheol*, a. a. O., S. 33 - 34

31 Die Übersetzung, dass „die Gedanken vergehen“ findet sich daneben auch in einigen englischsprachigen Übersetzungen, wie der New American Standard Bible, jedoch in keiner anderen deutschen Übersetzung. In deutschen Übersetzungen steht regelmäßig „die Pläne vergehen“. (Anm. d. Übers.)

32 Bacchiocchi, *Immortality or Resurrection?*, a. a. O., S. 39

33 „Prediger (Buch)“ in *Einsichten über die Heilige Schrift*, Selters/Taunus, Wachtturm Bibel- und Traktatgesellschaft, 1992, Bd. 2, S. 615

34 Zu Deutsch: Ingersoll Vorlesung über die Unsterblichkeit des Menschen. Später wurde diese Reihe The Ingersoll Lectures on Human Immortality genannt (zu Deutsch: Die Ingersoll Vorlesungen über menschliche Unsterblichkeit)

35 Oscar Cullmann, *Unsterblichkeit der Seele oder Auferstehung der Toten? Antwort des Neuen Testaments*, Stuttgar/ Berlin, Kreuz-Verlag, 1962 (zitiert nach 3. Auflage, 1964), S. 9

36 Siehe Bacchiocchi, *Immortality or Ressurection?*, a. a. O., S. 21

37 z. B. „Werden die Toten wieder leben?“ *Wachtturm* vom 1. Mai 2005

38 Oscar Cullmann, a. a. O., S. 16

39 ebda.

40 Griechisch: *sarkos anastasin*; Lateinisch: *carnis resurrectionem*. Die übliche deutsche Übersetzung „Auferstehung der Toten" ist zwar nicht falsch, doch weniger deutlich als die antiken Formen. Cullmann sieht das Glaubensbekenntnis in Kapitel 3 von *Unsterblichkeit der Seele oder Auferstehung der Toten?* hier im „Irrtum", wenn es das Wort „Fleisch" (gr. sarkos; lat. carnis) verwendet, da das Fleisch für Paulus „die Macht des Todes, die zerstört werden muss" darstellte. Doch gibt es keinen Grund anzunehmen, dass das Glaubensbekenntnis das Wort „Fleisch" in diesem speziell paulinischen Sinn verwendet, da andere biblische Autoren das Wort auf andere Weise verwenden (siehe z. B. Johannes 1,14; Apostelgeschichte 2,26.31).

41 Cullmann, a. a. O., S. 63

42 Siehe dazu das Handbuch der Zeugen Jehovas, *Unterredungen anhand der Schriften*, Selters/Taunus, Wachtturm Bibel- und Traktatgesellschaft, 1985, S. 218

43 Cullmann, a. a. O., S. 37.

44 Bruce M. Metzger, *A Textual Commentary on the Greek New Testament*, New York, United Bible Societies, 1971, überarbeitete Auflage 1975, S. 223 (Kommentar zu Johannes 8,25). Denselben Punkt hebt Joseph Hong hervor in „Understanding and Translating ‚Today' in Luke 23,43", *Bible Translator* 46, 1995, S. 411. Greg Stafford, ein Zeuge Jehovas, führt einen Punkt, der sich in einem Manuskript des 4. Jahrhunderts, dem Codex Vaticanus, zwischen *semeron* („heute") und *met'* („mit") befindet, als Beweis dafür an, dass es in diesem Text bereits früh eine Interpunktion gab, die hinter „heute" ein Satzzeichen setzte. Siehe dazu Greg Stafford, *Jehova's Witnesses Defended: An Answer to Scholars and Critics*, 2. Aufl., Huntington Beach, CA, Elihu, 2000, S. 546-547. Soweit wir wissen, findet sich dieser Punkt als Satzzeichen jedoch in keinem anderen antiken Dokument, sodass man davon ausgehen kann, dass dieser Punkt ent-

weder nur ein versehentlich gesetzter Strich ist oder von einem späteren Kopisten eingefügt wurde, um dessen persönliche Interpretation zum Ausdruck zu bringen.

45 Klyne R. Snodgrass, „Amen“ in *Baker Encyclopedia of the Bible*, Hrsg. Walter A. Elwell, Grand Rapids, Baker, 1988, Band 1, S. 69.

46 Matthäus 5,18.26; 6,2.5.16; 8,10; 10,15.23.42; 11,11; 13,17; 16,28; 17,20; 18,3.13.18.19 (in einigen Manuskripten fehlt das *amen*); 19,23.28; 21,21.31; 23,36; 24,2.34.47; 25,12.40.45; 26,13.21,34; Markus 3,28; 8,12; 9,1.41; 10,15.29; 11,23; 12,43; 13,30; 14,9.18.25.30; Lukas 4,24; 12,37; 18,17.29; 21,32; 23,43; Johannes 1,51; 3,3.5.11; 5,19.24.25; 6,26.32.47.53; 8,34.51.58; 10,1.7; 12,24; 13,16.20.21.38; 14,12; 16,20.23; 21,18. Diese Liste umfasst sowohl Aussprüche, die den Plural „euch“ (*hymin*, 66 mal), als auch solche, die den Singular „dir“ (*soi*, 9 mal) verwenden.

47 Der einzige Punkt, der die Auffassung der Zeugen Jehovas stützen könnte, besteht darin, dass in ungefähr einunddreißig der fünfundsiebzig Vorkommen der Formel „Amen, ich sage euch“, die Verbindung mit der darauf folgenden Aussage, durch das Bindewort *hoti* (dass) erfolgt.

48 E. W. Bullinger, *How to Enjoy the Bible*, 5. Aufl., London, Eyre & Spottiswoode, 1921, S. 48, zitiert in Stafford, *Jehovah's Witnesses Defended*, S. 550; siehe auch Bullingers Anmerkung in *The Companion Bible*, London, Oxford University Press, 1932, Appendix 173.

49 Offenbarung 2,7 verheißt denen, die „überwinden“, dass sie essen werden „von dem Baum des Lebens, der im Paradies Gottes ist“. Obwohl sich diese Aussage durchaus auf ein himmlisches Paradies beziehen könnte, erscheint es hier wahrscheinlicher, dass es ein Ausblick auf den neuen Himmel und die neue Erde und das neue Jerusalem ist, wo „der Baum des Lebens“ sein wird (21,1-3.10-11; 22,1-2). Wir werden später noch auf diese Stelle eingehen.

50 Vielleicht der erste, der sich mit der NWÜ Version von Philipper 1,21-24 kritisch auseinandersetzte, war Walter Martin. Siehe dazu sein Werk *The Kingdom of the Cults*, überarbeitete und ergänzte Auflage, Hrsg. Ravi Zacharias, Minneapolis, Bethany, 2003, S. 97-99.

51 Die einzige andere Übersetzung, die dem nahe kommt ist der *Emphatic Diaglott*, eine unorthodoxe Übersetzung des 19. Jahrhunderts, die von den Zeugen Jehovas sehr geschätzt wurde, bevor sie ihre eigene Übersetzung hervorbrachten.

52 Appendix 5D: The Releasing to be with Christ" in *The New World Translation: With References* (in den deutschen Ausgaben der Neue Welt Übersetzung meist nicht enthalten - Anm. d. Übers.), Brooklyn, Watchtower Bible & Tract Society, 1984, S. 1578. Auch in „Ein theologisches Dilemma", *Wachtturm*, 1. März 1995, S. 30.

53 In den Apokryphen wird das Wort *analysai* im wörtlichen Sinn sowohl als „zurückkommen" (2. Makkabäer 15,28; Weisheit 2,1) als auch als „aufbrechen" (Judit 13,1; 3. Makkabäer 5,44) verwendet.

54 Oscar Cullmann, *Unsterblichkeit der Seele oder Auferstehung der Toten?*, Kreuz-Verlag, Stuttgart, 1962, S. 58-59.

55 Die grundlegenden Tatsachen, die für die Auferstehung sprechen, haben wir in dem Buch *Macht es Sinn an Gott zu glauben? Argumente für die Existenz Gottes*, Hamburg, Fliß, 2007 in den Kapiteln 15-17 dargelegt.

56 Siehe Koran, Sure 4:157-158

57 Mary Baker Eddy, *Wissenschaft und Gesundheit*, S. 44

58 Gloria und Kenneth Wapnick, *Der Himmel hat kein Gegenteil: Die wichtigsten Fragen zu Ein Kurs in Wundern*, Frage 23, Gutach i. Br., Greuthof Verlag, 1996, S. 73.

59 Sun Myung Moon, *Das göttliche Prinzip*, Kando-Verlag, Schmitten, 2003, S. 311

60 Robert M. Bowman Jr., *Jehovah's Witnesses*, Zondervan Guide to Cults and Religious Movements, Grand Rapids, Zondervan, 1995, S. 39-70.

61 Als Beispiel für einen skeptischen Gebrauch dieser Theorie siehe Richard C. Carrier, „The Spiritual Body of

Christ and the Legend of the Empty Tomb" in *The Empty Tomb: Jesus beyond the Grave*, Hrsg. Robert M. Price und Jeffrey Jay Lowder, Amherst, NY, Prometheus, 2005, S. 105-231.

62 Lang und McDannell, *Der Himmel: Eine Kulturgeschichte des ewigen Lebens*, a. a. O., S. 59-60.

63 Die vermeintlichen Widersprüche zwischen den einzelnen Berichten der Auferstehung in den Evangelien wollen wir hier einmal unberücksichtigt lassen, da sie für unsere Frage, von welcher Art die Auferstehung war, nicht relevant sind.

64 Wir unterstellen hier, in Übereinstimmung mit den meisten biblischen Gelehrten, dass Markus 16,9-20, das so genannte „lange Markus-Ende", ursprünglich nicht Teil dieses Evangeliums war.

65 „How Does Christ Return?" *Watchtower* (Wachtturm) vom 15. Juni 1982, S. 17.

66 *Unterredungen anhand der Schriften*, a. a. O., S. 45

67 ebda.

68 Dafür gibt es zwei Gründe: 1.) Der Abschnitt fehlt in den frühesten griechischen Handschriften und in späteren Handschriften finden sich eine Vielzahl verschiedener Versionen dieses Endes und nicht nur jene, die man z. B. aus der Luther-Bibel kennt und 2.) der Abschnitt enthält in sich offensichtliche Anzeichen für eine spätere Hinzufügung. So stellt Markus 16,9 zum Beispiel Maria Magdalena vor, als wäre sie nicht unmittelbar davor bereits zweimal erwähnt worden (Markus 15,47-16,1). In fast jedem Kommentar zu Markus findet man weitere Details zu dieser Frage. Diese Tatsache über das Ende von Markus wird inzwischen auch von den Zeugen Jehovas in ihrem Handbuch *Einsichten über die Heilige Schrift* (Wachtturm Bibel- und Traktat-Gesellschaft, Selters/Taunus, 1992), Band 2, S. 282, eingeräumt.

69 Daniel B. Wallace, *Greek Grammar beyond the Basics: An Exegetical Syntax of the New Testament*, Grand Rapids, Zondervan, 1996, S. 437-38.

70 Augustinus, *Questions* (Expositio quarundam propositionum ex epistula apostoli ad Romanos) 66.7 (*Fathers of the Church* 70.148), zitiert in Gerald Bray, *Romans*, Ancient Christian Commentary on Scripture, Downers Grove, IL, InterVarsity Press, 1998, 6:213.

71 Der letzte bekanntere Kommentar, der diese Sicht von Römer 8,11 vermittelte, war offenbar ein deutscher Kommentar aus den 1930er Jahren von einem Autor namens H. Leitzmann. Siehe dazu D. G. Dunn, *Romans 1-8*, WBC 38A, Dallas, Word, 1988, S. 432.

72 Douglas Moo, *The Epistle to the Romans*, New International Commentary on the New Testament; Grand Rapids, Eerdmans, 1996, S. 493.

73 Die Bibelausgabe der Zeugen Jehovas, die Neue Welt Übersetzung, gibt Römer 8,23 so wieder: „die Befreiung durch Lösegeld von unserem Leib." Der Ausdruck hier lautet *ten apolutrõsin tou sõmatos hemõn* (wörtl. „Die Erlösung unseres Leibes"). Grammatisch kann *apolutrõsis* gefolgt vom Genitiv entweder bedeuten „dass man von etwas erlöst wird" (diese Variante findet sich in der Bibel nur in Hebräer 9,15) oder „dass jemand erlöst wird" (z. B. Epheser 1,14); der Kontext entscheidet darüber, welche Variante die richtige ist. Dass hier gemeint ist „dass jemand erlöst wird" ergibt sich eindeutig aus dem Kontext, wie wir gezeigt haben.

74 Die Zeugen Jehovas beziehen sich an vielen Stellen in ihren Publikationen auf 1. Korinther 15,15.50 um damit ihren Glauben an eine nicht körperliche Auferstehung zu untermauern. Auch Skeptiker greifen häufig zur gleichen Interpretation von 1. Korinther 15 um damit die Auferstehung von Jesus als historische Tatsache zu widerlegen. Siehe z. B. Carrier, „The Spiritual Body of Christ and the Legend of the Empty Tomb", S. 114-139.

75 Anthony C. Thiselton, *The First Epistle to the Corinthians: A Commentary on the Greek Text*, NIGTC, Grand Rapids, Eerdmans, 2000, S. 1192.

76 Ben Witherington III, *The Paul Quest: The Renewed*

Search for the Jew of Tarsus, Downers Grove, IL, InterVarsity Press, 1998, S. 150-151.

77 Aischylos, *Eumeniden*, Zeile 647-48 (wird häufig als Teil des Hintergrunds von Paulus' Lehre über die Auferstehung zitiert).

78 Siehe dazu z. B. die Ergebnisse einer Harris Umfrage vom Juli 1998 veröffentlicht auf www.pollingreport.com/religion2.htm (Stand 31.12.2005).

79 Eine noch umfangreichere Liste von Vorstellungen davon, was mit den Ungerechten geschehen wird, finden Sie bei David J. Powys, „The Nineteenth and Twentieth Century Debate about Hell and Universalism" in *Universalism and the Doctrine of Hell*, Hrsg. de S. Cameron, Carlisle, Paternoster/Grand Rapids, Baker, 1992, S. 95 und 132, sowie 81, 137-138.

80 Der pluralistische Universalismus wird insbesondere mit dem Philosophen John Hick in Verbindung gebracht. Siehe seinen Beitrag und die Erwiderung an seine Gegner in *Four Views on Salvation in a Pluralistic World*, Hrsg. Dennis L. Okholm und Timothy R. Phillips, Grand Rapids, Zondervan, 1996.

81 Siehe Morwenna Ludlow, „Universalism in the History of Christianity" in *Universal Salvation? The Current Debate*, Hrsg. Robin A. Perry und Christopher H. Partridge, Grand Rapids, Eerdmans, 2004, S. 191-218. Ein Versuch nachzuweisen, dass die Allversöhnung in der frühen Kirche vor Augustinus die vorherrschende Ansicht war, findet sich bei J. W. Hanson, *Universalism: The Prevailing Doctrine of the Christian Church During Its First Five Hundred Years*, Boston, Universalist, 1899. Hanson beruft sich zumeist auf Schweigen (d. h. die Tatsache, dass die frühen Glaubensbekenntnisse die ewige Strafe nicht erwähnen), behilft sich mit überzogenen Interpretationen ähnlich denen, die Allversöhner im Bezug auf die Bibel verwenden und ignoriert gegenteilige Beweise.

82 Clemens von Alexandria (150-215) scheint kein Allversöhner gewesen zu sein, obwohl er gelegentlich als solcher zitiert wird. Er mag allerdings für Origenes ein

Wegbereiter zur Entwicklung der Allversöhnungslehre gewesen sein (siehe Fudge, *The Fire that Consumes*, a. a. O., S. 340-42).

83 Siehe Frederick W. Norris, „Universal Salvation in Origen and Maximus" in *Universalism and the Doctrine of Hell*, Hrsg. de S. Cameron, S. 35-72.

84 Zu den in jüngerer Zeit erschienenen Verteidigungsschriften zum christlichen Universalismus gehören: David Lowes Watson, *God Does Not Foreclose: The Universal Promise of Salvation*, Nashville, Abingdon, 1990; Jan Bonda, *The One Purpose of God: An Answer to the Doctrine of Eternal Punishment*, Grand Rapids, Eerdmans, 1998; Thomas Talbott, *The Inescapable Love of God*, Universal Publishers, 1999; Randy Klassen, *What Does the Bible Really Say about Hell? Wrestling With the Traditional View*, Living Issues Discussion Series 2, Telford, PA, Pandora/Scottdale, PA, Herald Press, 2001. Siehe auch Talbotts Beitrag zu *Universal Salvation? The Current Debate*, Hrsg. Perry und Partridge, a. a. O.

85 Douglas J. Moo, „Paul on Hell" in *Hell under Fire: Modern Scholarship Reinvents Eternal Punishment*, Hrsg. Christopher W. Morgan und Robert A. Peterson, Grand Rapids, Zondervan, 2004, S. 99-100. Der gesamte Artikel ist ausgezeichnet und eines eingehenden Studiums wert.

86 Eine gegenteilige Auffassung aus dem Mund eines anerkannten Theologen findet sich bei B. B. Warfield „Are They Few that Be Saved?" in *Biblical and Theological Studies*, 1952, S. 334-350. Wenn die Aussage von Jesus, in der er den Vielen, die den Pfad des Verderbens gehen die Wenigen gegenüberstellt, die das Leben finden, diejenigen nicht mit einschließt, die bereits im Kindesalter sterben, dann könnte die Zahl der Menschen, die ewiges Leben erhalten am Ende tatsächlich größer sein als die Zahl derer, die verloren gehen (siehe Kapitel 15).

87 J. W. Hanson, *Bible Threatenings Explained*, Boston, Universalist, 1897, siehe *www.tentmaker.org/books/BibleThreateningsExplained.html.*

88 John Blanchard, *Whatever Happened to Hell?*, Darlington, England, Evangelical Press, 1993, S. 204.

89 J. I. Packer, „Evangelicals and the Way of Salvation: New Challenges to the Gospel: Universalism, and Justification by Faith“ in *Evangelical Affirmations*, Hrsg. Kenneth S. Kantzer und Carl F. H. Henry, Grand Rapids, Zondervan, 1990, S. 114.

90 Zum Beispiel Lee Salisbury, „Eternity Explained“, True Grace Ministries, o. J., siehe www.duc.auburn.edu/~allenkc/eternityexplained.html. (Stand 5.9.2006). Dasselbe Argument ist in der Literatur der christlichen Universalisten allgegenwärtig.

91 1. Mose 9,12.16; 17,7.8.13.19; 48,4; 2. Mose 12,14.17; 27,21; 28,43; 29,28; 30,21; 31,16.17; 3. Mose 6,18.22; 7,34.36; 10,9.15; 16,19.31.34; 17,7; 23,21.31.41; 24,3.8.9; 4. Mose 10,8; 15,15; 18,8.11.19.23; 19,10.21; 2. Samuel 23,5; 1. Chronik 16,17; Hiob 41,4; Psalm 105,10; Jesaja 24,5; 55,3.13; 61,8; Jeremia 5,22; 50,5; Hesekiel 16,20.

92 Hiob 3,18; 10,22; 22,15; Psalm 24,7.9; Jesaja 58,12; Jeremia 6,16; 18,15.16; Micha 2,9; Habakuk 3,6; Jona 2,6

93 Christopher W. Morgan, „Biblical Theology: Three Pictures of Hell“ in *Hell under Fire*, Hrsg. Morgan und Peterson, a. a. O., S. 142

94 So übersetzt zum Beispiel die Neue Welt Übersetzung der Zeugen Jehovas das Wort in Matthäus 25,46 mit „Abschneidung“ statt mit „Strafe“.

95 Paul Helm, „Are They Few that Be Saved?“ in *Universalism and the Doctrine of Hell*, Hrsg. de S. Cameron, a.a.O., S. 258

96 Richard Bauckham, *Jude, 2 Peter*, World Biblical Commentary, Bd. 50, Waco, TX, Word, S. 83.

97 C. S. Lewis, *Über den Schmerz*, 2. durchges. Taschenbuchauflage, Gießen, Brunnen-Verlag, 1991, S. 126.

98 Auf diesen Punkt wurde schon häufig hingewiesen, z. B. David G. Moore, *The Battle for Hell: A Survey and Evaluation of Evangelicals' Growing Attraction to the Doctrine of Annihilationism*, Lanham, MD, University Press of America, 1995, S. 18-20 (allerdings stimmen wir mit

der Art und Weise, wie Moore an einige dieser Beispiele herangeht, nicht überein).

99 Edward William Fudge, „Part One: The Case for Conditionalism“ in *Two Views of Hell: A Biblical & Theological Dialogue* von Edward William Fudge und Robert A. Peterson, Downers Grove, IL, InterVarsity Press, 2000, S. 28.

100 A. a. O., S. 44 und 71.

101 Grammatisch kann der Ausdruck „des ewigen Feuers“ entweder eine nähere Bestimmung des Begriffs „Beispiel“ oder des Begriffs „Strafe“ sein. Wenn ersteres der Fall ist, dann lautet die Aussage, „sie dienen als ein Beispiel des ewigen Feuers, indem sie Strafe erleiden“, ist letzteres der Fall, dann heißt es, „sie dienen als ein Beispiel, indem sie die Strafe des ewigen Feuers erleiden“. Bauckham (*Jude, 2. Peter*, S. 55) geht wie die meisten Bibelgelehrten davon aus, dass letzteres „wahrscheinlich besser“ ist.

102 Offenbarung 19,3 spricht von dem Rauch, der nach der Zerstörung von Babylon, der Großen, aufsteigt. Hier geht es zwar nicht direkt um die Hölle, doch steht auch diese Aussage im Zusammenhang mit dem endgültigen Schicksal der Ungerechten und Bösen.

103 Fudge, *The Fire that Consumes*, a. a. O., S. 428

104 Fudge, a. a.O., S. 300, zitiert hier Harold E. Guillebaud, *The Righteous Judge: A Study of the Biblical Doctrine of Everlasting Punishment*, Taunton, UK, Phoenix, o. J., S. 24. Auch Biacchiocchi wiederholt dieses Argument und verwendet dasselbe Zitat von Guillebaud (ohne dabei Fudge zu erwähnen) in *Immortality or Resurrection?*, S. 213.

105 Fudge, a. a. O., S. 303-304; Bacchiocchi, *Immortality or Resurrection?*, a. a. O., S. 214.

106 Fudge, a. a. O., S. 304.

107 David Powys, *„Hell“: A Hard Look at Hard Questions: The Fate of the Unrighteous in New Testament Thought*, Paternoster Biblical and Theological Monographs, Carlisle, UK, Paternoster, 1998, S. 371-372.

108 G. K. Beale, *The Book of Revelation: A Commentary on the Greek Text*, New International Greek Testament Commentary, Grand Rapids, Eerdmans, 1999, S. 1030.

109 Augustinus, *Über den Gottesstaat*, 20.22; 21.9 in Des heiligen Kirchenvaters Aurelius Augustinus zweiundzwanzig Bücher über den Gottesstaat. Aus dem Lateinischen übers. von Alfred Schröder. (Des heiligen Kirchenvaters Aurelius Augustinus ausgewählte Schriften 1-3, Bibliothek der Kirchenväter, 1. Reihe, Band 01, 16, 28) Kempten; München 1911-16., online unter http://www.unifr.ch/bkv/buch91.htm

110 Johannes von Damaskus, *Genaue Darlegung des orthodoxen Glaubens*, 4.27, in Des Johannes von Damaskus genaue Darlegung des orthodoxen Glaubens. Aus dem Griechischen übersetzt von Dr. Dionys Steinhofer. (Bibliothek der Kirchenväter, 1. Reihe, Band 44) München 1923, online unter http://www.unifr.ch/bkv/buch71.htm

111 Johannes Calvin, *Unterricht in der christlichen Religion (Institutio Christianae religionis)*, 3.25.12, nach der letzten Ausg. übers. und bearb. von Otto Weber, o. J., S. 680 (S. 718 der Onlineausgabe unter www.calvin-institutio.de)

112 William T. Shedd, *Dogmatic Theology*, 3. Aufl., Hrsg. Alan W. Gomes, Phillipsburg, NJ, Presbyterian & Reformed, 2003, S. 892. Shedd ist ein calvinistischer Theologe des 19. Jahrhunderts und Autor einer bemerkenswerten Verteidigung des Glaubens an die Hölle.

113 Gordon R. Lewis und Bruce A. Demarest, *Integrative Theology*, Grand Rapids, Zondervan, 1994, Bd. 3, S. 470 und 474.

114 Beale, *Book of Revelation*, a. a. O., S. 1029

115 J. Dwight Pentecost, *Things to Come: A Study in Biblical Eschatology*, Grand Rapids, Zondervan, 1964, S. 560-561, zitiert C. T. Schwartze, „The Bible and Science on Everlasting Fire", *Bibliotheca Sacra* 95, 1938, S. 105-112.

116 Henry M. Morris, *The Revelation Record: A Scientific and Devotional Commentary on the Book of Revelation*, Wheaton, IL, Tyndale/San Diego, Creation-Life, 1983, S. 431.

117 John Walvoord, „The Literal View“ in *Four Views on Hell*, Hrsg. William Crockett, Grand Rapids, Zondervan, 1992, S. 28.

118 Walvoord, „Response to William V. Crockett“ in *Four Views of Hell*, a. a. O., S. 77-79

119 Die Beweise für die Existenz Gottes und seine erlösende Offenbarung in Christus besprechen wir in dem Buch *Macht es Sinn an Gott zu glauben?*, Hamburg, Fliß, 2006.

120 Wir sind uns bewusst, dass es eine so genannte „Neue Perspektive auf Paulus“ gibt, nach der das traditionelle, evangelikale Verständnis dessen, was Paulus über Werke und Rechtfertigung lehrt, zurückgewiesen wird. Zu dieser Frage siehe insbesondere Stephen Westerholm, *Perpectives Old and New on Paul: The „Lutheran“ Paul and His Critics*, Grand Rapids, Eerdmans, 2003, eine sorgfältige, akademische Untersuchung. Siehe auch Mark Husbands und Daniel J. Treier, Hrsg., *Justification: What's at Stake in the Current Debates*, Downers Grove, IL, InterVarsity Press, 2004, auf einem auch für Laien verständlichen Niveau geschrieben.

121 C. S. Lewis „Man or Rabbit?“ in *God in the Dock*, Hrsg. Walter Hopper, Grand Rapids, Eerdmans, 1970, S. 109 zitiert in Wayne Martindale, *Beyond the Shadowlands: C. S. Lewis on Heaven & Hell*, Wheaton, IL, Crossway, 2005, S. 44.

122 Eine interessante Verteidigung dieses Standpunkts aus jüngerer Zeit stammt von James R. Edwards, *Is Jesus the Only Saviour?*, Grand Rapids, Eerdmans, 2005.

123 Terrance L. Tiessen, *Who Can Be Saved? Reassessing Salvation in Christ and World Religions*, Downers Grove, IL, InterVarsity Press, 2004, S. 126.

124 A. a. O., S. 158.

125 Nicht eingehen werden wir hier auf den *Pluralismus*, der abstreitet, dass Jesus Christus der einzige Erlöser ist und den *Universalismus* (oder Allversöhnungslehre), nach dem jeder gerettet werden wird (entweder allein durch Jesus Christus, wie im christlichen Universalis-

mus, oder auf verschiedenen Wegen, die zur Erlösung führen).

126 So unterschiedliche Theologen wie Thomas von Aquin, Jacobus Arminius und J. Oliver Buswell Jr. haben auf die eine oder andere Weise prämortale Offenbarung vertreten; siehe John Sanders, *No Other Name? An Investigation into the Destiny of the Unevangelized*, Grand Rapids, Eerdmans, 1992, S. 154-156. Auch Tiessen (*Who Can Be Saved?*, S. 116-119) vertritt eine Vorstellung von prämortaler Offenbarung gegenüber denen, denen kein Mensch das Evangelium bezeugen kann, auch wenn diese für seine Gesamtsicht nicht von entscheidender Bedeutung zu sein scheint.

127 Der im 19. Jahrhundert lebende katholische Gelehrte John Henry Kardinal Newman ist der bekannteste Vertreter dieser Sicht der finalen Option; siehe Sanders, *No Other Name?*, S. 164-167. Für eine jüngere Variante dieser Sichtweise siehe Tiessen, *Who Can Be Saved?*, S. 216-225. Nach Tiessens Auffassung hat jeder Mensch während des Lebens bereits eine andere Gelegenheit, im Glauben auf Gott einzugehen und die Reaktion auf die Begegnung mit Jesus im Augenblick des Todes wird immer dieser früheren Einstellung Gott gegenüber entsprechen.

128 Man darf diese Sichtweise nicht mit der katholischen Lehre vom Fegefeuer verwechseln. Das Fegefeuer im klassischen Sinn bezeichnet einen Bereich, in dem die Seelen der Gläubigen gründlich von allen noch verbleibenden Sünden gereinigt werden, bevor sie in die Gegenwart Gottes eintreten können. Diese Lehre hat nichts mit der Errettung derer, die nicht an Christus glauben oder das Evangelium nicht gehört haben, zu tun. Leider würde es den Umfang dieses Buches sprengen, wenn wir hier noch näher auf das Fegefeuer eingehen würden. Für eine gute Analyse und Kritik aus protestantischer Sicht, siehe Norman L. Geisler und Ralph E. MkKenzie, *Roman Catholics and Protestants: Agreements and Differences*, Grand Rapids, Baker, 1995, S. 331-355.

129 Zu der Lehre, dass das Evangelium der Mormonen den Toten gepredigt wird, siehe Robert L. Millet und Joseph Fielding McConkie, *The Life Beyond*, Salt Lake City, Bookcraft, 1986, S. 36-58; Richard R. Hopkins, *Biblical Mormonism: A Biblical Basis for LDS Theology*, Bountiful, UT, Horizon, 1994, S. 239-253; sowie Jay A. Parry und Donald W. Parry, *Understanding Death and the Resurrection*, Salt Lake City, Deseret, 2003, S. 103-121.

130 Gabriel Fackre, „Divine Perseverance" in *What About Those Who Have Never Heard: Three Visions on the Destiny of the Unevangelized*, Hrsg. Gabriel Fackre, Ronald H. Nash, John Sanders, Downers Grove, IL, InterVarsity Press, 1995, S. 71-95.

131 Tiessen, *Who Can Be Saved?*, a. a. O., S. 32-33, 36-38.

132 Zum Beispiel Donald Lake, Evert D. Osburn und George Goodman, zitiert in Sanders, *No Other Name?*, a. a. O., S. 168-169.

133 Nicht jeder, der der Vorstellung von Gottes „scientia media" folgt, ist damit auch ein Vertreter des Inklusivismus. Hier insbesondere William Lane Craig, „ ‚No Other Name': A Middle Knowledge Perspective on the Exclusivity of Salvation through Christ", *Faith and Philosophy* 6, 1989, S. 172-188. Craig argumentiert, Gott weiß, wer auf das Evangelium eingehen wird, wenn er es hört und sorgt dann dafür, dass dieser Mensch auch einem menschlichen Zeugen des Evangeliums begegnet. Dieser Beitrag und spätere Schriften von Craig zum glei chen Thema sind online verfügbar unter *www.leaderu.com/offices/billcraig/menus/particularism.html.*

134 Tiessens Sicht kann man am ehesten dem Frömmigkeits-Inklusivismus zuordnen. Siehe dazu seine Thesen 4-7 in *Who Can Be Saved?*, S. 23-24 und seine Verteidigung dieser Thesen S. 104-164. Tiessen verwendet den Begriff *accessibilism* (etwa: Zugänglichkeitslehre) für jede Sichtweise, einschließlich seiner eigenen, die davon ausgeht, „dass ausschließlich Jesus Christus Gottes Mittel zur Erlösung ist", dass jedoch gleichzeitig „Gott die Erlösung Menschen zugänglich macht, die das

Evangelium nicht annehmen" (Seite 33). Tiessen grenzt *accessibilism* vom religiösen Instrumentalismus ab, also der Sichtweise, die z. B. von Karl Rahner oder Hans Küng vertreten wird, nach der Gott bewusst auch andere Religionen gebraucht, um manche Menschen zu retten. Indirekt haben wir den religiösen Instrumentalismus bereits im vorhergehenden Kapitel kritisiert und wollen ihn hier nicht noch einmal besprechen.

135 Tiessen zitiert John R. W. Stott, J. I. Packer und andere, die zum Ausdruck bringen, dass sie nicht wissen, was mit denen geschieht, die das Evangelium nicht gehört haben (a. a. O., S. 38-40). In jüngerer Zeit erschien dazu der Beitrag von R. Todd Mangum, „Is There a Reformed Way to Get the Benefits of the Atonement to ‚Those Who Have Never Heard'?" *Journal of the Evangelical Theological Society* 47, 2004, S. 121-136.

136 Ronald H. Nash, *When A Baby Dies: Answers to Comfort Grieving Parents*, Grand Rapids, Zondervan, 1999, S. 98.

137 Ronald H. Nash, „Restrictivism" in *What about Those Who Have Never Heard?*, S. 115-116; außerdem in *Is Jesus the Only Savior?*, Grand Rapids, Zondervan, 1994, S. 127.

138 Siehe F. Duane Lindsey, *The Servant Songs: A Study in Isaiah*, Chicago, Moody Press, 1985; siehe auch die Kapitel über Jesaja in Gerhard van Groningen, *Messianic Revelation in the Old Testament*, Grand Rapids, Baker, 1990.

139 R. Bryan Widbin, „Salvation for People Outside Israel's Covenant?" in *Through No Fault of Their Own: The Fate of Those Who Have Never Heard*, Hrsg. William V. Crockett und James G. Sigountos, Grand Rapids, Baker, 1991, S. 81.

140 Siehe insbesondere Nash, *When a Baby Dies*, a. a. O., S. 59-70, und andere, die er dort zitiert. Zum gleichen Schluss kommt auch Millard J. Erickson, *How Shall They Be Saved? The Destiny of Those Who Do Not Hear about Jesus*, Grand Rapids, Baker, 1996, 235-253.

141 David K. Clark, „Warfield, Infant Salvation, and the Logic of Calvanism“ *Journal of the Evangelical Theological Society* 27, 1984; Sanders, *No Other Name?* a. a. O., S. 287-305; Tiessen, *Who Can Be Saved?* a. a. O., S. 204-216.

142 John F. MacArthur, „The Salvation of Babies Who Die, Part 1“, Predigt in der Grace Community Church, Sun Valley, Kalifornien, siehe *www.ondoctrine.com/2mac0142.htm.*

143 Sanders, *No Other Name?*, a. a. O., S. 303; Tiessen, *Who Can Be Saved?*, a. a. O., S. 212. Der Hinweis auf „sentimentale Gründe“ stammt von Clark, „Warfield, Infant Salvation“, a. a. O., S. 462.

144 Vgl. Tiessen, *Who Can Be Saved?*, a. a. O., S. 116-119.

145 Obwohl wir uns hier auf diejenigen konzentrieren, die keinen Zugang zu den Offenbarungen hatten, die der Welt durch die Juden gegeben wurden, streiten wir nicht ab, dass auch Juden das Evangelium hören müssen.

146 Tiessen, *Who Can Be Saved?*, a. a. O., S. 216-225 (Zitat auf S. 218).

147 A. a. O., S. 219-220.

148 Siehe Douglas Moo, „Romans 2: Saved Apart from the Gospel?“ in *Through No Fault of Their Own*, a. a. O., S. 137-145.

149 Bei jeder Übersetzung dieser umstrittenen Passage müssen einige Entscheidungen getroffen werden, die zugleich eine Interpretation darstellen. Das gilt besonders für die Verse 3,18-19 und 4,6. Wir empfehlen, diese Abschnitte in zwei oder drei verschiedenen Versionen zu lesen, um die Punkte zu erkennen, um die es bei der Übersetzung geht.

150 Siehe John H. Elliott, *1 Peter: A New Introduction and Commentary*, Anchor Bible 37B, New York, Doubleday, 2000, S. 730-735.

151 Angesichts dessen, dass der Ausdruck „die Toten“ auch in Vers 5 verwendet wird, passt diese Erklärung besser zum Kontext als die Ansicht, dass Petrus von denen spricht, die geistlich tot waren, bevor sie das Evangelium hörten.

152 Für eine Verteidigung der Sichtweise, dass Christus durch Noah Umkehr gepredigt hat, siehe Wayne Grudem, „Christ Preaching Through Noah: 1 Peter 3,19-20 in the Light of Dominant Themes in Jewish Literature“ *Trinity Journal* NS 7, 1986, S. 3-31; John S. Feinberg, „1 Peter 3,18-20, Ancient Mythology, and the Intermediate State“, *Westminster Theological Journal* 48, 1986, S. 303-336; Erickson, *How Shall They Be Saved?,* a. a. O., S. 165-173.

153 Das klassische Werk, in dem diese Sichtweise (dass Christus den Sieg über die gefallenen Engelgeister verkündete) entwickelt wird, ist W. J. Dalton, *Christ's Proclamation to the Spirits: A Study of 1 Peter 3:18-4:6*, Analecta biblica 23, überarb. Aufl., Rom, Pontifical Biblical Institute, 1989 (Erstauflage 1965). Für Darlegungen jüngeren Datums siehe Elliott, *1 Peter*, a. a. O., S. 637-710; Karen H. Jobes, *1 Peter*, Baker Exegetical Commentary on the New Testament, Grand Rapids, Baker, 2005, S. 235-260.

154 Packer, „Evangelicals and the Way of Salvation“ in *Evangelical Affirmations*, a. a. O., S. 123.

155 Dies ist eine sehr verkürzte Darstellung der drei Königreiche; für eine genauere Erklärung siehe Bowman, „Latter-day Saints“, S. 90-91, sowie die Quellen, die dort zitiert werden. Beachten Sie insbesondere, dass Mormonen glauben, dass es innerhalb des „celestialen Königreichs“ wiederum drei Himmel oder „Grade der Herrlichkeit“ gibt.

156 *New English Translation*, Anmerkungen zu 2. Korinther 12,2, online unter http://bible.org/netbible/

157 *Worship the Only True God*, Brooklyn, Watchtower Bible & Tract Society, 2002, S. 120-127.

158 *Der Wachtturm*, 1. Februar 1998, S. 19, zitiert nach http://zj-im-blickpunkt.de/zeugen_jehovas/zj2klassen.html.

159 ebda.

160 Nach der Publikation der Zeugen Jehovas, *Die Prophezeiung Daniels – Achte darauf*, Selters/Taunus, Wachtturm Bibel- und Traktatgesellschaft, 1999, wurden zwi-

schen 1948 und 1984 nur 292 Personen als neue Mitglieder der gesalbten Klasse identifiziert.

161 Ergänzend siehe Robert M. Bowman Jr., *Jehovah's Witnesses*, Zondervan Guide to Cults and Religious Movements, Grand Rapids, Zondervan, 1995, S. 48-59.

162 Randy Alcorn, *Der Himmel: Was uns dort wirklich erwartet*, Holzgerlingen, SCM Hänssler, 2005, (zitiert nach 6. Auflage, 2010), S. 49

163 Randy Alcorn, Heaven, Wheaton, IL, Tyndale, 2004, S. 58. Da die deutsche Ausgabe gegenüber dem Original gekürzt wurde, findet sich dieses Zitat nur im amerikanischen Original (Anm. d. Übers.).

164 Uns geht es hier nicht um den genauen Ablauf der Ereignisse, die das zweite Kommen von Christus begleiten (insbesondere die Entrückung und ihr Zeitpunkt im Verhältnis zum Kommen von Christus und eine vorausgehende Große Trübsal).

165 Wir sind uns darüber im Klaren, dass wir hier unter anderem nicht behandelt haben, wann und von welcher Art das Tausendjährige Reich sein wird und wie es mit der Erfüllung des Zeitalters zusammenhängt. Im Großen und Ganzen ist die Sicht, die wir hier im Hinblick auf den Neuen Himmel und die Neue Erde vertreten jedoch mit jeder der wichtigen christlichen Auffassungen vom Tausendjährigen Reich (premillenial, amillenial und postmillenial) vereinbar.

166 Alcorn, *Der Himmel*, a. a. O., S. 49

167 Alcorn, *Heaven*, a. a. O., S. 472. Da die deutsche Ausgabe gegenüber dem Original gekürzt wurde, findet sich dieses Zitat nur im amerikanischen Original (Anm. d. Übers.).

168 Uns geht es hier um unterschiedliche hermeneutische Ansätze, nicht um Unterschiede in den Auffassungen über das Tausendjährige Reich. Ausleger, die sich der Spannung zwischen wörtlich und symbolisch in der Offenbarung auf verschiedene Weise nähern, können nichtsdestotrotz, die gleiche Perspektive vom Tausendjährigen Reich haben.

169 Vern S. Poythress, „Genre and Hermeneutics in Rev 20,1-6“, *Journal of the Evangelical Theological Society* 36, 1993, S. 41-54.

170 William R. Newell, *The Book of the Revelation*, Chicago, Moody Press, 1935, S. 348.

171 Alcorn, *Heaven,* a. a. O., S. 241. Da die deutsche Ausgabe gegenüber dem Original gekürzt wurde, findet sich dieses Zitat nur im amerikanischen Original (Anm. d. Übers.).

172 Alcorn, *Heaven,* a. a. O., S. 475.

173 Siehe Robert H. Gundry, „The New Jerusalem People as Place, not Place for People“ *Novum Testamentum* 29, 1987, S. 254-264.

174 C. S. Lewis, *Pardon, ich bin Christ*, Giessen, Brunnen Verlag, 1977 (zitiert nach 20. Tb.-Auflage, 2009), S. 126f.

175 Die orthodoxe christliche Lehre von der Schöpfung geht davon aus, dass das Universum „aus dem Nichts“ geschaffen wurde. Damit ist gemeint, dass Gott das Universum in Existenz rief, ohne dazu auf bereits existierendes, ewiges Material zurückzugreifen. Für eine Verteidigung dieser Lehre aus jüngerer Zeit siehe Paul Copan und William Lane Craig, *Creation out of Nothing: A Biblical, Philosophical, and Scientific Exploration*, Grand Rapids, Baker, 2004.

176 Zu diesen Argumenten siehe zum Beispiel Pilchan Lee, *The New Jerusalem in the Book of Revelation*, WUNT 2/129, Tübingen, Mohr Siebeck, 2001, S. 268.

177 Ben Witherington III, *Revelation*, New Century Bible Commentary, Cambridge, UK/New York, Cambridge University Press, 2003, S. 254 (zu Offenbarung 21,2).

178 Alcorn, Der Himmel, a. a. O., S. 13.

Verzeichnis der Bibelstellen

Sarah Shaw

Sarah

Dieses Buch ist eine große Ermutigung, es ist der Bericht über einen schweren Weg der Überwindung.

Sarah Shaw hatte ihr Leben im Griff. Zumindest äußerlich. Sie war erfolgreich als Managerin. Aber es kam der Tag, an dem sie nicht mehr den äußeren Schein wahren konnte. Ihr innerer Schmerz explodierte. Die Erinnerungen an den jahrelangen Missbrauch, als Kind und Teenager, ließen sich nicht länger unterdrücken.

Der Schmerz war so intensiv, dass sie aus dem Berufsleben aussteigen musste. Die Fachleute wussten keinen Rat mehr.

In diesem Buch geht es nicht um den Schrecken des Missbrauchs, sondern die Geschichte der Heilung. Ein starkes Zeugnis, dass bei Gott Dinge möglich sind, die bei Menschen unmöglich scheinen.

180 Seiten, Paperback

Bestell-Nr.: 52 50396

ISBN 978-3-86773-108-9

Unsere Bücher erhalten Sie in jeder christlichen Buchhandlung oder direkt beim Verlag.

Dr. John Townsend

Nicht mit mir!

Wenn schwierige Menschen mich unter Druck bringen.

Schwierigen Leuten kann man nicht immer aus dem Weg gehen, aber man kann den Umgang mit ihnen lernen! Dieses praktische und leicht verständliche Buch ist eine echte Lebenshilfe.

120 Seiten, gebunden

Bestell-Nr.: 52 50420

ISBN 978-3-86773-089-1